上海市哲学社会科学规划项目资助成果
项目编号：2008FJY001

学生文化
与学校教育价值引领

一所中学的田野研究

白芸 著

上海交通大学出版社
SHANGHAI JIAO TONG UNIVERSITY PRESS

内容提要

本书是一项田野研究，采用了观察法、访谈法、实物分析法等，从学校制度文化、学生的学习玩耍、师生关系、同辈群体交往、亲子关系、理想和责任感等层面，生动真实地描述、呈现和解释了初中学生文化的特点和影响因素，在此基础上提出了学校教育如何理解和接纳学生文化，引导其发挥积极作用，并与学校主流文化相融合，为提升学校教育以及家庭教育水平提供了启示。

本书适合教育工作者、研究者、学校管理者、家长以及对学生文化和教育策略感兴趣的人士阅读。

图书在版编目(CIP)数据

学生文化与学校教育价值引领：一所中学的田野研究/白芸著. —上海：上海交通大学出版社，2024.6

ISBN 978-7-313-31085-9

Ⅰ.G63

中国国家版本馆 CIP 数据核字第 20247JG439 号

学生文化与学校教育价值引领：一所中学的田野研究

XUESHENG WENHUA YU XUEXIAO JIAOYU JIAZHI YINLING: YI SUO ZHONGXUE DE TIANYE YANJIU

著　　者：白　芸

出版发行：上海交通大学出版社　　地　　址：上海市番禺路 951 号

邮政编码：200030　　电　　话：021-64071208

印　　制：上海万卷印刷股份有限公司　　经　　销：全国新华书店

开　　本：710mm×1000mm　1/16　　印　　张：14

字　　数：213 千字

版　　次：2024 年 6 月第 1 版　　印　　次：2024 年 6 月第 1 次印刷

书　　号：ISBN 978-7-313-31085-9

定　　价：78.00 元

Foreword

序

教育如何适应人的发展、促进人的发展，如何更好地教书育人，是教育的根本问题、根本目的。学生亚文化是反映青少年生活状态的窗口，是学生群体从儿童世界过渡到成人世界的阶段性产物，生动地反映着学生的价值与规范，具有相对的独特性。丰富多彩的学生文化真实地反映了学生的生活世界和年龄特点，在学生的各个成长阶段中发挥着重大的作用，它对学生的社会化有着极其重要的影响。

作者将自己沉浸到班级生活发生的各种事情之中，注意了解各方面的情况，寻找初中生使用的本土概念，理解他们的生活方式，对有关人和事进行描述和解释，创造性地将学生的学习生活经历和意义解释组合成了一个完整的教育故事，不仅加深了自己对研究问题的理解，也以自己亲身的体验对初中生的生活故事和意义建构作出了解释。书中生动鲜活地描述了初中生学校日常生活和内心世界中的许多细节，包括有关课堂学习和班级活动的，有关校服和午餐的，有关师生关系、同伴交往和亲子关系的，有关价值观和责任感的，为读者真实展现了初中生的群体面貌和个性化特点。更为难能可贵的是，白芸在这项研究中较早关注到家庭教育的影响和家校沟通问题，提出了家校协同育人的观点，这是有一定前瞻性的。尤其是书中“小强的故事”，这个学生个案发人深思。其实他并不是师生眼中的“问题行为”学生，他所具有的坚强、乐观、善良、思维活跃等优秀品质值得其他同学学习，他只是在经历家庭变故后缺少帮助和关怀，逐渐学习退步、行为乖张，成为班级“落后分子”。从这个学生个案所反映出的家校合作、隔代教养问题值得关注。

白芸的这本《学生文化与学校教育价值引领：一所中学的田野研究》通过研究者深入到学生的日常生活中，具体而真实地描述和呈现出学校情境中的学生文化面貌，理解和解释学生文化，重新审视学校教育的应对策略，从而将文化与教育之间的互动关系揭示出来。可以看出本书有两大特点，一是方法论上体现了教育人类学本土化的运用，以教育人种志方法在上海的一所初中学校通过参与式观察和访谈等开展了长达两年左右的田野研究，细致、鲜活地描述了日常学校生活；二是呈现了学生亚文化的主要表现和特点，探讨了学校教育价值引领的方向。书中初中生的形象活灵活现，跃然纸上，学生文化相关问题或妙趣横生或引人深思。研究学生是开展教育的前提，研究学生是教育研究的重要内容之一。

白芸的这本《学生文化与学校教育价值引领：一所中学的田野研究》正是一项教育人种志研究，是在她博士论文基础上成书的。作为质性研究范式下的具体方法，人种志更注重对研究对象的整体性、相关性和日常情境的把握，研究者对所发生的事情进行系统的、关联式的考察，将研究者自身沉浸在教育场域中去看、去听、去描述、去理解、去解释，这对于教育改革和决策也有着重要的意义。中国的教育研究需要这样的田野研究。尽管这本书所反映的是二十年前的一所学校的日常，但学生亚文化的特点并没有发生根本性变化，从这本书的研究和描述里我们依旧可以看到今天初中生的共同面貌和教育问题，这是值得教育工作者和家长关注的重点问题，也说明了学校教育进行价值引领的重要性。希望有更多教育研究者深入学校教育情境去开展教育研究，探寻教育的真谛。

袁振国

2024 年 3 月 30 日

Contents

目　录

第一章

学校生活中的规训与博弈

近年来，学者们在研究中更关注学校教育与学生文化的冲突与化解、学生文化对学生身心健康的影响，以及如何通过主流文化和学校教育的引领、构建、影响来塑造学生文化等问题。在学生文化的研究中，国内学者将其定位为一种区别于主流学校文化、独具风格的“亚文化”。他们在研究中更关注学生文化的表征方式，包括对主流学校文化的抵制、抗衡和内化等方面。然而，国外的研究则更聚焦于某些特定群体的学生文化对主流学校文化的影响，如非裔美国男孩、原住民青年等小众群体的青少年亚文化。

在我的博士论文主题定位在学生文化问题之后，我更想探讨的是学校教育如何看待学生文化并加以价值引领。因此，2002 年 3 月，我走进了上海市的一所初级中学，运用质性研究中的人种志方法在一个班级里开展了长达一年半的深度田野研究。在完成了研究报告之后，我又重返校园开展了补充性的研究。本书是对当时研究的总结与修订，回顾当时的这项教育人类学研究，当下的我依旧能感受到学生文化的鲜活特点和教育人种志方法的独特魅力。

一、走入一所奋进中的初级中学

学校是学生度过日常生活的重要场所，也是呈现学生文化特点的主要舞台。考虑到这一点，我选择了一所初级中学进行研究，重点关注初中学生的文化表现和特点。

（一）学校周边车水马龙

N 中学的前身是一所公办小学。随着人口出生率的变化，以及上海市加强薄弱学校建设的各项措施的推进，许多学校的规模和结构也相应进行了调整。因此，有些学校在原有小学校址的基础上进行改造，建设成了初中，而N中学便是其中的一所。

当年我开展教育人种志研究时，N中学坐落在上海市普陀区的金沙江路上，这条道路交通繁忙，车流通行量很大。由于学校并不位于十字路口，附近也没有设置交通警示灯，只画有人行横道线，每天学生上下学过马路的安全问题成为学校高度重视的大事。为确保学生安全，每天早上都有教师专人护送学生过马路，而平时，所有教师也都会提醒学生注意交通安全。如今情况有所不同，各所学校都是由家长志愿者在护导校门口交通，同时还会有交警或辅警指挥交通，以确保学生的安全。每天我要去N中学，都必须穿过这条马路。有时站在路边等候10分钟也过不去，因为车辆川流不息，车速很快。而学生已经习惯了这样的交通状况，他们常常镇定自若地打着暂停手势，穿梭在车流中过马路。可以说，这种环境锻炼了学生过马路的技能和生活独立能力。过马路的这个问题到2003年3月有了一定缓解，因为N中学对面的大学新建了一个校门，经过与普陀区交巡警大队等部门的协调，他们在金沙江路上安装上了交通警示灯。这样一来，N中学的学生也得到了一定的方便。后来由于学校布局调整的安排，2005年N中学搬迁到了枣阳路上。在新的校址，路口本来就有交通警示灯，学生上下学过马路再也不用穿梭在车流中了。

N中学所在的社区就是曹杨新村片区。1951年，陈毅市长主持兴建了全市第一个工人新村——曹杨新村，当时也是全国最大的工人新村之一。随着普陀区的发展，N中学周围的环境日益繁华。学校两边原先的一排商铺既有南北风味的小餐馆，也有房屋中介所和百货商店，为周边小区居民提供了便利。后来随着城市建设和道路拓宽的需要，那些商铺房屋都被拆除，周边变成了环境优美的街头小花园。

(二) 管理团队有教育创见

2002年3月，我刚进入N中学开展研究时，该校共有24个教学班，其中，初三有9个班，初二有6个班，初一有5个班，而预备年级则有4个班。正值人口出生比例下降和入学人数减少的阶段，班级数量相应减少，这也为N中学成为第一批小班化教育试点学校创造了条件。当时全校共有79名教师，其中本科学历的 44 人，占 55.7%，另有 10 人正在进行专升本教育的在职学习，占 12.7%，还有 3 人参加了硕士课程班的培训；教师中具有高级职称的共 3 人，中级职称的 31 人，初级职称的 38 人，还有 7 人尚未评定职称。从年龄结构上看，该校 35 岁以下的教师有 50 人；从性别构成看，80%的教师是女性。当时的校长是一位 50 多岁的男教师，给人的印象是和蔼、沉稳，他拥有丰富的教学经验和管理才能，是一位备受尊敬的教育领导者；而书记则是一位年轻的女教师，年龄仅有 30 岁出头，她显得直率、热情、能干，对学校教育有着独特的见解和创意。两人的领导工作配合默契，各自也都兼有一定的教学工作。此外，教务处、德育处、人事处、总务处等部门的教职人员大多年龄在 40 岁以下。用校长的话来说，除了他自己，学校的教师绝大多数都是年轻人。到了 2003 年 9 月，老校长退休了，区教育局任命了 N 中学的书记为新校长，将另一所中学的一位副校长调入做书记，这位新书记是位中年男性，在后续的交流中，我发现他同样是一位具有丰富教学和管理经验，并善于思考教育问题的人。后来，N 中学成为小班化教育实验学校。

(三) 办学定位务实而有特色

N 中学确定的办学理念为“责任、自信、和谐、发展”，办学目标是“把学校办成管理科学，勤政高效，师资队伍优化，学生个性发展，有较高教学效益，有一定特色和社会声誉的优秀初级学校”。学校根据实际情况提出的办学策略为“特色发展，多元并举”；育人目标为“把学生培养成明礼自律、团结协作、责任自信、身心和谐并具有信息素养和探究意识的现代中学生”[①]。20 年后，N 中学的办学理念为“自主发展，引领和谐人生”，办学目标为“创办对学生负责、让家长满意的现代初级中学”。其培养目标是培养“明理自主，身心和谐”的中学生。可见，N 中学在多年的发展过程中，将办学定位和核心价值一直延续下来了。

N 中学的学生总体面貌表现为朴实、勤奋，但一些学生缺乏行为规范的家庭养成。因此，该校的育人目标就是针对这种状况而确定的。正如前文所述，该校是在一所小学的基础上发展起来的，从师资力量、教学设施场所和教学质量等方面看，一度属于上海市的薄弱初中。但是，学校领导并没有因此

① 引自该校的“三年发展规划(2002—2005 年)”。

而气馁，而是齐心协力地克服困难，不断提高教学质量，形成办学特色，逐渐成为一所有相当社会声誉的学校，总体水平居全区中上位置，并且呈现出明显的进步趋势。

N中学采取了发展特色的策略，在航模、篮球、吉他演奏等方面形成了一定的特色。学生们在各类比赛中荣获了不少奖项。我来N中学进行研究的第一天，就在教学楼大厅的陈列窗内看到了众多奖杯和奖牌。其中包括：2000年上海市“灵巧杯”模型竞赛航模单项初中团体第一名，2001年首届“少年城”杯模型大赛航模中学组第二名，上海市第三届学生艺术节“拍斯杯”吉他大赛三等奖，2001年6月首届“少年城”杯模型大赛车辆模型中学团体第三名，以及1999年雪碧杯上海中学生篮球赛初中男子组季军。从校门上挂着的由普陀区教育局和体委颁发的金色牌匾可知，N中学是区体育传统项目学校，同时也是普陀区的“学校心理健康教育合格学校”。我详细列举这些是因为它们反映了这所学校的一种积极向上的劲头，学校参与各种活动的自信心，以及教学质量和办学水平不断提高的迹象。N中学树立的特色不止一个，出发点都是想尽可能挖掘和培养学生的长处。学校对整个初一年级进行了特色班级建设的研究，我所选择的重点研究班级就是“英语特色”班。而在这些特色的背后，隐含着学校培养有自信、有特点的学生的目标，也反映了校方试图欣赏每个学生、促进学生个性化发展的良好愿望。N中学也很注重引导学生扩大课外阅读的知识面，每个月都会推荐一些适合初中生阅读的书籍。

(四) 教师队伍年轻而尽职

N中学的教师队伍体现了年轻化特点，教师们非常敬业，用心培养每一位学生。在我选取的“蹲点”班级中，各科教师更显年轻化，且主要是女性。除了担任音乐和劳技课的教师年龄在50岁左右外，其他教师都是20多岁。言谈中，他们经常提及自己“经验不够丰富，正在不断学习”，这显示了他们的敬业精神和进取意识。一些年长的教师在教学和管理班级时更加关注了解学生的思想动向，这表现出他们丰富的经验和教育智慧。这些教师之间也经常一起交流和讨论，分享彼此的经验，互相学习与协助。在我刚进入这个班级开展研究时，各科教师中只有体育、劳技和计算机课的教师是男性。到了初二年级，地理和历史学科教师换成了男性。中小学教师以女性为主的现状在缓慢改变，但在低年级，学生更习惯于女教师带班和上课，往往与女教师相处得更融洽。大多数教师是上海本地人，因此在讲课时偶尔会冒出几句上海话。但是一般情况下，学校要求在课堂教学中教师和学生都使用普通话进行表述。学校领导在充分肯定了年轻教师的长处后，也意识到他们的经验相对不足，教学和班级管理方面缺乏技巧和手段。因此，学校也渴望引进一些具有丰富教学和管理经验的骨干教师。

这些教师都非常敬业，但他们面临着巨大的工作压力，因为学校的绩效考核直接与工资和奖金挂钩。近两年，N 中学的招生情况良好，师资需求也有所上升，因此学校不仅招聘到了其他学校分流出来的教师，还引进了外地的教师。由于这种情况，教师们都有了危机感和紧迫感，都很珍惜自己的工作，并尽力搞好教学工作。有一部分教师参加了进修培训活动，还有教师在职攻读教育硕士学位，大家都非常重视自身学历、学位和能力的提升。不过，在 N 中学的校领导眼中，该校教师们的科研意识仍然不够强烈，自主进行科研的积极性还有待提高。

我在该班收集资料和进行研究的进程非常顺利，这很大程度上与 N 中学的教师，尤其是该班的各科教师逐渐理解并参与研究有关，他们经常主动向我提供一些关于学生的宝贵资料和信息。逐渐地，他们对我的研究内容和方法有了一定的认识。当他们看了我的研究报告后，产生了一些教育感悟和启发，对自己的工作进行了反思，并提出了一些中肯的意见和建议。在我结束在 N 中学的这项研究活动后，我依然与该校的师生保持着联系，并在一年后参与了该校的小班化教育研究课题。质性研究要求研究双方建立起友好的合作关系，这一点我深有体会。

（五）学生以工人家庭为主

N 中学的学生都是就近入学，主要来自普陀区长风、曹杨等社区的家庭，普遍展现出质朴、纯真的特点。学生父母绝大多数是工人，有些是一方或双方待业的家庭，还有的是因为离异或父母一方残疾而生活较为困难的家庭。由于家长的文化层次普遍不高，对子女的教育态度存在两种不同的倾向。一种是家庭教育过于严厉，一家人全部心思放在孩子的学习上，望子成龙，望女成风；而另一种是家庭教育较为薄弱，对孩子过于宽松，放任自流，家长没有时间、精力和能力管教孩子，导致他们的行为习惯和规范较差。有些学生缺乏家庭的帮助，导致情绪和行为不稳定，在入学后直到预备年级第二学期才能适应初中生活[①]。不过，多数家长一般不大限制学生的课后生活内容，比如看电视、听歌或阅读课外书。因此，学生的生活氛围相对宽松。在课余时间，学生有较多的机会和途径获取各类信息。值得注意的是，该校学生的学习成绩层次差别大，每个班级学习中上水平的学生较多。总体而言，男生喜欢玩游戏和参加体育活动，而女生感兴趣的是歌星、影星和卡通漫画。学校曾举行全校漫画大赛，结果让一些教师感到很意外，因为一些成绩中下水平的学生在这方面表现出了很强的能力。面对这种情况，学校一直在尽可能因地制宜地采取措施，包括资助困难学生、举办各种兴趣活动等。针对学生的家庭状况，教师会经常提醒学生体谅父母的艰辛，努力学习，勤俭节约等。尽管家庭特别富裕的学生较少，但每个班级的学生生活水平差距不大，学生都比较俭朴，也没有攀比之风。

我所“蹲点”研究的这个班级[②]共有 48 名学生，其中女生、男生各有 24 人。然而，当我于 2002 年 9 月再次进入研究现场时，班级人数发生了变化，有 2 名女生转学离开了，同时又转入了男女学生各 2 名，全班人数变成了 50 人。这个班级的学生家长，职业方面大多是工厂工人，还有超市收银员、出租车司机、门卫和勤杂工，个别家长是公司经理或职员，以及个体经营者。据了解，大多数家庭的月收入为 1 500 元左右，个别家庭月收入达 4 000 元以上（这些家庭通常是公司经理或个体经营者），而有些家庭月收入甚至不到 1 000 元。在五班学生中，有 5 人的父母双待业，另有 8 人的家长有一方待业。此外，有 16 人来自离异或灾病导致的单亲家庭。从经济收入来看，这些学生家庭总体上处于上海市居民生活状况的中下水平。幸运的是，这些家庭大多享受到了福利分房的政策，一般都拥有两室一厅的住房，有些家庭甚至是三代人共住在三室一厅的房子里，居住条件最差的是三口人住一室一厅。尽管日常的生

① 上海的义务教育阶段实施五四学制，即小学修读五年，初中为四年制，六年级即初中的预备年级。

② 上海义务教育阶段学制为“五·四制”，初中是四年，我进入这所学校开展研究时选择了初一年级。根据校长的推荐，我选择了该年级六个班级中“最活泼”的初一五班开展教育人种志研究，下文均简称为五班。

活品质和衣食住行都显得体面而丰富，尽量维持着一种都市人的生活水平，但每个家庭都在精打细算地过日子，注重购买实惠的商品。每个家庭最主要的开销就是孩子的教育费用，父母们省吃俭用，全力为孩子提供良好的教育，同时也提前为孩子将来上大学或出国留学存钱。

家长们普遍对学校教师寄予了很大期望，希望他们能严格管教和督促孩子，越是严厉的教师，家长们越是称赞。许多教师都提到了家长们的共同期望，即“家长都很现实，要求老师严厉，如果对学生的态度不够严厉，就不是好老师”。

总体而言，N中学的学生普遍遵守校规校纪，勤奋学习，几乎没有发生过严重违反规定的事件。通常在初三年级偶尔会出现一些违纪行为，但这些情况大多数发生在男生身上，个别女生也有涉及。学生同伴关系总体良好，相比而言，女生结成“小圈子”的现象比男生普遍，许多学生从幼儿园或小学时期开始就是同学，因此他们在初中阶段已经成为好朋友。

二、学校制度化管理对学生文化的要求

作为制度化教育的场所，每所学校都需要设计和采取各项教育措施来培养学生。学校教育代表社会将主流文化的意图和要求传达给学生，并试图将各种亚文化引导并纳入主流文化的轨道。学校教育对学生的行为规范、观念和言语等生活方式的培养和引导是通过教学及其之外的其他途径进行的。为此，考察和分析N中学采取的一系列教育举措来透视学生文化的样态，是一种整体把握的方式。

（一）注重行为规范养成的常规管理策略

针对本校学生的实际情况，N中学对学生的常规管理主要体现在以下四个层面。

1. 强化行为规范和纪律意识

学生进入学校后的首要任务就是尽快适应学校生活，养成良好的行为习惯。作为学校教育的基本内容之一，行为规范的培养和强化无时无刻不在进行着。学生在家庭生活中所养成的各种行为习惯，有一部分是体现学生年龄特征的，而有些则不适应学校要求。虽然作为初中学生，他们在幼儿园和小

学阶段已经受到过一定的规范训练，但仍有一些学生表现出缺乏自律意识，导致课堂纪律差，待人接物没礼貌。例如，课堂发言时不举手，插嘴、打断别人说话，遇见老师不问好，公共场合不排队、乱挤，不爱护教室卫生等。因此，N中学将此继续视为学生管理和教育的一个首要层面，并采取一切可能的措施帮助学生养成行为规范，强化纪律意识。在各科教学中，教师常常结合上课内容进行教育，班会上也屡次加以强调。

2. 端正学习态度

作为初中一年级学生，他们已经度过了小学和初中预备年级的学习生活，但并非所有人都有明确的学习目标和端正的态度。为此，学校将“端正学习态度”作为一个重要内容，并由各科任教师督促完成。在任课教师看来，有些学生目标不明确，似乎只是来学校“混日子”，没有意识到学习的重要性，不肯付出努力，缺乏计划性。因此在平时的课堂教学中，教师随时随地都在督促和提醒学生认真对待学习。只有拥有明确的学习态度，才会取得学习上的进步。尤其是在学生进入初二年级后，教师总会以中考的成功与失败案例来提醒学生积极学习，为自己的未来发展负责。

3. 重视培养道德品质

道德教育是学校教育中的一项重要内容，通常通过直接和间接的方式进行。N中学以开展课题研究的形式带动教师培养学生的道德品质，这是值得称赞的做法。在“责任、自信、和谐、发展”的办学理念指导下，N中学申报了一个区级主课题“和谐发展，师生并进——探索学校主动发展的模式”。这项主课题的目的在于，通过提升教师的研究意识和教学水平，使他们在教学、科研和管理活动中获得发展，从而在教学中以学生为中心，唤醒学生的自我意识，使学生积极自主地学习，发扬各自优势，弥补不足，从而培养自信和责任感，在各方面实现全面、和谐的发展。同时，希望形成师生之间和谐、平等的交往关系，共同推动学校的发展。其中，德育是该课题的核心和重点，N中学提出了“三自”子课题，即培养学生“自我管理、自主学习、自主活动”的能力，将之作为全校德育建设的核心内容，并渗透到全校的教学和学生管理中。五班的第一任班主任宋老师就是课题组的成员之一，她针对本班学生情况展开了德育方面的研究。在平时的教学中，每位教师都将德育意识融入其中，帮助学生形成良好的品质。

4. 时常强调安全教育

学生的安全问题，已经成为学校和家长共同关心和担忧的焦点。为此，学校将对学生的安全意识和自我保护意识的培养，随时随地渗透在教育教学活动中。主要包括两个方面：一是对自己人身安全的保护，二是对公私物品的保管。学校要求学生树立交通安全意识，遵守交通规则，并警惕社会上不良人员的拐骗和利诱。另外，学生还需注意卫生，预防疾病，最好不要随便携带钱物和贵重物品到学校和班级，要看管好自己的书包和用品，避免学校公物的损伤和丢失。在这种情况下，"小心翼翼"成为学校和家长的共同叮嘱。

学校具体采用的管理途径，我将在下文对学生文化的研究和描述中进一步探讨。

（二）体现学校规训的制度文本及活动程序

N 中学一贯重视文化建设，对校风、学风和教风都有明确的定位和表述。校风被描述为"团结互助，勤奋踏实，文明健康，积极进取"，学风被概括为"认真刻苦，积极主动，求实创新，奋发向上"，而教风则强调"热忱、勤奋、严谨、求实、创新"。这些定位内容在学校的工作实际中得到了体现，整个 N 中学给人一种团结进取、勤奋朴实的印象。可见，N 中学对自身的定位和要求是符合实际情况的，尤其是绝大多数学生所形成的刻苦学习、积极上进的风气与学校的要求保持了一致，也在一定程度上反映了学校文化建设的成效。

1. 制度文本的制定与遵守

众所周知，《中学生守则》是体现中学生制度化教育的最基本的法定文本，简明扼要地规定了中学生应该做什么，不应该做什么，这份守则是中学生的行动指南和基本规范，每所学校都将其作为规范学生言行的首要文本。《中学生守则》的内容不仅在新生入学或班会上得到了强调，平时教师给学生的评语中也有所体现，而且也印在全市统一的学生作业本和评价手册上，随时随地提醒学生。然而，有时学生仍然会忽视它们。以此为准绳，N 中学针对本校学生的实际情况，制定了相应的制度规范，最主要的是《N 中学一日常规》及其细则。这些规范更加详细地以制度规范的文本形式，对学生的言行加以适度引导和规范。这些具体规范和要求明确反映了学校的教育目标，为全校学生的言行举止提供了一个参照标准。能够遵守和落实这些内容，就实现了学校代表社会和主流价值观向学生提出的要求。对照这些规范,可以看到学生的一些行为表现已经符合要求,例如,学生在走廊或校园内遇到老师都会有礼貌地打招呼、问好,进出办公室都会说声“各位老师好”“各位老师再见”。每天上下学的时段还有学生站在校门口和每个楼层边值勤,迎送教师、学生和校外来客。然而,也有一些学生的行为还未达到要求。例如,有的学生上课时忘记带书本和学习用品,虽经老师屡次提醒甚至批评和惩罚,情况也并未改善。学校要求学生在课堂上专心听讲,积极思考,但五班的一些学生还是经常交头接耳、做小动作,甚至个别人还大声叫喊,形成了这个班级的一个“特有场面”。而且让任课教师和德育处感到烦恼的是,有时在预备铃响完之后,还有几个学生未进入教室,在继续玩闹。此外,负责值日的学生往往是看到教师来了才当面擦黑板,导致粉尘“雪花纷飞”般飘扬在教室中。一些学生在做眼保健操时马虎应付,如果没有学校和班级指派的监督员每日检查和督促,他们可能不会认真执行。更令人担忧的是,一些学生对眼保健操表现出反感和讨厌的态度,甚至发出不尊重的言论,如“眼保健操去死吧”“是谁发明了眼保健操,该死!”这一方面反映了学生对保护眼睛、注意用眼卫生并不重视,另一方面可能是因为他们总想利用眼保健操时间来玩耍。《N中学一日常规》里明确提倡节约粮食,但学生倒饭现象一度成了学校的一个普遍问题。学校小餐厅建好后,要求学生以班级为单位排队到餐厅就餐,这可以说是学校尽力在为学生提供良好环境的一种努力。可令学校领导感到惊讶和不解的是,五班中有几个学生却经常趁机插队,盛了饭之后溜出餐厅,爬楼梯到操场边的小房子里,几个人边吃边说边玩,似乎规规矩矩坐下来专心吃饭是很痛苦的事情。就如学校书记所说的,“别的班学生都想不出、做不出的事,这个班就有学生能做到!”

N中学一日常规

1. 穿着大方,佩戴校徽,步履坚定,按时到校。
2. 升旗立正,歌声洪亮,队伍整齐,做操有力。
3. 离校回家,门窗关紧,值日负责,注意安全。
4. 预备铃响,静候上课,起立问好,老师先行。

5. 专心听讲，举手发言，作业认真，及时订正。

6. 自修安静，主动学习，姿势端正，保护视力。

7. 课间休息，不奔不闹，文明阅览，礼貌待人。

8. 爱护公物，不乱涂画，保持整洁，不吃零食。

9. 文明用餐，不倒饭菜，残渣入桶，节约水电。

10. 尊敬师长，主动问好，一日常规，牢记心间。

N中学一日常规(细则)

一、文明进离校

1. 穿着朴素大方(以校服为主)，校内不准穿拖鞋、背心，衣服纽扣整齐，不化妆，不烫发，男同学不留长发。

2. 进校时要佩戴校徽，少先队员要佩戴红领巾，共青团员要佩戴团徽，必须带好书包和学习用品。

3. 按时到校离校，不迟到，不早退，有病有事要请假。

4. 进校时步履坚定不奔跑，不边走边吃东西，见到师长、同学要主动问好。

5. 升降旗时立正，唱国歌时声音洪亮，做广播操时动作有力、准确。进退场时精神饱满，队伍整齐。

6. 值日生离校前负责教室卫生打扫，关好门窗、电灯、风扇等。

二、文明上课

1. 预备铃响后立即进教室，准备好学习用品，静候教师上课。

2. 上下课时，起立向教师致敬问好，下课时请教师先走，因故迟到者要站立在教室门口喊“报告”，得到教师允许后方能进入教室。

3. 上课专心听讲，积极思考，认真记笔记，不做与本课无关的事，不讲与本课无关的话，发言先举手，使用普通话，经教师允许后再坐下。

4. 自修课保持安静，不随意走动，不妨碍他人学习，自觉养成良好的自学习惯。

5. 保持正确的读写姿势，注意用眼卫生，认真做好视力操，认真参加体育锻炼课。

6. 作业整洁、规范，错题订正，不抄袭，按时交。测验、考试不作弊。

三、文明休息

1. 课间休息应离开座位适当活动，不大声喧哗，不追逐吵闹。

2. 未经允许，不进办公室，离开办公室要和教师道别。

3. 诚实做人，友爱同学，说话和气，遇事互相谦让，使用礼貌用语，校内不吃零食。

4. 做好人好事，不在黑板、墙壁等处乱涂乱画乱写，保持环境整洁卫生。

5. 爱护公物，爱护绿化，节约水电，不随地吐痰，不乱抛纸屑果壳。

6. 值日生课间休息时负责擦黑板，课代表协助任课教师做好上课准备工作。

四、文明用膳

1. 在校用午餐的学生要按规定时间，在规定地点用餐，依次排队领取饭菜，不得争先恐后，插队抢档。

2. 节约粮食，不挑食，残渣、刺骨、剩余汤菜应倒入泔水桶内。

3. 用餐前先洗手，保持用餐地点、水槽等卫生清洁。

2004年，教育部在原有《中学生守则》和《小学生守则》的基础上做了修改，将两者加以合并，形成并颁布了新的《中小学生守则》（详见附录）。其中的一些内容已经在《N中学一日常规》中得到了体现。

2. 课程表里的常规学习安排

一般来说，每所学校各个年级和班级的课程表都按照一种风格和规则进行安排，N中学也不例外。以五班在初一第二学期和初二第一学期的课程安排为例（见表1-1、表1-2），主课大多数集中在早上，而活动、兴趣课以及锻炼课则通常安排在下午放学之前。这样的安排也是基于各科教学的特点考虑的，例如，音乐、体育、美术等课程一般不会排在早上的一二节，而语文、数学、外语等主科课程很少安排在下午的七八节。课程的安排主要考虑到各科教学的时段，至于中午的“时政”“环保”等社团活动和自习时间，则有时由语文、数学和英语教师来组织，他们可能给学生辅导功课或进行小测验，尤其是学生进入初二年级后。对于五班的学生来说，上兴趣课和锻炼课似乎成了奢望。两任班主任基本上都不让学生出教室去玩。这一方面出于安全考虑，他们担心学生在玩耍时可能会受伤，另一方面，各科作业很多，要求学生尽快按时完成。因此，一些学生利用课间见缝插针赶作业已经成为常态。班主任会督促学生在教室写作业，并由值勤班干部监督纪律，将表现不好的学生名字记在黑板上，待教师随后进行教育。尽管学生在周记上反复请求，甚至央求我替他们向班主任求情，希望锻炼课时间能在校园内活动，但是无济于事。教师出于多种考虑，仍然坚持让学生在教室里上自习。在初期阶段，"研究型"和"拓展型"的英语、数学、语文和物理课程仍然采用传统教学形式下的讲课和练习形式，逐渐地，教师才开始引入"探究"特色，培养学生发现和研究事物的能力。然而，在考试临近的前几周，一些"主课"教师会占用某些"副课"的教学时间（因其教学课时和内容相对较少，教学任务也结束得较早，有的科目仅是考查课，不用举行考试），有时甚至出现数学教师为了惩罚学生不认真听讲的行为，扬言要将所有"副课"都占用上数学课的情况。所幸体育课教师"据理力争"，为学生争取到了正常上体育课的权利。

表 1-1　2002 年 3 月—7 月 N 中学初一五班的课程安排

	星期一	星期二	星期三	星期四	星期五
1	英语	英语	语文	数学	数学
2	数学	计算机	数学	语文	历史
3	语文	计算机	体育	地理	英语
4	新综合	历史	英语	新综合	体育
5	地理	研究型(语)	心健	音乐	政治
中午	时政	心健	英语	心健	环保
6	研究型(英)	研究型(数)	美术	英语	语文
7	劳技	活动	新综合	锻炼	校班会
8	劳技	兴趣	锻炼	锻炼	

表 1-2　2002 年 9 月—2003 年 1 月 N 中学初二五班的课程安排

	星期一	星期二	星期三	星期四	星期五
1	英语	英语	语文	历史	数学
2	物理	语文	数学	语文	英语
3	美术	物理	英语	英语	体育

续 表

	星期一	星期二	星期三	星期四	星期五
4	语文	数学	体育	数学	政治
5	音乐	地理	政治	物理(拓)	生科
中午	时政	健教	英语	心健	民防
6	数学(拓)	生科	计算机	劳技	语文(拓)
7	英语(拓)	活动	历史	劳技	校班会
8	地理	兴趣	锻炼	锻炼	

因此，这两张课程表实际上更多是规定了学生的学习安排，尤其是“主课”的学习。在这样的安排下，校内活动和玩耍时间相对较少。所以，体育课成为学生唯一的正式活动机会，尽管体育教学内容主要是技能练习和达标项目的训练，有些女生可能会感到很吃力，但是，这毕竟是大家可以在校园和操场上活动的最大理由。

3. 以作息时间表管理学生在校生活

以 2001 学年第二学期的作息时间表（见表 1－3）为例来分析。当时 N 中学的课间休息只有 5 分钟，这导致学生在预备铃响后往往不能及时进入教室并保持安静，这与课间休息时间过短有关。另外，由于需要维持纪律，设计的教学内容较多，以及学生的学习巩固情况不理想，教师常常不得不花费额外的时间反复讲解，并弥补因维持纪律而延误的教学进度，这导致了课程的推迟下课。因此，课间的 5 分钟经常被挤占，有时下一节课的上课铃已经响起，而上一节课仍未结束。因此，学生根本无法保证在课后有足够的时间进行活动或去洗手间。这个作息时间表上，每个时间段都安排得非常紧密，学生从 7:30 一直到 15:40 放学，几乎都是坐在教室里上课。唯一的活动时间就是午饭时间，学生只有以极快的速度吃完午饭，才有机会在教室外遛一圈。上课前，任课教师会提醒学生在桌上趴一会儿，休息片刻。晚放学也是五班学生的常态，其他班级在第八节课后就按时放学了，但五班学生常常要留在教室写作业、自习，接受教师的作业辅导或者集体训话。整个学校生活节奏紧张，学生们的活动空间和自由时间都受到了限制。这种作息安排一是为了防止学生放学后不回家而去游戏厅、网吧或其他地方玩耍；二是考虑到学生放学回家后，家长可能还没下班，无人督促学生抓紧时间写作业和复习功课。尽管班主任的出发点很好，但许多学生不理解，感到不满意。而且，放学晚可能给学生乘车带来一定困难，因为这正逢下班族乘车回家的高峰时间，使学生等车和挤车变得困难。尤其是在冬天，傍晚五点多钟天色已黑，在外等车的学生又冷又饿，家长在家十分担心。骑车回家的学生同样需要在下班族的飞速车流中艰难前进。此外，学生进入初二年级后，按照学校规定，每周星期一到三下午放学后，语文、数学和英语教师要轮流给学生辅导功课，这使得放学时间推迟到了 17:30 到 18:00。这样的作息安排是出于 N 中学对学生学习的责任心，学校用心良苦，家长也能理解，但一些学生感到非常不满。

表 1-3　N 中学 2001 学年第二学期作息时间安排

时间	作息安排
7:30—7:50	广播操
7:50—8:30	第一节课
8:30—8:35	休息
8:35—9:15	第二节课
9:15—9:20	休息
9:20—10:00	第三节课
10:15—10:20	眼保健操
10:20—11:00	第四节课
11:00—11:05	休息
11:05—11:45	第五节课
11:45—12:45	午餐
12:45—13:00	午休
13:00—13:15	广播
13:15—13:55	第六节课
13:55—14:00	休息

续 表

时间	作息安排
14:00—14:05	眼保健操
14:05—14:45	第七节课
14:45—14:55	休息
14:55—15:00	室内操
15:00—15:40	第八节课
备注:周一 7:30 升旗仪式,周二至周五教职工上班时间 7:40,下班时间 16:30	

有一段时间,N 中学的课间休息时间被缩短为 5 分钟,这是出于该校师资数量、排课方便等因素所作出的权宜之策。然而,尽管后来恢复到了正常的 10 分钟课间休息时间,可任课教师“拖堂”的现象仍然存在。实际上,这种安排导致学生在学校里不能很好地劳逸结合,尤其是对于五班这些天性爱动的学生而言,感到十分压抑。这些学生喜欢活动、渴望乐趣,但在很大程度上无法适应学校的安排和规定。由于课间短,他们就会利用上课时间玩耍,悄声交谈,尽可能地在学校里释放自己,以免回家后更加没有机会放松。尽可能利用课堂时间来寻找乐趣,是这个班级许多学生的共同想法。就如五班学生小强,总想在上课时间告诉我刚发生的许多事,说一些他觉得有趣和好玩的内容。而我想在课间和他聊聊时,他总是说:“下课就没时间了,连上厕所都要老师批准挨个去。”所以,每节课一下课,男生都急忙出去活动,只有部分女生坐在教室聊天,因为她们说:“已经习惯了,懒得动。时间这么短,刚出去就又上课了。”上初一时,这个班级的教室在底楼,进入初二后,学校进行了统一调整,整个初二年级搬上了五楼,目的是让进入紧张学习阶段的学生能够减少外界干扰,专心、安静地学习。可是,这也导致了好动的五班学生连下楼玩的机会也没有了,好不容易盼到教师下课,可还没走下楼梯,下节上课铃就会响起。德育处收到的反映说,这个五班的学生总是“听不到”课前的预备铃。于是,班主任忍不住质问学生:“听力有问题吗?都没有问题?在备忘录上写,‘两分钟预备铃,第一声铃后进教室,准备好这节课书本,趴下,执勤班长到前面来’,展开小组竞争。”一个学生不以为意地对我说:“哈,把我们当小朋

友，还要比赛！”此外，作息时间表上规定的室内操，学生也从未进行过。

作息时间表和课程表都是学校用来规范学生学习行为和活动的重要方式，无论幼儿园、中小学还是大学都如此，但五班的有些学生对学校的用意并不完全理解和接受，反而觉得很压抑。因此，他们将无法在课间消耗的精力转移到上课时间，将课堂视为他们释放自我的好机会。但是，这样做既不能让他们玩得尽兴，也不能让他们享受学习的乐趣，导致整天都打不起精神来。

4. 以晨会与班会作为管理班级的基本途径

学校里教育和规劝学生的另一种途径，就是以班级为单位的班会和晨会（也包括每周一早上的校会及升旗仪式）。

升旗仪式是全校师生都要参加的活动，各所学校都如此，这是学校开展仪式教育的重要内容之一。N 中学的升旗仪式一般是先进行学校重大事件通告，然后播放国歌（有时是学生鼓乐队现场演奏）、升国旗，师生同唱国歌，最后进行“国旗下的故事”[①]。结束后各班整队依次回教室，班主任跟班监督，校领导站在底楼走廊督促学生。每次升旗前后，班主任都要整顿纪律，对自己班里站姿不端正、转头说话、做小动作的学生加以提醒，或将其叫出队列单独进行谈话教育。升旗仪式结束后，学生回到教室，班主任有时也会面对全班就学生刚才的表现再强调几句。

1）晨会上处理班级重要事项

晨会实际上是每天早操结束后，第一节课上课之前，各班班主任利用 5 分钟时间听取学生汇报前一天的情况，并强调和安排当天的事务。如果没有特别事情，班主任会让学生自习，或做好第一节课的预习准备。由于每周一早上有全校统一的升旗仪式，就不需要再开晨会了。随着考试日期的临近，晨会的时间变得更加宝贵，有时会被用作补课时间，各科教师都分秒必争地充分利用。五班的班主任宋老师经常会顺便利用这段时间讲英语，而第一节要上课的教师也往往会提前来到教室。因此，有时学生刚拿出英语书，数学老师就来了，要讲一道题，或者语文老师会提前来说预习之事，其他教师也会前来通知或提醒学生一些事情。一旦要解决的事情多，晨会甚至连第一节课中

① 通常以演讲的形式，由教师或学生讲述具有教育意义的事情，以提醒广大学生严格要求自己。例如，有一次，一位女教师讲了一则故事：在德国的一位中国高才生，由于日常行为习惯差而屡次被解聘，以此反例来教育大家要注意自己的日常行为习惯。

的几分钟时间也会占用上。

以下呈现的这段情景是2002年3月20日晨会片段[①]：

首先，班长玲玲汇报说，“昨天全班同学的表现都不错”。接着，班主任宋老师让纪律委员汇报情况，并处理相关事情。宋老师说，“昨天忘记做值日的同学站起来”，她着重批评了昨天负责锁教室门的学生，因为昨天没有做到及时锁教室门；然后，她要求放学后没有按时回家的学生站起来，7名男生站了起来。这时，一名男生没有举手就要出去，宋老师立即进行了批评，强调“有事情要举手”。

接下来宋老师说“要处理一件大事”，她问道：“昨天在学校对面的小店里玩赛车的同学有哪几位？”于是有6名男生站了起来（其中就包括4名未按时回家的学生），宋老师追问：“还有谁？有很多人的，还有谁？”又有一名男生站了起来，并指着另一位同学说，“他也去了”，被指的男生解释说只是看，并没有玩。接着有人指出龙龙也参与了，但龙龙连忙解释说，他以前去过，但昨天没去，一放学他父亲就接他回家了。宋老师说，“这也算”。于是又有一名学生指出两个以前也去过的同学，让他们站起来。宋老师再问“还有谁”，大家都说“不知道了”。宋老师说，“放晚学后好好聊聊”。

其间，语文老师来上课，数学老师来收作业，但看到宋老师在整顿班级风气时生气的样子，就先走了。玩赛车问题询问完之后，宋老师与再次进来要上课的语文老师沟通，了解了语文的课后背默任务后，要求那9个被点名的学生认真背，课后她要检查。安顿完毕后，她又想起交报纸费之事，向学生交代完后才离开了教室。（这时已经8:00了，晨会占用了10分钟语文课时间）。学生都沉默不语了。接着，语文老师说：“最近我们班上发生了一些事情，这不太好。刚才班主任让同学们主动站起来说明情况，大家要理解。对所犯错误要进行反思，同学们之间互相劝导是出于好意，要理解，尤其是女同学之间，要心胸宽广一些。”

① 来自我的观察笔记。

这次晨会体现了学校日常教育生活中班主任对班级管理的常态。从这次晨会的目的、内容和特点来看，晨会不仅有助于班主任及时了解和处理班级问题，还为协助学科教师加强学业督促提供了平台。学科教师与班主任之间的合作与默契体现了双方的育人共识，大家互相支持与协作。此外，从诸多课堂教学观察中也可以看出，学科教师在德育渗透和学科思政方面也发挥了重要作用。

晨会时间有助于班主任及时了解和处理班级问题，及时获得反馈，督促学生按照学校要求行事。任课教师可以在晨会上得到班主任的支持和协助，同时班主任也能收集更多的反馈情况，在一定程度上促使教师之间加强协调和沟通，共同处理学生问题。因此，晨会确实是很有必要的，这也是教师与学生之间沟通的重要机会。如果教师们能够在其他时间也进行充分协调和沟通，将更有助于关心和教育学生。

2) 班会上强调行为规范并作总结

每周一次的班会更能达到这一目的，班会分为校班会和班级班会，轮流在单双周举行。校班会通常由学校领导讲话，或由教务处、德育处等宣布学校规定、通知事项等，学生们通过教室里的广播收听。而班主任则利用班会来具体处理班级事务，总结一周来的问题。与晨会类似。如果没有事情需要处理，就会让学生上自习。

校班会主要涉及有关学生学习生活的各项事宜，包括学生行为规范教育、全校卫生大扫除及相关检查、大队部学生会议通知、学生普遍或突出存在的不良习惯(如浪费饭菜)、评选区优秀少先队员、捐款捐物等事项，以及春、秋游和看电影等活动安排。学校要求学生放下手中的作业认真听讲，班主任在一旁监督。校班会结束后针对班级具体情况，各班班主任继续具体布置和强调，同时处理本班的事务。通常，校班会不会占用整节课的时间，学生仍有一定时间可以自习或订正作业。

就如下面这段所呈现的校班会情景，主要涉及了以下几项内容①：

---

① 来自我 2002 年 4 月 5 日的观察记录。小强是班级里一位调皮的男生，后文有专门一章以他的情况为个案来研究。

第一项内容是学校书记讲话，主题是“帮困助贫送温暖”，介绍了贫困地区的状况，并号召学生捐出自己的旧校服。强调只接受校服捐赠，不接受其他物品，并规定捐赠时间为下周一（4 月 8 日）早上，交给班主任。接着，德育处发布了两个通知，一是关于开展 5 月 25 日交通安全宣传征文活动的通知，要求每个学生观看 4 月 4 日晚 8:00 在上海新闻综合频道播出的中学生交通安全专题报道，并写观后感；二是关于学校组织学生参加 4 月 8 日长风公园花卉节春游的通知，主题是“花卉与绿色家园”，要求全体学生从 3 号门进入，活动结束后从 2 号门出来。之后前往长征电影院观看《海的女儿》（安徒生童话），规定路线为经金沙江路、武宁南路，强调注意安全。然后书记提到了关于研究性学习方法如何选题的问题。这时，小强在班里大喊“研究网络游戏的普及率就是研究性学习”。大家偷笑。班主任宋老师在讲桌上批阅着英语作业未作反应。书记的广播讲话结束后，要求“接下来，请各位班主任对下周的活动进行安排教育”。关掉广播后，宋老师说：“星期一早上 7 点到校，请自备午餐、一张报纸和塑料袋。”看到一名男生在玩，未专心听讲，宋老师说：“幼儿园小朋友最喜欢玩积木，你是想‘留级’吗？”另一名男生举手问道：“可以骑车吗？”宋老师回答：“步行，最好戴上帽子，少带些吃的和水。下周我们班是值日班，请大家注意认真做好每件事。”她又指着几名男生说，“你们负责卫生，所有老师都对我们班有意见，现在我们要争荣誉。”那几名男生笑着点头。接着，宋老师又嘱咐负责开关门的小强，“教室门一定要关上再走，不要让外班的人进来”。然后继续说道：“星期二下午美术课换位子的人注意一下，有 5 名男生，1 名女生！下周大家要带齐东西，美术课对这位实习老师很重要，大家要好好配合。”这时文文举手问试题的事，宋老师作了解答。最后，宋老师让全班学生都拿出红本子《操行评定学分卡》，由负责记录同学名字和评分的学生分别在学分卡上打分数。

校班会通过广播讲话的形式，向全校学生传达了学校教育的精神和措施，体现了主流文化的姿态，并安排了一系列带有教育和规劝目的的活动，委托各班班主任具体落实和强化。从校班会的内容看，N 中学的确开展了许多带有教育意义的活动。例如，学校已经组织过多次捐款捐物活动，身为大都市的孩子，无论家庭条件如何，学生对贫困可能缺乏特别真切的感受，但五班每次的捐赠数量都在全年级处于领先地位，主要是为了争得班级荣誉。然而，学校发起和响应这种爱心活动的教育意图，似乎被学生忽略了。

每次班会上，班主任都会对整个一周以来的情况进行小结，并处理重点问题，包括班级纪律、卫生、品德、学校布置的各项任务、学生操行评定以及学习情况等。他们会着重处理学生之间的欺负行为，并对其他有问题"苗头"的学生敲警钟。班主任会认真处理教师认为重要、必须处理的事项。最后，班主任会组织学生评选出一周表现最好的小组，并给予他们"加星"的表扬，哪个组的"星"最多，最终就会获得奖励。此外，班主任还会提醒学生拿出备忘录，记录好周末的家庭作业和需要家长签字的通知。

对于学生而言，这是与班主任交流感情的时机。例如，这样的班会情景可以反映出班主任与学生之间的交流常态①。

> 宋老师首先小结了捐款之事，"我们班在全年级排第二，一班超过了我们，是80元，我们班是43.5元。"文文在下面说："宋老师这次奖金又得A了。"于是宋老师对文文说："你写50遍'我是天下最会说话的人'。"小强幸灾乐祸地笑着，宋老师又说，"小强，你笑得最开心。也写50遍"。小强大喊"不需要啊"。无济于事，于是小强只好开始写，他先写了50列的"我"，然后依次写50列的"是"，接下来几个字如法炮制。接着，宋老师表扬了因在历史课捣乱而向历史老师诚恳道歉的4名学生，"知错就改是好孩子"。然后，宋老师让值勤班长交上班级日志，星期一再交给下一个值勤者。
>
> 班会的最后，由学习委员主持讨论2个主题，关于玩赛车（遥控装置的玩具赛车）和写信之事的利弊。关于玩赛车，一名男生说："放假时可以玩赛车，但平时不应该。"另一名男生表示："玩赛车可以培养动手能力，但带到学校会耽误学习，可以在家里玩，要自律。"关于写信，一名女生认为："写信有好有坏，平时不要写信，太浪费信纸信封，而且很贵。好处在于可练习写字。"另一名女生觉得："写信浪费时间，对生长发育没好

① 来自我2002年4月19日的观察记录。

处，浪费了爸妈的钱，可惜。”还有一名男生补充道：“写信不好，上网写E-mail更便宜。写信的好处是可以加强书写能力，但同时也浪费时间和钱。”宋老师对学生的发言稍作总结结束班会。

作为上海市普通工薪阶层家庭的子女，这些学生在言谈中体现了避免浪费的意识(尽管午餐剩饭菜的现象比较普遍)，“穷人的孩子早当家”，他们从小就有一定的艰苦朴素、勤俭节约的意识，明白精打细算的重要性，体谅父母赚钱的不易。同时，毕竟是身处大都市的孩子，虽然并非每家都有能力买电脑和上网，但信息化的意识和观念早已深入人心。学生对电脑和网络有着浓厚的兴趣，同时也掌握了相关的知识和技能。学校开设的计算机课是每个学生都爱上的课程，平时每天中午的开放时间，机房里面总会挤满学生。

班主任随时提醒学生努力学习，也是班会的重要内容。期中考试后的第一次班会上，班主任宣读了成绩，并表扬了考得不错的学生，也对他们加以评价和建议，让全班其他同学以他们为榜样。接着，宋老师请一名数学成绩有很大进步的女生分享经验。最后，宋老师总结说，要对学习保持兴趣，同时也要勇于向他人请教，平时要多加钻研。这次班会是学生最沉默的一次。之后，许多学生写周记提意见，请求教师不要再当全班同学面宣读成绩，认为这种做法太伤大家的自尊心。但是，教师们通常认为，这么做是为了让学习成绩较差的学生向成绩优秀的学生学习，认识到自己的差距，并督促他们迎头赶上。

宋老师也曾请我在班会上给学生分享“读到博士的经验”，我一开始觉得很难为情，因为觉得自己并没有什么值得分享的学习经验。但最终碍于情面，还是给他们分享了我的学习体会。许多学生问了有关学习的具体问题，我与他们进行了交流，并主要围绕学习习惯和学习方法等方面给予了一些建议。

尽管在班会课上，班主任常常批评学生，宣读成绩，甚至说教，但大多数学生依然喜欢开班会，因为那是他们可以不上课、不写作业的片刻。有时班主任训话时，让全班学生都趴着听，等讲完后再坐正。大家觉得不用动脑筋，很舒服。

5. 统一穿校服和集体吃午餐

对学生着装、午餐的统一安排和管理，是学校引导学生受教育的辅助措施。

1) 穿校服的苦恼和学校的灵活做法

穿校服，在当今城镇的中小学生中非常普遍。一般来说，学校之所以推行统一着装，是从多方面考虑的。首先，统一着装有利于学校管理，培养学生朴素的生活作风。学生穿着相同颜色、款式的服装，可以杜绝同学之间的攀比，防止学生穿戴奇装异服，从而减少对学习的干扰。其次，统一服装便于区分学生和非学生，有助于发现学生在校内校外的异常举动。最后，穿校服有助于培养学生的集体主义意识和团结协作的精神。在N中学，学生校服包括春夏秋冬四季的套装。男女生的服装颜色、质地一样，只是夏装样式有所差别。另外学校还为学生订购了运动装。学校要求学生每天到校都必须穿校服，否则将受到批评并扣班级操行分数。

然而，学生对此不以为意，并对校服提出各种意见。大家认为校服样式老土、难看，“很憨的”，大小不合体，质量差(尤其是春秋那套天蓝色的)，“裤腰容易坏，像孕妇裤，只好用衬衫挡着”。几名女生还特别指出，夏天的短袖衣太透了，没法穿，实在要穿，还得里面多套一个背心。男生运动量大，衣服容易脏，但每天都得穿校服，就只能周末洗，如果遇到天阴下雨，衣服干不了就惨了，因为星期一还得穿，所以觉得很烦。大家都很欣赏电视剧中的学生装，希望自己的校服“能有一点点像电视剧中的就好了”。他们甚至很迷惑：“为什么我们的校服就必须是这么难看的?”学生普遍反映，校服的样式实在让人难以忍受，并自嘲为“采矿工人”和“纺织女工”。的确，他们的校服面料和做工很普通，款式是男女统一的，缺乏美感。N中学的领导和教师也很为难，他们也觉得这些学生原本的天真、可爱样儿，一穿上校服就显现不出来了。

爱美之心人皆有之。学生都喜欢自己去买衣服，周末和放假出去玩、去别人家做客时穿。大家都有自己的服饰标准。多数女生认为，“买衣服不用看品牌，只注重喜好就行，因为品牌并不代表衣服的好坏，一些不知名的衣服也蛮好”。她们通常买自己喜欢的款式和颜色，考虑到不同季节的搭配需求，也会与肤色相协调。她们更倾向于宽松、舒适的款式，不会买尺寸太小或太紧的衣服，因为这样的衣服过一两年就不能穿了。一般上衣价格不超过50

元，裤子则不超过100元，最主要的，衣服穿起来要“酷”。这些学生购买衣物时都会考虑家庭经济状况，不讲求名牌精品，而是以实惠、耐穿为标准。最主要的是，他们都考虑到身体长得快，买衣服时会买大一点的尺码，就可以多穿几年。校服令大家不满的原因之一就是穿不了一段时间就小了，这样很浪费。上海人的“精打细算”在这些学生身上得以充分体现，他们从小就知道自己计划和盘算生活，这是一种特殊城市文化中的生存能力。家长也希望自己的孩子穿着漂亮些，凡是节假日出游或去别人家做客，总要提醒孩子穿上最好的衣服。一名女生分享了她的“遭遇”，“五一”假期，全家人乘坐舅舅家的面包车去乌镇玩，妈妈非让她穿上新买的时髦连衣裙和皮鞋，不料中途车子坏了，大家只好推着车走，她的新衣服都弄脏了。但是以后每次外出游玩之前，妈妈还是要她穿戴漂亮才行。N中学的教师并不担心学生自己买的衣服是“奇装异服”，相反，他们非常理解学生们，知道他们所说的“酷”只不过是颜色、样式活泼了些，更具时尚感，教师们都认为，“这些孩子长大了，都有爱美之心，自然会注重外表，喜欢穿漂亮点，这也很正常，我们完全可以理解”。

学生身体发育速度快，导致校服常常不合身。2000年上海市体委的调查显示，本市青少年的身体形态发育水平相对较高，身高、体重、胸围等指标均高于全国均值，并保持持续增长趋势。例如，2000年上海市6～18岁的儿童和青少年身高比1995年平均增加了近2厘米。这是因为生长环境的改善，使得孩子们身上的遗传潜质得到了空前发挥①。与前几年相比，现在的孩子无论在体型还是身高上都有所变化，他们长壮、长高了，因此即便是大号的校服也很快就会变得紧身。家长们经常感叹：“去年买的校服今年怎么就穿不下了呢?”加大号校服这几年格外热销，但还是经常遇到“套”不住特别体型的学生，只得量身定制的情况。同时，这些学生基本都是独生子女，初中阶段正是长身体的关键时期，衣服穿不上又不能像从前那样给弟弟妹妹穿。随着人民生活水平的整体提高，大家的穿着水准也大大提高，不仅要穿整洁、崭新的衣服，还要有自己喜爱的款式。所以，旧衣服基本上不能再送给亲戚朋友家的孩子穿了。要确保初中四年都能穿这套校服，就要有长远考虑。因此，大多数学生都选择购买大一号的衣服，这样即使自己长高长胖了也能穿。不过，

① 参见上海热线教育频道2003年9月3日新闻。

这种情况导致大家不得不忍受从不合身到合身再到不合身的过程。

从某种程度上说，每天穿校服成了中小学学生和家长共同的负担，教师对此也很有意见。学生对穿校服的规定比较反感，甚至将每天上学时穿校服视作一天中最为烦心的事情。这种要求学生统一着装的思想基础源于以下几个方面。一是社会管理方式中力求简单的思维模式；二是防止集体中的攀比和效仿；三是强调整齐美、忽略个性化发展的认识论。这种思想基础甚至可以追溯到从前许多单位的着装实行军事化管理的做法。随着社会的发展，个体的权利意识不仅在成年人中得到了强化，也在广大少年儿童心中普及。与这种个体权利意识相关的是，人们普遍追求个性化，不喜欢甚至拒绝将任何事情简单划一地处理。而校服恰恰就是对学生生活中最日常、最重要的事情作了简单化处理。个性化的表现在于每一个个体追求独创性。在一个款式、颜色单一的校园内，激发学生的独创性，恐怕比在一个色彩丰富的地方要更加困难。环境对人的影响不可低估。即使从审美的角度看，色彩美重在颜色的多样化和协调性，而非单一性。中小学是一个人成长的重要阶段，如果学生在生活时间最长的场所，整天只能看到单调的色彩，如何培养他们对美的感受和追求呢？

统一的校服将学生与日常生活隔离开来，掩盖了他们鲜活的个性化特征，甚至性别特征，将他们本来就枯燥和沉闷的学习生活更为色彩单一化和刻板化，增添了他们的烦恼。值得欣慰的是，上海市徐汇区某小学从 2003 年 12 月开始取消了学生穿校服上学的校规，学生只需在星期一升旗仪式上穿统一校服。升旗仪式结束后，学生可以自由选择穿自己喜欢的衣服。自 2004 年起，上海市的部分学校对学生穿校服的规定进行了调整，不再强制学生在学校必须穿校服，只是要求在学校的重大节日和活动时统一着装。这一变化受到了许多学生的欢迎。因为他们可以穿着各式各样的衣服上课，上学的感觉更好了。一些教师认为，现在学生的家庭条件普遍不错，因此并不担心衣服的个性化而导致同学之间的攀比。他们认为脱下校服穿上色彩斑斓的衣服更能展现学生的个性。N 中学对此也做出了灵活的规定，要求学生主要在体育课、重大节日和各种活动时穿校服。然而，仍有不少学校坚守学生穿校服的规定。这些学校认为，校服是学生的一种标志，统一校服最主要的目的是希望学生将精力集中在学习上，而不是衣着上。

其实，N中学的学生和其他学校的学生一样，并不是完全拒绝穿校服，他们只是希望校服的设计更加新颖、漂亮，更贴近生活的色彩和他们的审美观。因此，校服的改良势在必行，设计上需要体现学生的个性和生活色彩，呈现出一定的“时装化”风格，并视学生的年龄特点在设计和用料上有所差异化。校服应该符合学生“有朝气、积极向上”的特点，特别是初中生的校服应该体现一种青春、蓬勃的精神。许多学生羡慕电视剧中的校服，是因为电视剧中的校服很时尚、具有美感。曾经有一家权威机构对日本东京的中小学生进行了民意调查，询问学校里最流行的东西是什么。结果所有接受调查的学生都回答说是校服。对学生来说，校服不仅是学校的标志，还是一种时尚的象征。甚至一些已经从学校毕业的女生还会穿着校服外出，她们认为“校服是至今我们最喜欢的服装”。即便如此，如今日本不强制规定穿着标准校服的学校也逐渐增多，只是要求在体育课时必须穿着规定的运动服和运动鞋，并佩戴校徽。

“他山之石，可以攻玉”。我们的学生校服也应该成为孩子们喜爱的服装，让学生爱穿，同时又不过分受流行时尚的左右。穿校服的规定也需要具备一定的灵活性，比如只在学校有重大活动和节日时要求学生穿校服。教育行政部门应该对设计和生产校服的企业给予一定建议，学校在选择校服供应商时也应该充分考虑学生的特点，这也应该是体现学校、家庭和社会协同育人的一个重要方面。

2) 集体午餐的众口难调和食育目的

在学校集体吃午餐，旨在减轻家长的负担、保证学生有足够的学习时间和全面的营养。学校按照上海市教委的统一规定，参照营养专家的菜谱配方和原料，严格控制营养、荤素搭配，并由自己餐厅师傅负责烹饪（每天有小货车送菜到学校）。学校三令五申不允许学生浪费粮食，倡导保证营养，尽量吃完自己的分量，甚至曾一度规定倒在剩饭桶里的饭菜不能超过桶的三分之一，否则会影响班级荣誉，但是剩饭剩菜的问题仍然很突出。我调查下来，学生普遍认为学校的饭菜不太好吃，尤其是女生更为挑剔，而男生对饭菜的评价相对较好，但也认为“时好时坏”，尤其当送来的饭菜凉了或味道不够可口时，“没有花样，太老套，无创意”，不合口味（或太油，或没油水，太咸太干），“没爸妈烧得好”“饭菜难以下口”“不爱吃，不好吃，不想吃”。所以，每顿饭大多数学生要剩下一半甚至更多，导致剩饭桶装不下，只能用大塑料袋装起来。有些女生打开饭盒只吃一口就全部倒掉，有的倒掉饭菜后吃泡面，也有的宁可一直饿着，晚上回家吃。另外，班里有 7 人申请了不在校吃午餐，因为家就住在学校附近，所以家长写了申请给班主任，表明愿意让孩子回家吃饭。尽管大多数同学很挑剔，班里还是有几个男生吃饭表现好，几乎不剩饭，也从不挑剔。不过，他们并没有给其他同学树立起榜样，大多数同学依旧倒饭如故。班主任屡次表扬那几个学生，希望能激励其他人效仿，但效果并不明显。后来只好要求学生在倒饭之前一定征得教师同意，先举手给教师看一下剩了多少，再倒掉。为了班集体荣誉，有些同学甚至自带垃圾袋，将剩饭菜倒进袋中，放学后扔进校外垃圾桶，以免班级的整体倒饭数量过多。每天班主任都顾不上自己吃饭，一直在班级里监督，许多女生没吃几口就举手，于是责令其再吃，直到所剩不多才允许倒掉。有些女生表情痛苦，机械地往嘴里塞饭，一旦得到允许，立即欢天喜地地倒掉饭菜，好像吃饭是一件极其痛苦的事情。尽管学校和各班的班主任作出了很多努力，但学生倒饭的问题似乎并没有从根本上得到遏制。

为什么会造成学生普遍倒饭的现象，他们到底想吃什么呢，通过调查问卷和访谈得知，尽管学生家里的饭菜并不一定比学校的更为营养丰富，但学生认为家里的饭菜味道更可口，因为家长会根据孩子的喜好来烹制食物。此外学生对饭菜的种类和品质并没有特别的要求，大多数人最喜欢的是蛋炒饭、馄饨等简单的家常菜，也有个别人喜欢西餐。为了保证全校学生下课就能吃到午饭，学校餐厅总要先提前做好饭菜，然后分别盛装进每班学生的饭盒中（由于当时学校餐厅消毒设施不完善，所以让学生自带饭盒，并贴上姓名，按班级放在一起），再将饭盒以班级为单位放在一个塑料箱中，等学生下课后统一抬回教室。所以有时候饭菜就冷掉了，尤其是冬天，只有另盛在大保温桶的汤是热的。许多家长平时太娇惯、溺爱孩子，一味迎合其口味和愿望，造成孩子严重挑食和偏食。在家不喜欢吃某种菜，哪怕学校餐厅烧得再好吃也不爱吃。比如有一天的午餐是红烧整只鹌鹑、番茄炒蛋和土豆片，但许多女生可能都不愿意吃鹌鹑，要么扔掉要么给男生。尽管如此，一些女生可能会觉得她们的胃口已经被这只鹌鹑破坏掉了，别的菜也不想吃了，于是都倒掉了。此外，一些女生饭量较小，在家就吃得少，总是父母逼着多吃点。

学校餐厅无法按照每个学生的饭量分配米饭，因此吃不完就是常有的事了。人民生活水平提高了，学生家庭条件比过去好多了，许多学生从小就没有养成爱惜粮食的好习惯。有些男生倒饭，是想尽早吃完以争取时间出去玩。同伴之间会相互影响，见一人不吃了，其他几个也会纷纷效仿。

N中学书记认为，“现在的孩子太娇气，缺乏艰苦朴素的观念和习惯。我自己小时候受的教育是不浪费一粒粮食，不爱吃或吃饱了也不能浪费。现在我有时吃不下，就有一点剩饭了，觉得自己不如以前了。本校教师、校外的客人都吃这种饭菜，觉得很好吃。学生却爱吃麦当劳，真是不可理解”。我吃过N中学的餐厅饭菜，确实像书记所说的那样，饭菜口味和搭配都很不错。一方面，学校规定本校教师也一律在学校买饭票吃饭，价格便宜，并给每个教师发了两只印有N中学字样的白色搪瓷碗。书记、校长和中层领导都觉得学校饭菜很好吃，到了午饭时间就会端着自己的碗去买饭，吃完后自己刷洗碗筷，急忙又投入工作。吃饭只是为了更好地工作，有时他们还会因手头事情太多，顾不上吃饭呢。学校要求教师在校餐厅吃饭，主要是希望大家给学生做表率。另一方面，每位班主任都要督促学生分饭、吃饭，就没有充足时间去校外吃饭了，就近吃餐厅的饭菜可以保证大家的工作时间。但是也有的女教师中午不吃饭，或只吃一个苹果，美其名曰“减肥”，其实就是不想吃学校的饭。但书记说，“要是去酒店吃，她们都吃的，也不少吃”。她认为这些人挑剔餐厅的饭，是因为没有将心思全部放在学习和工作上，态度和目的不正确，所以才会在生活方面花费过多心思。校领导希望全体教师能协调一致，共同遵守学校的规范和习俗，身体力行，给学生树立表率。我非常赞同这一点。可是，这些年轻教师大多也是独生子女，从小受到家长溺爱较多，没有切身感受过艰苦生活的滋味，现在参加工作后自己有了经济来源，想吃什么就吃什么，对餐厅饭菜的态度，在某种程度上，与这些学生相似。当然，社会的物质生活日趋丰富，各种美味食品对人的诱惑力很大，人们可选择的食品越来越多，口味也就越来越挑剔了。那么，作为教师的年轻人，如何给学生树立不挑食、不浪费饭菜的榜样呢？学校可以做些什么呢？

统一午餐众口难调。学校提供统一午餐主要是考虑到学生的营养和饮食卫生等方面，同时也可以减轻家长的负担。但是，这就与学生个人口味和习惯等方面产生不协调。学校不允许学生大量倒饭，主要是为了培养学生艰苦朴素、爱惜粮食的品质，但对各班剩饭桶里的剩饭量统一规定的办法，并不能从根本上解决学生倒饭的问题。后来，学校的餐厅建成后，全校师生都在餐厅吃饭。由于餐厅空间有限，学生吃饭分两批进行，预备和初一年级先来用餐，然后是初二和初三年级。然而，旧的问题还没有根本解决，新的问题又出现了。有些学生对于排队等待吃饭的安排不满意，便想方设法插队以早点吃到饭。由于N中学办学条件的限制，这个问题比其他学校更为突出。

随着生产力水平的提高，社会物质产品越来越丰富，人民生活水平日益提高。对于孩子来说，可供其选择的食物种类繁多，口味众多，而家长往往会尽量满足孩子的要求，这就导致了学校提供的饭菜种类和口味与家庭提供的食物有很大的差别。社会和家庭提供给孩子的优越物质条件，本不应该造成与学校的不一致，关键还是在于学校如何引导学生严格要求自己，自觉自愿地减少饭菜浪费现象，强行规定并不能真正解决问题。我就这一倒饭现象向我所教的大学本科生（多数是外地学生）进行了调查，他们的回答却不同于这些中学生。他们认为，尽管学校食堂的饭菜不合口味，不好吃，但是自己必须吃，因为吃饱了就有精力学习和做其他事情了，吃饭并不是上大学的目的。各所大学餐厅里也存在倒剩饭的现象，一度也很严重。学生社团自发开展的“节约粮食、杜绝浪费”活动，起到了一定的提醒和监督作用。类似这样的做法值得N中学借鉴，学校要从思想、行动上对学生进行教育和监督。

还有，上海市黄浦区某幼儿园将“体谅教育”渗透在幼儿午餐上。幼儿可自由选择进餐的座位和同伴，根据自己的实际需要自行盛饭、菜、汤。同时，以楼层为单位提供不同的菜肴，幼儿可根据需要和喜好自主进入相关的楼层进餐，在保证营养的前提下给予幼儿更多选择的余地[①]。这种做法从体谅孩子出发，充分尊重孩子的个性、体验、情绪和需求，真正关注幼儿，值得借鉴。

6. 以多种方式保持家校沟通

学校对学生开展教育，离不开家长的大力配合和支持。召开家长会、下发“告家长书”、进行家访等都是加强学校和家长沟通的具体做法。

1）家长会上的集体沟通

N中学每个学期召开一次家长会，通常安排在中期考试之后，这样家长

① 苏军.“体谅教育”发展孩子多元智能[N].文汇报，2004-06-14.

可以更多地了解自己孩子的情况，任课教师也有了与家长互相沟通的机会，双方可以共同致力于学生的学习和发展。不过，许多家长工作繁忙，文化程度不高，他们可能只能在家长会上露一面就走，只有少部分人能真正和学校教师进行详细的沟通。但是，家长们一般会在发现孩子有问题时马上与学校协商。以下情景就是对一次家长会的观察描述①：

2002年6月14日（星期五）家长会

傍晚6点半，家长们陆续到来，学生班干部在教室门口迎接家长，并引导他们坐到其子女的位置上。桌上摆放着关于期末考试安排的《告家长书》，以及英语考卷。共有10位父亲和19位母亲出席了家长会。虽然人数过半，但仍有一些家长由于晚上要上班或有其他事情来不了。

首先班主任宋老师讲话："非常感谢家长们的积极配合，及时前来参加学校的家长会。"她请家长们看手中的《告家长书》，强调了考试日期。还有退费之事，"看电影用了7元，须退回23元"。

接着，语文老师发言，她对学生在本学期出现的新动向有一点担忧（对考试成绩的忧虑），并希望家长们能培养孩子良好的行为习惯。她指出了班级存在的一些明显的问题：学生做题速度较慢，影响了发挥，并且对自己的信心不足；基础不够扎实，在作业、测验和默写方面表现出退步的趋势。"孩子越大，越不听话。以前他们很听话，现在活动多了，踢球、玩，学习的自觉性有所减弱。如果家庭条件允许的话，希望家长能提供更多具体的指导。"她接着提到，有些学生聪明好动，但纪律性不强，尤其是自习课，没有将自己的任务放在首要位置。语文老师认为在考试前召开这次家长会很好，有些复习内容可以让家长把把关。"双休日对语文的复习有帮助，所以建议多阅读一些书籍报纸，看看优质的影视节目，同时也要练笔。语文学习主要是理解的过程。我希望学生在语文学习上能够保持发展态势，如果家长们还想进一步了解孩子的成绩情况，可在会后再进行详细交流。"

数学老师也来了，提醒家长考试马上来临，本班学生相对聪明活泼，

① 来自我2002年6月14日的观察记录。

希望家长们在家能够给予他们更多的引导和关注。“请家长督促他们练习计算题分式，考试中有很多是送分的。填空也占 40%，这两块儿失分多。有的孩子不重视考试，做完后不知道再检查，而是趴着睡觉，直接影响了成绩。希望周末两天集中突击练习，反复做题。另外，有两三个学生的学习状态明显下滑，我专门留下他们补课，他们还不愿意，甚至还骂我……作为家长，我觉得不应该只是问孩子考得怎样，而是应该和他们沟通，了解他们到底在想些什么。有些学生不交作业，我有时也感到很矛盾，想罚他，又觉得不太合适，想让他回家拿，又担心路上的安全问题。我有时吓唬说不交作业就不让上课，但学校不允许这样做。所以现在成了恶性循环，一次次地不交。我还发现一个问题，一些学生在学校抄作业，布置回家做的作业不交。我对此很矛盾。罚、打都不能。”

宋老师插话说：“家长应多和老师联系。大家都做个有心人，把这些‘洞’补起来。”

数学老师接着说，“光靠老师或光指望学生也不行，需要三方共同努力，即使再忙，家长也应多加关注。初二阶段对于学生来说是个桥梁，如果补不上去，就不会有希望了。假期一定要‘盯牢’孩子。孩子打游戏的现象太严重，这事家长必须加以管控。有时我也很气愤很无奈，可说不起啊。”

接下来班主任也是英语老师总结中考，认为班级学生的英语成绩进步了，但“坐了第一把交椅后，有些自满”。还向家长通告了班级最近的活动，例如选出了“先进小组”并为组员奖励了笔记本；举办了中队主题班会，同学主持得很好，演奏表演、英语小品等方面的能力都很强；执勤周期间没有人迟到，举手都很到位。她再次强调：“不应该用成绩来评判学生，我认为每个学生都很出色，应修正缺点，调动优点。家长应多和孩子交流。英语要考新题型，复习时要注意。有的学生做的试卷档案袋很好，家长应该培养学生自主学习的习惯。今天校长在给初二家长开会时提到了保送生的问题，所在年级前 10 名学生将被保送到市重点高中，他们将享受不同的待遇，而前 20 名则可被推荐，总分里额外加 8 分。这些学生都是通过平时考试积累起来的。千万不能松懈，先苦后甜。家长要重视，并尽量配合，毕竟孩子不是我自己的。作为老师，我们和家长的心情是一样的。希望家长有问题时能经常来交流。”

这次家长会不到一个小时就结束了，有几个家长围着教师询问自己孩子的情况，而大多数家长则迅速离开了会场，回家了。

家长会上主要讨论的就是学生的学习问题。尽管教师强调了不要只盯着分数，要多沟通，多了解学生的内心思想。但每学期一次的家长会总是安排在中期考试前后召开，强调学习的目的显而易见。家长也明白，学校召开家长会主要是为了通报学习问题，强调考试注意事项。无形中家长会就成了考前动员会或考后总结会，自然使家长紧盯着孩子的分数。所以，这种家长会主要是学校和家庭为了学生的学习状况进行的会面，而对学生日常生活中的言行、思想和情绪等细小环节的关注并不够。在家长会上，各位教师也在不断提醒家长关注孩子的学习和思想状况，强调家校合作的重要性。

2）“告家长书”的书面沟通形式

家长平时都很忙，因此学校通过分发“告家长书”（见示例1），可以随时实现沟通和协调。学校会利用这种书面形式来传达需要通知和强调的事项，例如放假通知、活动安排、收费捐款、防治传染病以及安全意识等内容，学生会将这些书面通知带回家，一般要求家长签字后将回执交回学校。这种间接沟通的方式有助于实现学校和家长协作起来教育学生的目的，同时也维护了家长的知情权。通过这种书面形式，学校可以及时向家长传达重要信息，减少误解和不必要的猜测。从实际效果看，这种沟通方式比开家长会更具体有效，但是面对面的交流能使家长和老师就学生的某些问题进行详细商议，因人而异。

《N中学告家长须知》示例

为培养我校学生养成良好的学习习惯和作息习惯，形成和谐、安全、清静的学习环境和氛围，保障在校学生健康成长，维护学生合法权益，根据《中学生日常行为规范实施细则》和上海市有关青保条例，结合我校学生出现的情况，现将我校有关补充规定和要求告知学生和家长：

1. 学生不要把贵重物品带入学校，如文曲星，快译通，Walkman，Discman，名贵笔等；学生不要把和学习无关的物品带入学校，如流行乐磁带、杂志、漫画书、VCD等。

2. 男生不留长发，女生不剪过短头发，不化妆，不染发，不戴首饰挂件，不穿高跟鞋，个人仪表端庄、整洁。穿好校服（裤），佩戴红领巾或队徽，团员佩戴团徽等标志。

3. 学生不带数额较大零钱，随身可携带小面额零钱。

4. 学生请假应遵守请假制度，事假应有家长请假条，病假应有病假单或病历卡。未请假者按旷课处理。

5. 学生年满13周岁方可骑车上学，自行车保管应用双锁加固。

6. 家长接送学生必须遵守学校制度，进入学校须仪表整洁，不穿拖鞋、睡衣裤，不在校内吸烟。如遇突发事件，及时联系班主任或学校相关部门。

电话：62548695转＊＊＊

以上规定希望全校学生自觉遵守，家长密切配合，对子女经常督促。

谢谢！

回执

家长签名__________学生签名__________班级__________家长应急电话________

上海市N中学德育处

2002年5月

3）学生眼中"告状"式的家访

家访也是学校和家长协同教育学生的重要途径之一。所以，每个班主任每学期至少要对每个学生进行一次家访，了解学生的家庭环境，争取家长的配合和协助，共同帮助学生进步。作为五班的第一任班主任，宋老师从初中预备年级开始就进行家访，因此对每个学生的家庭情况非常熟悉，包括他们的家庭住址、环境、家长风格和职业，以及学生在家中的表现等。学生家长对她非常信任，一有什么事就打电话来询问和商议，有重要问题就会来学校与班主任和其他任课教师交流沟通。第二任班主任李老师在初二年级接手这个班，她在开学前一个星期就开始了家访活动，并与宋老师进行了多次交谈，以了解这个班学生的情况。对于学生来说，教师的家访有时就是他们的"灾难"，因为这是"老师和家长之间互相'告状'的时候"。因此，班主任每次打电话通知家长要进行家访时，学生总会给家长表现出好的一面，以换来“说好话”。有的学生说，“最怕的是，老师给家长讲自己不好，招致家长责骂甚至‘毒打’”，或者家长向教师反映自己在家中的不好表现，使教师获得了“讽刺挖苦的资源”。许多学生和我刚熟悉时，每次聊天都要郑重叮嘱我千万保密，表示他们的言行内容不能告诉班主任。我三缄其口，也曾不能避免误会。一次班主任宋老师和我说起一名女生，夸赞她懂事、热心班级活动等，我便点头认同，并说“我很欣赏她”。没想到过了一段时间，这名女生对我说，“你是不是给班主任说什么了，她打电话不知道和我妈说了什么，我妈说我在外面很疯，要惩罚我。但是，班主任究竟告了什么状，我妈不肯说。”我大吃一惊，反复回想我并没有说什么呀，难道那句“我很欣赏她”惹了祸？经过我解释，她打消了对我的怀疑，但是“告诫”我以后不能和班主任说什么，也不要去追问这件事，否则她会遭到“打击报复”。惶恐之余，我不禁思考起学生为何对待这种情况如此警觉。我觉得这主要是家长与教师之间缺乏信任造成的，尤其是家长往往是根据自己的判断、立场和成见来对待孩子，评价其对错，并随时关注他们的动向，责任心可嘉，但有时就造成了潜在和显在的冲突与不信任，这种情况下，家庭教育往往会事倍功半。在一些学生眼里，班主任最擅长的事就是“告黑状”，让人防不胜防。而且，家访的中心话题就是学习成绩，家长和班主任交流对孩子的看法，商量如何提高其学习成绩。尤其是一进入初二年级，中考能否过关以及选择考哪所高中就成为焦点，他们为孩子“把脉”，督促其不断努力。此时，一切娱乐和休闲活动都逐渐减少甚至消失，各种形式的训练和补课则会纷涌而来。教师、家长和社会早早地将社会压力和现实呈现给了学生，让他们提前准备面对严峻的现实生活挑战，将童话、乐趣和搞笑过早“收藏”起来。然而，这样的做法可能会导致学生的压力越来越大，情绪变得烦躁，甚至出现心理问题，反而严重影响到他们的学习效果。

可见，学校和家长之间的沟通还是处于一种单向度、局部性、浅层次、形式化的状态，有待进一步加强。双方应就学生的家庭教育策略和方式等方面达成一致，针对孩子的心理、身体、思想和言行等各方面情况提供及时、恰当的关心和教育，引导其健康成长。但是，学生也应该正视和支持教师的家访行为，促进教师和家长之间的沟通，让双方共同为自己的学习和成长提供帮助。

7. 组织社会实践活动和兴趣课

学校举办各种集体活动，如春游、秋游和观影等，旨在通过课外生活教育和引导学生健康发展，扩展他们的阅历和知识面，同时也对学校课堂教学起到了补充作用。在我进入班级研究的一年多时间里，学校组织学生观看了如《海的女儿》《走出死亡陷阱》《真情三人行》等几部电影；春游时去了长风公园观赏花卉，秋游则去了佘山①。此外，学校还组织了一次“重走红军长征路”活动，让全校学生沿着金沙江路和大渡河路“重走长征路线”，以此感受当年红军的英雄气概和革命情怀，缅怀革命先烈。但是，许多学生并没有完全理解学校的良苦用心，他们认为电影不好看，“不有趣”。另外，他们对春游的地点不满，认为长风公园都去过很多次了，“没劲”。学生们希望去没去过的、远一点的地方。此外，他们对当年红军长征的艰难险阻并没有什么体会，只觉得走得挺累。他们很希望教师多讲一些有关红军长征的故事，而不是只是走路。在这些活动结束后，当我再次问起他们的看法和感受时，基本上都表示“已经忘记了，没什么意思”。

从 2002 年 9 月开始，N 中学实行了“走班制”兴趣课机制，要求全年级各班在每周的同一个下午都开设兴趣课，学生可以根据自己的兴趣爱好报名参加所在班级的兴趣课，以此调动学生的积极性。初二年级的走班制兴趣课安排在每周二下午的第八节课，主要包括电脑小组、篮球小组、快乐音乐、编织、探索与发现、航模、趣味数学、欣赏（古文、诗词、优秀作文）等。男女生的喜好不同，女生更倾向于选择编织、快乐音乐、欣赏以及电脑等小组，而男生则更喜欢航模、电脑、趣味数学和篮球等活动。当然，班里也有两名男生选择了编织小组，结果被教师“赶”了出去，因为这一小组全是女生。这种形式的兴趣课大多数学生比较满意，他们也希望学校今后能更多地组织这类形式的活动，同时希望兴趣活动的内容能更加多样化，时间再长些。一些学生认为，兴趣小组不应该包括语文、数学等与主课紧密相关的活动类别，而应该全部是娱乐和课外活动的内容。

不过，N 中学针对主题课的具体实施内容，做了一系列具体设计，主要归

① 长风公园是普陀区的一个公园，也是上海市最大的综合性公园，距离 N 中学不是太远。佘山位于上海市的松江区，那里有国家旅游度假区和佘山天文台等。

结为四大板块，即品德操行评定、特色班级建设、体验法律和社会实践。品德操行评定突出了对学生行为规范和品德的引导和督促，这实际上是学校培养和教育学生的基本点。学生要具备自我管理、自主学习、自主活动的能力，实现自我教育，就必须有品行规范作保障。也就是说，遵守学校纪律，履行一个公民的应有职责和道德规范，才能在不损害别人和社会利益的前提下获得自由，得到自我发展。学校在此基础上提出了建设特色班级的措施，重点从初一年级开始实施。体验法律，让学生在养成良好的道德品行的基础上，进一步以法律知识规范自己的言行，成为合格的社会公民。此外，学生还定期向家长和社区群众进行法治宣传，为形成良好的社会风尚和法治文明做出努力。具体的活动形式包括小品表演、辩论赛、沙龙讨论以及进社区宣传等。

开展各项社会实践活动，旨在让每个学生都可尽可能大显身手，走出书本知识的束缚，在现实社会和生活中，发展和成长中体现自身的尊严和价值。2003年3月，N中学组织初二年级到南汇区进行了为期三天的“学农”活动（每学年定期组织一次），使学生通过劳动和游览大自然风貌获得实际的锻炼，增长见识。学生非常兴奋，认为这是一个释放能量的机会。不过，类似这样的活动很少开展，个别教师认为太浪费学生的学习时间，更主要的是担心学生的安全。但学生在参与这些活动的同时也获得了书本之外的知识，这种活动产生了一定的教育效果。我认为，真正将学生的书本知识学习和生活实践结合起来，使学生从内心真正愿意接受这些活动，才能发挥良好的效果。

三、“一放就乱，一管就死”的尴尬

我自2002年3月起在N中学开展质性研究，以初一五班为个案，进行了长期、深入的田野调查，直至2004年6月这个班的学生初三毕业。在此期间，这个班级经历了班主任的三次更换，初始由教英语的宋老师从预备年级担任班主任，到了初二年级由新调来教数学的李老师接任，最后到了初三年级由常年担任初三英语课教学的林老师接手。任课教师也根据科目和教学效果进行了局部调整，地理和历史课都换了教师，新增的物理课由一位中年男教师负责，化学课则由一位年轻女教师承担。任课教师普遍反映学生“太活太乱”，而班主任在承认这一点的基础上持一种比较呵护的态度。

(一) 不同教师眼中的学生

1. 任课教师更多是苦恼与无奈

从各科教师的角度看,课堂纪律往往是衡量班级的首要标准。他们认为,这班学生总体上“太活太乱”,教师在课堂上总要花很多时间和精力维持纪律,这让大家感到苦恼和无奈。N中学的其他班级并没有如此突出的问题。

在语文、新综合科学和美术课上,那些活泼开朗的任课教师有时并不十分介意学生的活泼言行,与学生相处较为融洽,课堂纪律也相对较好。她们对这些学生的评价也较为中肯,认为这个班学生(尤其是男生)都有很多独特的气质,比如“孩子气浓、敢说、有个性、胆子大、爱表现自我、愿意与人交流”。学生的最大特点并不仅仅体现了英语特色班的英语优势,而是表现出的一种自信和自然状态。她们认为,这种自信与班主任平日对他们的引导和培养有关。这些教师认为,尽管这些学生平时劳动方面的表现良好,能按教师的要求按时完成作业,听课也比较专注,可教师若想多讲些课外知识,扩大学生的知识面,他们就会兴奋不已,借着话题乘机讨论与课堂无关的内容,结果影响了教学时间,教师在这个班反而讲的拓展知识最少。在上课前两分钟的预备铃声响起后,班级里仍然有学生在玩闹,纪律乱,而中午自习的习惯也不太理想。所以,她们认为这班学生“规矩不好,需要适当加以规范”。不同班主任的风格对学生的表现有不同的影响,班主任的呵护培养了学生的自信和率真,但又导致了他们有些肆无忌惮,虽无恶意捣乱,但造成的后果却是班级整体的混乱,因此班主任应该加强对学生的督促和提醒。

而教授数学、地理、历史、音乐等课的教师觉得这班学生“不乖,最让人头疼”,认为“全年级中唯有这个班是最乱的,乱得让想听课的学生也受影响。每个教师要给这个班上课都会感到头疼”。在他们看来,学校领导都是根据“控班能力”来评价教师,而家长和学生也会认为,“不凶”就管不住学生,就不是好教师。有一位教师认为,“学生的课堂纪律最重要,其次才是学习。如果纪律好,我的课就上得开心了”。他尤其感到自己和这班学生的关系不佳,难以与学生建立良好的互动。他意识到自己对学生的正面引导很少,找不准教育学生的切入点,总习惯于批评,学生对此也不在乎。在这样的局面下,自己就无法有效关注那些个别对学习有兴趣的学生。他说:“我觉得很无力,似乎已经形成了一种习惯，一进他们班的教室，我就感觉到一片混乱，很不开心。”还有一位教师认为，这个班的学生学习目的不明确，看不出他们对所学课程的兴趣，全班缺乏学习的氛围，教师的教学水平也无法得到充分发挥。从这些任课教师的角度看，学生在前一次课上的不良表现影响着教师随后的教学情绪，任课教师在下一次走进教室之前心里会有阴影，预感今天又要发生冲突，所以很容易带有情绪。一旦学生再次出现令教师生气的表现，这积压已久的一腔怒火就会迸发出来。反过来，学生也会对这位教师抱有成见，带有情绪，预感教师今天肯定会发火，会批评他们。如此循环，课堂气氛僵持，师生关系逐渐恶化。教师想通过对学生严格要求来帮助自己把课教得完美，按教学要求的要点落实，但往往事与愿违，让自己很被动，很难实现预期的教学想法。他们感觉到学生并不喜欢自己，很难相处。一位教师告诉我：“如果师生双方关系再融洽些，上课效果就会好很多，就能开发学生的思维能力。可是，我又非常担心一个问题，如果课堂上多让学生回答问题，给他们一些活动空间，他们会不会偏离讲课内容，扯得太远，那该怎么控制呢？而且，我感到与学生的情感不密切、不融洽，想改善都不知道怎么入手，在教学中学生不配合就会冷场，连预习的任务都搞不起来。”可见，师生之间造成了一定的误解和矛盾，双方都感觉对方不喜欢自己，因此都带有一种情绪和偏见，这使得达成一种融洽一致的认识和氛围变得困难。无拘束地表现自我和体现学生的本分之间造成了一种失衡。可是，学生的“本分”究竟该是什么呢？在一些教师看来，就是听话，遵守纪律。

不过，无论这些教师认为学生乱还是不乱，是有意还是无意，学生自己也承认班级有“乱”的问题。许多同学在周记中反映了这一情况，“我们班最大的问题是纪律，无论上课还是下课，我们都不遵守行为规范”。有的学生写道，“虽然我有时也会轻声地讲一些话，但我从不大声说话”。也就是说，并不是每个人都爱在上课时间说话，但当那些活跃分子开始讲话时，不爱讲话的人也会受到影响，于是会和同桌、前后排的同学说两句，汇聚起来当然就成嘈杂声了。这些学生的自我约束能力较差，并且受到班级氛围和同辈群体的影响。在这种情况下，任课教师的课堂教学组织和管理面临挑战，对这班学生的总体感受是苦恼和无奈的。

2. 班主任更为理解和呵护学生

三任班主任对这班学生的了解较多，能从另一个角度看待这些问题。宋老师从学生一入校的预备年级起就担任五班的班主任，并且教授英语课，因此她比较了解每个学生的情况。每次言谈中她都流露出对本班学生的喜爱之情，对于其他教师反映的学生问题，她总是积极配合，尽力解决问题。但是，如果有人评价学生的相貌，她就会有点不高兴，因为她认为班里的每个学生都长得很可爱，很好看。在她眼里，这群学生最大的优点是“纯真、善良”，她认为无论学习成绩如何，最重要的是品质。但她也担心这个优点可能会成为他们的缺点，“他们走上社会有可能吃亏的”。她认为，尽管全班共有 16 个学生是单亲家庭的孩子，但父母离异时，孩子都较小，受到的影响并不大，现在的情绪还是相对乐观的。在很多班主任的视角中，单亲家庭的孩子群体中，尽管有一部分学业表现欠佳，但大多数学生在父母离异后的状况并未出现明显的下滑态势。女生通常比男生更容易受到心理创伤，表现出更多的孤僻、内向、不合群或冷漠等消极心理和性格特征；而男生在学业方面的表现相对较差。父母离异可能会给一部分孩子的身心和福利带来负面影响，但也会出现积极的变化，比如孩子的生活自理能力增强，生活更加简朴，适应性更强以及更奋发向上等①。在宋老师看来，自己班上单亲家庭的学生也有类似的情形，形成了一种学生文化的特殊表现。

宋老师认为，家长都很支持孩子的学习，但很多人并不懂教育方法。由于在家庭中缺乏良好的日常行为习惯的培养，学生在学校里对各项规范和纪律遵守程度不够好，“规范差”。有时上课期间不喊报告就进教室，课堂上不举手就发言，很容易造成一种“混乱”的感觉。但是，她认为学生的天性就是如此活泼好动，并不是他们存心捣乱。

第二任班主任李老师是从其他中学调入的，从初二第一学期开始负责这个班。她有六年的教龄，但以前没当过班主任。她性格很温和，有些内向。在开学之前，她已经家访过了大部分学生，并结合宋老师提供的资料，对这班学生有了基本了解。一个学期下来，她进一步了解了更详细的情况。与宋老

① 徐安琪.问题儿童？缺陷儿童？异常儿童？：千余名教师视角中的父母离异学生[J].青年研究，2002(3)：1－8.

师一样，她也认为这个班学生是善良、纯朴的，活泼是他们的天性。尽管她也采取了一些措施加强班级管理，但对学生很宽容。可是，这种宽容无法彻底改变学生的面貌，使他们自觉学习，遵守纪律。

到了初三年级时，这个班级又换了一次班主任，这次由连续四年负责初三学生英语课教学的林老师担任。三十多岁的林老师很和蔼，看似不太严厉，但在加强学生行为规范方面颇有经验，在她看来，这些学生生性好动，精力充沛，必须加强管理。班级的情况现在好了很多，一方面是因为学生随着年龄增长变得更加懂事，学习任务的重压让他们没有太多玩耍的时间，有了紧迫感，学习有了积极性，而且家长也更加重视，在家常督促；另一方面，连续换班主任和任课教师后，学生受到了很大的触动。在林老师接手班级后，她采取了一些措施并且很有效果。她每天中午都在教室里监督学生，首先从班里最爱捣乱的学生入手，耐心地与他们交流，对他们进行个别督促。用她自己的话来说，就是结合不挂名处分形式进行干预，"抓个别势力"。作为班主任，林老师也常常听这个班级的其他课程。她发现教师在与不在，学生的表现区别很大，这些孩子非常擅长观察形势。她也经常站在教室外监督学生，两个月后的效果十分明显。此外，林老师注意到，有些学生与教师顶嘴，行为缺乏规范，没礼貌，这些问题都与家庭教育有关。于是，她从学生穿着仪表和礼仪方面开始对他们进行规范训练，同时采取教育措施转化那些在课堂上与教师顶嘴的学生。她从规范和课堂纪律入手，与任课教师紧密配合，及时批评教育，并与家长联系，彼此保持一致。一段时间后，这些学生的成绩有了进步，"尾巴学生"也减少了，多数学生达到了中等水平。

说到课堂纪律问题，许多教师通常都喜欢那些举手发言的学生，因为这表明他们既有学习积极性，又懂得遵守规范。整体来说，教师们普遍表示不喜欢在课堂上乱喊的学生，这些学生有表现欲，但是实力不够，关键时刻不够大方，胆子小，见识不够广。N中学的许多教师建议，在保证教学顺利进行的前提下，让学生多参加社会实践活动，增加阅历，扩展视野。他们认为首先要抓好学生的学习，才能顾及其他方面。还有一些教师建议学校配备专职班主任，从教育和管理的角度加大力度，因为任课教师工作量大，授课对象太多，心有余而力不足。一些民办学校采取类似方式，将退休教师返聘为专职班主任。

其实，无论哪位教师，他们并不是凭空来评价和判断学生的，而主要是依据学校教育的各种规章制度和规范来作出要求和判断的。作为学生，本该遵守学校的各项规范，保证学习的顺利进行。如果每位教师都能像班主任那样与学生有更多的接触和交流，深入了解他们，那么课堂效果自然会更好，师生关系也会更融洽。正因为彼此缺乏了解，且往往带有敌意和不欣赏的态度，才会导致课堂冲突和矛盾增多，学生也因此不喜欢这位教师。

前文提到了N中学针对学生状况采取的一系列教育措施，但是对于那个五班来说，总体效果并不尽如人意，学校很伤脑筋，因为这个班“太特殊”。校领导认为这个班学生最严重的问题是纪律太差，上课自由散漫，活跃过度，任课教师难以控制课堂秩序。学生缺乏行为规范，学习浮躁不踏实，除了英语成绩突出以外，其他科目表现一般，这给教师带来了不小的困扰；在应该表现出自信、熟练的场合，他们“却拉不出来”，显得拘谨、不自信。对于这样的学生该怎么办？学校领导和德育处商量后决定在这个班级听课一周，“看看到底怎么回事”。于是，德育处处长、年级主任和几名教师每天都坐在教室里监督听课。然而，学生都很“识相”，课堂秩序良好，没有出现吵闹的情况，让监督人员看不出问题，也挑不出毛病。一周以后情况依然如故。与此同时，班主任也加大了管理力度，于是全班学生都安静多了。尤其是期中考试后，学生的语文和数学普遍都考得不好，自己感觉到了沉重压力，变得闷声不响，不像以前那么活跃了。但是，这并不等于说他们从此就会按照学校和教师的意愿“守学生本分”，一旦有机会他们还是要自我释放的。因为，在期中考试后学校举行的运动会上，五班学生依然“出尽风头”。N中学的操场小，运动会在附近大学的操场上举行，所有学生都被要求以班级为单位坐在看台上，但是五班学生很兴奋，大喊加油的同时，说着各种搞笑的话题，有几个男生不走楼梯，而是顺着栏杆跳下去，并摆出夸张的姿势，然后去围观比赛项目。尽管如此，班级里参加比赛的所有学生都表现出高度的集体精神，他们齐心协力为班级争荣誉的精神让班主任备受鼓舞，也令学校领导感到欣慰。

但是，五班这个“特殊班”着实让一些教师感到很无奈。班主任比较理解和呵护这些学生，也期望他们有所改善。然而，尽管采取了有效的管理措施，班级的纪律大有改观，但学生的学习进步仍然相对较慢，班级气氛变得相当沉闷。班主任和蔼可亲地对待学生时，班级反而更加混乱。有学生说：“咱们都很‘贱’的,老师对咱们好了,就管不住了。”为什么会如此?对这些学生到底怎么管理,才能让他们像其他班级的学生那样令人满意?又应该如何帮助他们搞好学习,迎接初三毕业和中考?校领导和教师感到有些困惑。

(二)学校教育不能忽视学生文化的存在

这里有一个问题,对于这些“特殊”学生,学校采取了一系列措施加以教育和管理,站在“一切为学生好”的立场上,总想着按照成人的思维给学生一种指导,而忽视了学生群体自身所特有的价值观念和行为方式,也忽视了学生的感受和愿望,所以效果并不好。换句话说,学校在对学生采取教育和管理措施时,不应忽视学生文化问题对其产生的影响。

可以说,学生文化就是指某个或某些学生群体具有的独特的行为规范、言语表达和价值观念所构成的生活方式。它体现同一年龄和时代的共同性,但更多地体现了不同学生之间的差异性。学生文化是生成性的,除了受到学生自身的年龄特征和个性因素影响外,社会背景、家庭风貌、学校教育和同辈群体都对其不断成长和发展提供了源泉。学生文化本身代表着学生由不成熟走向成熟的过程中所形成的一种过渡性生活方式,而其中的不成熟的方面需要学校教育的引导,以使学生文化逐渐与主流文化相一致,从而促使学生不断社会化。学生的生活方式主要是以兴趣和爱好为准绳的,是理想化和单纯的,而成年人则处处要考虑社会的要求和规范,是现实和成熟的。两者之间存在着差异。所以,学生天性的一面应该得到成人的重视和理解。学校和教师在采取这些教育措施和策略时,应该考虑学生的实际感受和需求,充分考虑学生文化的存在。学生文化的表现包括学生的心中想法、价值观、兴趣爱好以及对社会、学校、教师、家长和同伴的认识等。只有清楚了这一系列问题,才能对学生有真正的了解,才能采取有效的教育措施,真正促进学生全面、健康地成长和发展。

初中学生文化究竟具有什么样的特点呢?为什么会如此呢?教师是如何看待的?学校又是如何开展价值引领和教育的?本书就此基于N中学五班的个案研究进行了深入、详细的田野调查,具体从学生的学习生活态度、人际交往、理想和社会责任感等层面进行描述、解释和分析,以作回答。

第二章

课堂内外的“酸甜苦辣”

仍处于儿童年龄阶段的每个初一学生都向往玩耍，玩耍是他们日常生活中必不可缺的重要部分。但是，家长和教师认为，学生的天职就是学习。社会发展的高要求，激烈的竞争，严峻的就业形势，期望值过高的父母心，使得学生不能“鱼和熊掌兼得”，于是学习和玩耍之间就产生了冲突。学生一致的认识是，希望从严肃而枯燥的知识学习中找到联系生活实际的乐趣，希望学习本身能够成为一种乐趣。但是，并不是每个学生都能将玩耍和学习放在恰当的位置。于是，在课内和课外，学生中就有了各自的学习态度和表现。

一、在学习活动中找童趣

（一）课堂中的各种表现

前文已经提过，五班学生有一个显著的特点，主要是男生在营造课堂活跃气氛方面表现突出，他们回答问题比女生更加踊跃，而女生相对比较安静。相比之下，男生的学业成绩也略微出色一些。学生在课堂中的表现存在一些差异，以下各种行为表现多为男生所为，生动地反映了学生文化的特点。

1. 对课堂规则的遵守与忽视

大多数教师认可的课堂规则是，“让你说话时你再说，不让你说时你就乖乖地听着”“要发言就得先举手，我不会叫不举手的人回答问题，就算答对了也不表扬”。于是，插嘴和不举手发言就成为影响教学秩序的“坏事”。教师担心这些行为会使课堂变得无法控制。课堂是有其规范的，纪律就是约束学生言行，保障教学顺利进行的“缰绳”。这些教师认为，上课要举手发言，这是天经地义的事。插嘴和不举手发言，本是学生想表明自己知道答案，找机会展现自己，将自己知道的说出来的表现。这本该促进课堂气氛活跃的行为，却可能扰乱课堂教学秩序。但是，如果学生不主动积极地回答教师的问题，表现沉默，也不能说明教学活动进展顺利或学生在认真听讲。不让学生说话的课堂，就成了“听堂”，完全按照教师的教学设计和提问计划进行，恐怕学生就变成没有主动性的“应声虫”了。上海外国语大学附属大境中学提出的“无需举手，自由发言”的举措，取得了很好的效果。学生的表现正说明他们认真听讲了，在积极参与课堂学习和思考，并渴望表现自己。这样的课堂氛围相比大家都沉默不回应的尴尬气氛要好得多，也有助于提高教学效果。当然，如果很多学生都这样表现，可能会导致课堂纪律混乱，使教师的教学无法顺利进行，也会影响其他同学的听课和思考。

2. 课堂问题行为对教学秩序的扰乱

有些学生叫喊、笑闹和做小动作的行为，严重扰乱了课堂教学的正常进行，有这种表现的人被同学们戏称为“疯子”。和不举手发言者的行为不同，这些“疯子”的表现并不是在听讲和学习过程中的正常回应，而是不想听讲和学习的表现，他们试图以此引起教师和同学的注意，或者想在课堂上发泄情绪，制造一些混乱或恶作剧，以此消磨时光等。这些行为一般在“主课”上较少出现，更多地发生在“副课”上。例如，当教师让学生讨论或思考问题时，一些同学就会敲桌子、唱歌、大声说笑、讲与课堂内容无关的话题，传纸条、扔东西、吃零食、互相推搡等小动作也时常发生。五班的文文和小强是其中表现突出的学生。

文文是初一下学期刚开学时转来的，据其他同学说，他是因为在原先学校表现不好才转学的。他经常撒谎，“说一些‘不三不四’的、很‘color’[①]的话”，欺负同学，上课纪律不好，经常说话、大叫和捣乱。这些情况我在前文部分已经提到过。他来到N中学后，刚开始表现较好，上课时很安静，和同学友好相处。但是两周后，他又故态复萌，成为班里公认的“疯子”，教师也对他很“头疼”。我刚进入班级开展研究的第一天就坐在文文旁边的空位上。数学课上，沈老师说，“咦，文文平时叫得最响，这节课没听见叫，我还以为他不在呢。原来旁边有老师。我真希望这位老师多待一段时间，那可就帮了我的大忙了”。当听说我整个学期都在班里时，沈老师高兴地说，“这下文文可以考

① 在学生中指的是说一些有颜色（黄色，不雅）的语句。

90 分了”，并夸他聪明。文文的学习在班里处于中上水平，英语学得最好，因为他最喜欢学英语，也喜欢教英语的宋老师。当得知我是博士时，他告诉宋老师自己将来要当博士后。然而，在课堂上，文文常常捣乱。一次他在课堂上拍篮球，结果篮球爆掉了，一声响吓到了教师和同学们。另外，文文还经常惹事，比如将前排女生的头发揪一揪，拴上铅笔或是用笔捅她，引起争吵，以致教师停下讲课来批评文文。由于学生的座位是每周换一次，按照纵列依次整组调换。有一个星期，正好文文就坐在小强的右前排，于是上课时文文经常主动和小强说话，交流玩网络游戏的经验。可当教师批评他们时，文文往往会说“是小强要和我说啊，他很烦的”。

另外，还有几个同学也被全班同学视为“疯子”，原因和性质却不同于文文。因为这几个同学的行为更多的是让教师和其他同学哭笑不得。教师在讲台上讲课，而有的同学在下面玩东西，这种小动作主要包括玩弄与课堂无关的用品，比如，在语文课上玩劳技课发的小刀和放大镜，或在数学课上玩美术课上要用的石膏板、刻刀、水彩笔等。还有的同学喝水时，会将水洒在桌上或同桌身上，引起一阵骚动。甚至这几个同学的铅笔盒经常会掉在地上，发出很大的声响。有一个女生上课时坐姿不端正，经常唱歌、发笑、和同学说话，她还用嘴巴咬指甲、笔、铅笔盒、书、本子。另外，一个男生常举手说“老师，我要去嘘嘘”——就是要去厕所，用词却是低幼化表达的方式。还有一个则经常会举手郑重地向教师汇报：“老师，我要去大便。”这样的言辞常常引起其他学生的哄堂大笑，教师认为他是撒谎、起哄，因此不让去，后来发现是真的情况紧急，就不得不同意他去了，但教师又得花时间来维持纪律。

在班主任宋老师看来，这些同学的行为举止的确扰乱了课堂秩序，但并非全然恶意，主要还是他们自控能力较差，不善于控制和约束自己的言行，缺乏遵守课堂规范的良好意识和习惯。经过一段时间的仔细观察和了解后，我也认可宋老师的观点。同学们将这些大叫、大笑和做小动作的同学都称作“疯子”，这也反映了有些同学对“疯子”一词的认识和理解。尽管他们也知道其中的差异，其实，真正意义上的“疯子”并非如此，这些学生的表现只是一种轻微的课堂问题行为，体现了其普遍性和不可避免性。但是为什么会产生这些问题行为，值得教师深入探讨原因，并采取相应的对策。

3. 坚持专心听讲的榜样同学

班里有七八个同学，他们在每门课上都非常认真地听讲和回应，积极思考教师的问题，积极主动地学习。他们从不违反课堂纪律，也不受到那些搞笑者和"疯子"的带动和影响。无论课堂纪律有多么乱、多么吵，他们依然投入在学习中。他们成为任课教师经常表扬并希望其他学生学习的"榜样人物"，这一点同学们是默认的。从家庭状况来看，这些同学的父母中至少一方是待业工人，生活较为拮据，父母常常用自己待业的现实教育和鞭策孩子要努力学习，考上好高中和大学，以后过上更好的生活，不要像他们那样遭遇待业。这些学生非常懂事，能够体谅父母的苦心，尽力刻苦学习。不过，这些"榜样人物"并不是每个人都在学习上名列前茅的，有些也需要教师更多的辅导和帮助。

4. "置身事外"的课堂参与状态

班里有一部分学生，上课时很安静。他们在课堂上表现出消极参与的样子，甚至将自己与课堂活动、师生交流隔离起来。他们既不大叫大笑，也不做小动作，更不积极应答教师。他们沉默不语，不声不响，任凭课堂乱成一团，仿佛置身事外。相比之下，他们的性格通常比较内向，学习成绩中等。这种表现主要出现在女生身上。其中一个被班主任担心有孤独症，但我和她熟悉后，发现她也有开朗的一面。有一次她和几个女生找我玩，就表现出了小孩子开朗、活泼的一面，主动说了很多话。平时沉默寡言是因为她不愿意和别人多交流，在家和父母也很少说话，没有共同语言和话题。实际上，这些学生并不是真的不愿意交流，他们在课下与同伴一起时，也很活泼健谈。他们的课堂状态与教师的课堂教学水平、教学内容有关，同时也与缺乏自信、胆怯、不敢在课堂上表达、担心出错被批评或嘲笑有关，同时也与家长的教育方式有关。

5. 忘带学具体现的学习习惯养成问题

学生来学校上学、听课的首要前提是要准备好每一节课所必需的学习物品，包括课本、练习册、作业本和文具等。然而，让许多教师感到既不解又愤怒的是，每次上课都会发现有学生忘带东西。这样的学生开始时被看作"小马虎"，到后来就被认为是学习态度不端正者了。在初一年级的所有 12 门课中，学生一般会忘记带地理、历史、美术、音乐、心健、政治的课本和相关物品，而很少有忘带英语、语文和数学书的情况发生。所以，教那些科目的教师在学生起立问好之后，要做的第一件事就是检查，让没带课本的学生站起来，并进行严厉批评。有时，在课程进行了一段时间后，教师会停下来整顿这些总是健忘的学生。有的教师借此机会整顿全班纪律、对学生进行批评教育，而有的教师则就事论事地引导教育学生。下面的情节就反映了一次处理情景。

王老师问：“有没带书的吗？”很多学生举手，并自觉地站起来。王老师说：“你们要有忧患意识，读书读成这样，不好！”她注意到一个经常不带书的女生，于是问全班：“她这样该怎么办？”学生纷纷献策。王老师先让那个女生自己思考，她说“不知道”。于是让同学帮她想。三个男生举手发言。一个说：“与同桌一起看，把语文书放下去。”一个说：“上课前应该去借书。”还有一个说：“没带书不要紧，但是要认真听。”王老师笑着点头，然后让那个女生坐下去。

实际上，许多教师批评不带书本的学生，并非完全是针对学生健忘的毛病，更主要是以此整顿课堂的精神面貌。教师一上课就检查，是希望课堂有一个良好的开端，师生能以良好的精神状态顺利开展教学活动，积极的课堂氛围有利于学生专心听讲、主动学习。但课堂的氛围和师生情绪状态是互相影响的：如果学生都带着书来，能够按照教师的教学安排认真听课学习，教师的心情也会随之愉悦，充满精神和信心地上好这节课，使学生受益良多；反之，则可能带着不良的情绪来讲课。有的教师认为学生忘带书本身就是对自己及所教课程的不尊重和不重视，表现出学习态度不端正，按要求阅读课本内容并完成练习是基本的学习要求，而没带书的学生可能会产生其他行为，甚至可能会破坏课堂纪律。这样一来，就使这件事成为师生之间发生冲突的导火线。有时当课堂纪律变得很糟时，教师停下来整顿，将忘带书和扰乱课堂联系起来。尤其是当忘记带书本的学生违反了课堂纪律时，就“罪加一等”了。这种情况在历史课上经常发生，张老师发现自己讲课时学生在下面很吵，就要求大家拿笔画出书上的重要句子，但有的学生因为没带书而无法按照这个要求进行作业，甚至还在低声说话，于是张老师会将这些联系起来严厉批评：“上课不带一本书，还在说话，还要我教你怎么坐了!?”

而在学生看来，忘带书本是很正常的事，不明白为什么张老师这样生气，难道没有书就不能听课，就代表自己不学习吗？人总难免有忘记的时候。不过，从这些“小马虎”的言行中，潜意识地传达了这样的信息：对于没有兴趣或不喜欢的事物，就很难重视相关的东西。阿德勒的观点在一定程度上可以解释这种现象，即凡兴趣之所在，教育者就无须担心专注问题。当注意力被局限在一定的范围内就会出现健忘……比如儿童丢失课本①。学生对“主、副课”的重视程度的不同，基本上不会忘记“主课”的课本等物品，因为他们知道，为了考试和升学，不管喜不喜欢都必须学好“主课”。学校、教师和家长对“主、副课”的重视程度也不同，教“主课”的教师可以占用“副课”，“副课”上可以做其他事情。“副课”不需要进行期中考试，期末也只是开卷考试，学生会以为即使平时不听课，到时候也能考好。这种态度使学生形成了厚此薄彼心态。但是，在诸多“副课”中，大家都喜欢上新综合科学课，所以很少有学生忘带课本。而地理、历史、音乐、美术等课程，由于教师的教学水平一般，教学内容陈旧，缺乏新意，无法激发大多数学生的学习兴趣和积极性，且许多知识学生早就通过课外书籍以及电视、报纸等其他途径了解过，他们不愿意接受这些重复的内容。在这些课程中，师生课堂冲突较多，学生的配合程度也较低。当然，频繁忘带东西也与学生自身的粗心和自理能力不足有关。一个学生若是无法培养良好的学习和生活自理能力，不能自觉地在前一天晚上睡前整理好第二天上课所需的物品，或者不能够仔细检查是否遗漏物品，显然是不太好的表现。许多学生晚上困了就立即睡觉，第二天早晨匆忙赶往学校。作为家长，有些人或许工作辛苦，甚至需要上夜班，没有时间和精力来督促孩子，还有些人可能忽视了孩子的学习问题。学生要在学校待一天，因此，每天书包里都应该装上这一天所有课程的书本和物品，一旦遗漏就没有办法了。考虑到安全和时间问题，教师不能随便叫学生回家拿书。不过，正如学生所言，发现没带书就应该及时去别的班级借。可实际上，这个班学生几乎没人去借书。“没带就没带吧，凑合一下就过去了”，这种得过且过的思想表明了学生对此不太重视。另外，从客观上说，课程表里每天都有语文、数学和外语课，这些书当然会一直在书包里。而其他课程不是每天都有，因此很容易忘记书

① ［奥］阿德勒. 理解人性［M］. 陈钢，陈旭，等译. 贵阳：贵州人民出版社，1991：63.

本。教师之间偶尔临时换课也会造成学生措手不及，没有事先带好书本。不过，五班忘带课本的人总是那几个人，教师眼里的好学生基本没出现过这种情况。

总之，忘带书本是学生中的常见现象，但也是学生需要注意克服的问题，反映出了一些学习习惯和态度相关的问题。一些教师总是在下课前郑重提醒学生下次不要忘记带物品，并且提出严厉警告，但忘带的情况仍然屡见不鲜。因此，学生在养成自觉学习和做好各项准备方面，还有改进的空间，家长及教师的督促和提醒也是必要的。当然，教师也不必将学生忘带书的行为看作极其严重的错误。

（二）学习与玩耍之间的尺度问题

这些学生都很重视学习，但是对待学习的行为和方式不尽相同，主要有三种情况。

1. “玩中学”与“学中玩”的乐趣

产生课堂问题行为的学生，被班级同学公认为“搞笑王子”，他们活泼开朗、单纯而机敏，学习成绩也在班级前 10 名左右。他们常常展现出自信，认为自己已经掌握了课程内容，没必要认真听课了。于是，他们会做点小动作调剂一下课堂气氛，表现自己的聪明才智，在嬉戏中获得一些心理满足，然而，这种行为给教师维持课堂秩序带来了挑战，也在一定程度上干扰了其他同学认真听课。用一位教师的话说就是这些学生“太浮”。一方面，他们思维活跃，学习新知识速度快，拥有相当丰富的课外知识，容易达到触类旁通的境地。另一方面，他们兴趣广泛，爱好较多，课外用于玩耍的时间也相对较多，比如他们热衷于放学后踢足球、滑旱冰和打游戏。从他们在课堂上回答问题的表现来看，他们的学习成效较好，属于“学有余力”的学生，他们善于用自己特有的语言形式来表达对知识的理解，将严肃规范的知识学习当作嬉戏中的表演，但往往不能很好地控制自己的言行。也正由于这帮搞笑学生的存在，使得整个班级气氛变得非常活跃。他们展现出一种不想被课堂规则和纪律要求所约束的想法，希望彰显个性，以一种他们认为轻松、愉快、幽默的游戏化的方式体现青春期的叛逆情绪。他们将学习和嬉戏结合起来，以此来获得一种内心深处的愉悦和满足。在课堂上以各种形式搞笑，从而用一种特殊的方式证明了自己的存在和成功，表明了一种简单而纯粹的快乐。在这些“搞笑王子”的带动下，其他同学也逐渐活跃起来。

新综合科学课作为初一年级的一门新课程，采用了全新的教材，体现了知识性和趣味性。授课的赵老师本人开朗、活泼、亲切，让学生在课堂上找到了展现自我的舞台。有一次，她提到了：“人们最早用树叶做什么？是遮羞。”学生纷纷大笑大叫，喊着“啊，遮羞啊”。在赵老师提到环保和保护小动物时，提到自己曾经养过小动物，学生们又兴奋起来，有的一本正经地说“我养过蟹”，引得师生大笑不已；当有人提到“养过猫”时，其他学生又调皮地喊着“狸猫换太子”。他们都想尽可能地将自己知道的表达出来，而往往这时的课堂纪律就变得有些“乱”。赵老师对此比较宽容，常微笑着将手放在嘴边作“嘘”状，提醒学生们保持安静，“你们这么吵，一些课外的知识我怎么讲?”学生便安静下来。赵老师讲到“热的传导”时，波波很认真地提出用烤羊肉串来观察热的传导现象，他说：“哪片肉先熟，就说明热传导过去了。”赵老师笑着问他如何知道哪片肉熟了，他回答道：“根据颜色变化，再吃一口就知道肉是否熟了。”并且做了一个吃肉串的滑稽动作，引得全班同学大笑。

在一节室内体育课上，教师讲解引体向上的技巧。一个学生认真地问道：“所有的人只要达到95斤就能拉上去吗?”搞笑的学生马上插话道“死人不能”“400斤的不能”，然后有人指着一个瘦小的男生说，“丁丁就是朝400斤发展的”。于是大家都笑了。这些搞笑的学生自然而然地将教师的讲解引向了调侃和胡说八道，以此来博得一笑。他们并没有排斥学习活动，而是始终在现学现用，东拉西扯，把严肃而庄重的知识融入自己的日常生活中，在戏谑中领会与掌握。可见，这些学生所追求的是一种以取乐为目的的知识呈现状态。

然而并不是所有的课堂和教师都能像赵老师那样包容学生的搞笑行为。在历史课上，当教师在复习回顾四大文明古国的知识时，问学生：“印度人是什么人种?”由于对知识的不确定，学生答案各式各样，“黄种人”“白种人”“黑种人”。教师追问：“到底是哪种?”几个学生笑着喊道“杂人”，于是一个学生突然顿悟般地喊到“杂种”。这时全班学生哄堂大笑。教师生气地板起脸：“不要乱喊。从小学开始，回答问题要举手，不知道吗？记住!”在地理等课上，教师也将这种行为视为恶意捣乱，认为它影响了全班学生的听讲。所以，学生迎来的是一次次的训斥和惩罚，使得正常的知识讲授变成了一场思想品德教育的批判会。在这种情况下，正常的教学内容往往无法顺利进行下去，而师生关系也逐渐恶化。

这些擅长搞笑的学生，通常来自环境比较民主，氛围和睦的家庭。他们的父母对孩子较为宽容和和气，平时也和孩子开开玩笑，尤其是父亲和孩子之间的关系较为亲密。同时，这些学生的课外知识相对丰富一些，经常通过看电视、读书以及玩耍等方式来增长见识。这些学生的家长对学生获取课外知识的途径并没有严格限制，有时还和孩子一起欣赏流行歌曲、观看电影、讨论明星。可以说，家庭教育方式和良好的亲子关系对学生个性的形成和言谈举止的养成有着重要影响。

2. 就想为自己而读书

在小华等学生看来，目前一切都没有搞好学习重要，学习是学生阶段最重要的任务。所以，这些同学上课非常认真投入，严格遵守课堂纪律，从不干扰课堂秩序。他们不仅按照教师的要求完成作业和练习，还养成了自觉预习和复习的良好习惯。所以当其他同学抱怨作业多、负担重时，他们并不觉得。此外，他们对所学课程和任课教师的评价是“无所谓好坏和喜不喜欢”，反正自己学好就行了。他们明白即使不喜欢某门课程或某个教师，也必须认真学习，“这是为了自己好”。为此，他们对那些在课堂中搞笑和捣乱的行为感到愤慨和不解。在一篇周记中，小华就表达了这种意见。“唯一让我遗憾的，就是咱们班的纪律……其原因就是绝大多数人控制不住自己，这就十分麻烦了，‘真理往往掌握在少数人手里，’但这句话用在纪律上就行不通了。因为纪律掌握在多数人手里……爱说话的人几乎 40 分钟每时每刻都张着嘴巴，老师简直就像是对牛弹琴，浪费力气，在这种情况下，想听课的同学也无辜地受影响了。”小华说，“我为自己读书”。

为了自己而读书，不管多么艰辛和困难，或在别人眼里多么沉重和无聊，这样的学生都能够埋头努力，表明了他们端正的学习态度和认识。他们不仅听学校教师的话，也听家长的话。这些学生的父母大多数是一方待业，也有双方待业的，经济条件自然很差。父母在鼓励孩子努力学习时，总是拿自己作为例子，“要是不好好读书，将来没有好工作，像我们一样待业，就没法过日子了”。所以，学习的好坏就和将来的生活水平紧密联系在一起了，这给孩子施加了一定的压力，也增强了他们的学习动力。教育的一个重要的社会功能就是社会分层，通过接受教育，人们能够在社会的各个行业和阶层中获得一席之地。家长和社会对学习的要求，促使学生自己也意识到学习的重要性。为了将来能够获得好的工作，实现自己的理想，不辜负家长的期望，就要刻苦学习。同时，这些学生具有较强的自我控制能力和努力学习的自主意愿，很早就开始为自己的未来发展做出考虑和努力。

当然，并不是持有这种态度的学生都能成为每门功课都拔尖的学生。像斌斌等人，学习非常努力，即使是大家认为最无聊的地理和历史课，他们也始终如一地认真学习，积极回答教师的问题。即使课堂纪律有时很混乱，他们也能表现得很好。这让尴尬的教师感到欣慰。然而，尽管他们付出了努力，但每次考试的结果并没有达到他们期望的水平。对此，有些教师认为是他们学习方式比较死板，没有激发起思维的积极创造性，不能触类旁通，灵活运用所学的知识。

3. 最希望玩的时间多一点

每个学生都在乎学习，都想取得好成绩。但是，这并不意味着他们愿意牺牲周末和假期的玩耍时间来追求学业。渴望轻松和快乐，是许多学生的共同心愿。当经历了繁重的课业压力后，终于迎来一个假期时，却发现如此多的作业压顶，这让他们无法忍受，发出对玩耍和自由的渴望，连班级学习最好的学生也感到课业压力太大。面对五一长假，他们在周记中发出了呼唤①——

学生一：五一劳动节放七天假，好爽啊！但这可是要付出代价的。先是要读9天的书，弄得我们疲惫不堪，天天6:00就得起床，上课时总想睡觉。我记得在美术课上，我竟然睡着了，还好是在第四组，脸又是对着墙，要不然就糗大了。然后，老师又疯狂地布置作业，导致我们不得不在七天内疯狂地做作业。英语要抄1至13课的单词和课文两遍，弄得我写完了整整一本英语练习本。哎，真是浪费纸张呀！嘉嘉还说，她4月30日一回家就先睡觉，醒来后整夜抄作业。“啊，这也太夸张了吧！”我对她说。你猜，她说什么？她说，“没办法，为了过一个美好的五一”。如果是这样的话，我宁愿不要这个“美好”的五一。

① 这些片段摘自学生的周记《我的五一劳动节》。

学生二:我本幻想着能痛痛快快地玩几天,可惜事与愿违,我不但没有玩成,反而整天浸在“题海”里……作业量比以往多,花了五天的时间才完成……长假一过就要进行英语词汇考试,这使得本想放松的神经再一次绷紧了。我丝毫不敢懈怠……再加上父母抓得紧,天天督促,于是我想:“我中考数学考得特别差,再补一补吧。”便抽出两天学习数学……音乐也要进行口琴考试,我不得不再练习一下口琴。今年也要进行打字考级,所以用半天练打字……最后一天可以轻松了,本想出去游玩一下,可爸妈都要上班,只好一个人待在家中看电视。这次五一假期我过得无聊透了,我多希望能与爸妈一起出去游玩啊。

学生三:五一放假期间,有时过得很开心,有时并不是很开心。一天,妈妈带我去姐姐家玩,中午舅妈请我们到酒店吃饭,大约一个半小时就吃完了,下午妈妈带我去家乐福购物,就这样浪费了一天的时间,我觉得可真无聊!第二天下午去了同学家做作业,还和她一起玩了她养的两只小兔。接下来几天只能待在家做作业、看电视,还得复习备考……词汇考试、打字,真是把我累得够呛。每年的五一节真像是“老太婆过年,一年不如一年”。现在我只盼望着下一年的五一劳动节早点到来!

学生四:从昨天晚上开始,我就一直祈求着五一长假作业能少一点。也许是因为我诚心不够,也许是因为祈求时间太短,老天并没有答应我这个小小请求。“唰唰唰”,语文、数学、英语老师洋洋洒洒几笔,(语文作业并不多)转眼间,转化为我们一张张哭笑不得的脸,和等着我们去涂鸦的“天书”……我的计划并没有泡汤,只是在时间利用率上要进行“升级”,其实这有点像病毒发作前的精彩……真希望它们变成“无字天书”,但该写的还是得写,谁让我们是“无产阶级”呢(无论是经济上还是知识上)。就得听老师和父母这些“有产阶级”的,否则以后我们如何成为“有产阶级”呀。

对于大家在周记里反映作业过多的问题,教师们并不完全认同。语文老师认为她布置的作业并不算多,这也从“学生四”的周记中得以证实。但是,英语和数学的作业量确实较大,两位教师认为,放假时间太长,如果不给学生一些压力,他们就玩疯了,放完假就把以前学的全还给老师了。所以适量的作业有助于加强和巩固学习成果。此外，没有一定的作业量，家长也会提出意见，认为教师对学生要求不严格。有些家长甚至还会自行布置一大堆作业给孩子，然而这些作业并不一定适合孩子的学习需求。同时，并不是每个学生都认为作业过多使假期过得不愉快。有些学生认为，只要每天安排好，适量完成一些作业，就不会感到过于累。那些抱怨作业多的同学往往是因为他们想尽快做完作业，留出时间专心投入放松和娱乐中。这表明，每个学生对学习任务的感受受其学习时间安排的影响。在抱怨作业多的同时，大家仍不得不完成它。尽管有些不情愿，但也必须自觉地复习即将考试的科目，提醒自己前方还有更多的任务等着。这些学生表现出了他们对学习的被动和无奈，如果他们能够愉快地、充满兴趣地投入做作业和复习中，恐怕也就不会有这些抱怨了。他们深知学习的重要性，但是对玩耍的渴望使他们感到是学习任务剥夺了他们的快乐。于是学习任务和玩耍之间形成了强烈的对立和矛盾。事实上，世上没有两全其美的事，追求其中一方就意味着必须牺牲另一方。大概大多数学生都是在这种无奈和两难中度过自己的学生时代的。倩倩的作文《我的星期天》就反映了这种心情。

儿时的星期天，是多么具有诱惑力啊。那时，真是无训斥之乱耳，无作业之劳形，只有和伙伴无忧无虑地尽情嬉戏。那时的天真大，地真大，外面的世界充满了新奇，它包容了我们幼儿的心灵。儿时的星期天完完全全属于我们，好开心，好尽兴啊！……或许是长大了的缘故，我们玩得没有儿时那样尽兴了。天仿佛变小了，地也变小了，一切都开始变了。我真的不明白是为什么，或许不应该长大，或许……儿时的星期天，一半属于我，另一半属于谁，我不知道，也不想知道……渐渐地，我终究还是明白了，我的星期天属于老师，属于家长，属于作业。星期天啊，我的星期天，请快点回来吧。

这些不仅真实地反映出学生对作业和假期的态度和感受，也在一定程度上揭示了课业负担较重的无奈现实。其实绝大多数学生并不排斥学习，只是他们对学习的投入程度不同。如果每个学生都能在思想上确立明确的学习目标，并怀着兴趣和决心来面对学习，问题就会少得多。此外，对待学习负担问题要用辩证的视角来看待。同样多的学习任务，不同的学生看法不同：有的认为负担过重，有的则欣然接受，不将其视作过重的负担。因此，如果能让每个学生都愉快、心甘情愿地去面对学习任务，那么对课业负担的感受也会有所改变。

当儿童被迫记诵和练习自己不感兴趣的东西时，他是被动、沮丧的学习者；而在注重儿童兴趣的教育中，儿童可以依其天性，作为一个“探索者”“思想家”“梦想家”来生活和学习，他是一个主动、快乐的学习者。后者不但可以使儿童体验到幸福，而且更容易达成教育目的，更容易将儿童培养为未来社会健康的成人①。

儿童的世界是一个充满个人兴趣的世界，而不是一个事实和规律的世界②。尽管有些学生已经感受到了学习的压力和责任，而有些还没有意识到，但按照他们的兴趣来看，玩耍是最令人开心的，随时随地存在的。但是学生必须面对学习。摆在学生面前的是，要想学好就必须牺牲玩耍，要想尽情玩耍就会耽误学习。可是，玩耍和学习本不应该是互相对立的，儿童在玩耍中可以获得多方面的学习，在学习中同样能感受到玩耍的乐趣，只不过教师和家长常常将它们看作不可调和的矛盾。学生对学习持有不同的态度和表现，这些都真实地反映了他们的感受和认识。因此，学校教育和家庭教育需要给予一定的引导和关怀。

二、课余生活里收获颇多

(一) 多变而多样的偶像崇拜行为

一个人在成长过程中都会受到自己的“重要他人”的影响。“重要他人”一词是美国社会学家米尔斯首先提出的，是指对个体的社会化过程具有重要影响的个人，是使个体获得主体认同感的实现社会化的影响源③。“重要他人”对学生个体的社会化影响非常深远。学生的“重要他人”可分为两个层次，分别是“互动性重要他人”和“偶像性重要他人”。“互动性重要他人”是学

---

① 刘晓东.儿童教育面临的抉择[N].中国教育报，2002－04－20(4).
② [美]约翰·杜威.学校与社会[M].赵祥麟，等译.北京：人民教育出版社，1994：116.
③ 吴康宁.教育社会学[M].北京：人民教育出版社，1998：247.

生在日常活动和交往中所认同的重要人物。家长、教师和同学，都有可能成为其互动性重要他人。“偶像性重要他人”是学生因特别喜欢、崇拜或敬佩而将其视为学习榜样的具体人物。通常是社会知名人物，学生单向选择的对象，而不能与之互动和直接交流，但对学生的人生价值等方面有深刻的影响。学生对“偶像性重要他人”的认同与选择实际上也是对于社会中具有某种代表性或一定典型意义的价值取向的认同与选择。所以，学生的“偶像性重要他人”的构成就必然会随着社会价值取向的变化而发展变化。当社会的价值取向发生“根本性的”或“转型性的”变化时，学生的“偶像性重要他人”的构成也会随之变化。对偶像的崇拜，为学生的课余生活增添了色彩。

我所研究的五班初中生的偶像崇拜现象，可以揭示出学生文化的一些特点，也反映出大多数被崇拜的偶像并未成为学生们的“偶像性重要他人”。

初中生对偶像的崇拜表现为崇拜对象多样化且不稳定。通过对这个班级学生进行的问卷调查和访谈，我发现他们崇拜的偶像五花八门，但可以归纳为几类：首先是歌星和影星，其次是体育明星，还有科学家、当代文学家、网络游戏制作人、发型设计师，甚至还有小说中的虚构人物。这表明学生对偶像的关注领域有所拓展和丰富，涉及社会各行各业的人物，反映了他们对学校和家庭以外事物的认知和关注程度的提高。首先他们崇拜的对象主要是歌星和影视明星，集中在我国港台地区以及日韩等国，歌手包括萧亚轩、刘德华、周杰伦、F4[①]、林志颖等；而提到的影星则有卓别林、李小龙、成龙、周星驰、郭富城等。此外还包括一些球星如中田英寿、贝克汉姆、劳尔、巴乔、卡洛斯等。另外，他们也崇拜一些科学家和文学家，如爱因斯坦、爱迪生、牛顿、哥白尼、达尔文、余秋雨、金庸等。还有一些学生崇拜的是《我为歌狂》中的楚天歌。有的学生回答比较概括，如网络游戏制作人、演员、歌手、社会名流、体育明星和发型设计师等。甚至有些学生直接说他们崇拜一切明星。由此可见，学生对偶像的崇拜范围和对象非常广泛，在47份有效问卷中，崇拜同一人物的学生并不多，对歌星影星的崇拜也是各有所好。甚至有一个同学表示自己的偶像“太多，数不清”，随着时间的推移可能会发生变化，此一时彼一时。

① F4，中国台湾男子偶像组合，由言承旭、朱孝天、周渝民、吴建豪四名成员组成。

学生有自己崇拜的偶像但不痴迷于追星行为，他们在某种程度上会随着流行文化的变化而改变偶像，显示出一定的不稳定性，崇拜程度并不深。正如同学们所言，他们说崇拜某个歌星，会受整个流行歌曲排行榜和其他媒体的影响。在某个时期，他们可能会多听他(她)的歌，并谈论相关话题较多，但一旦这个偶像不“火”了，也就对其失去了兴趣，随着歌坛推出新人新作，学生可能又换新人崇拜了。例如，曾经大家都喜欢F4，但最近就开始觉得他们很傻，甚至有些讨厌，“男孩子把头发留那么长，像什么样子啊”。许多学生认为，其实这些都谈不上是真正的崇拜，只是自己在某个阶段喜欢某些人物而已，并没有达到痴迷的地步。他们只是喜欢听他们唱的歌，喜欢外表帅气的男歌手和有活力的漂亮女歌手，但并不全盘接受他们。之所以“太多，数不清”就是因为他们对这些歌星影星的喜欢是局部的，每个都喜欢一点点，对自己产生一点点影响。这反映出学生爱好的不稳定性，以及对待“偶像性重要他人”的自主选择性，而并没有过多的盲目从众性。学生认为这与自己喜欢新人、新事物，喜新厌旧有关，并没有其他更深层的原因。

社会发展变化迅速，科技进步与更新快，生活日新月异，流行歌坛也同样如此，更替交叠，令人应接不暇，所以这一代学生对待偶像的态度也发生了变化。不再像20世纪中期那样，人们对某个人的崇拜和喜欢是相对稳定持久的，也许从小就树立了“偶像性重要他人”，直到长大了进入社会工作，甚至到老年都不改变。而且在这个过程中，这个“偶像性重要他人”对自己一生中的某些重大选择和决定都产生了重要影响。而如今，这些学生的偶像是一个接一个地换，他们不断迎接新的人物和新的生活方式，这种“喜新厌旧”的行为表明许多学生没有真正的偶像，不是真正地崇拜某个人，也不再将其作为自己学习的榜样。

偶像崇拜行为呈现出一定的理性。对于某些偶像，学生更多的是就某个方面表达喜欢，评价也趋向于更全面，而不是仅凭一腔热情或冲动。许多女生说起对男歌星的崇拜，主要是喜欢那些创作型的歌手，认为他们的歌词贴近普通人的生活，对歌手并不一定要长相出众，而是更看重其精神上的“酷”，歌词写得“很酷”。此外，学生们也意识到自己对偶像歌手的要求正在提高，对曲调、风格、唱歌水平等方面都有更高的期望。他们的欣赏水平正在提升，欣赏层次和内容也在不断发展变化。所以，有些学生认为“有些歌星文化程度很低，才初中毕业，没什么意思”。对于自己崇拜的歌星在社会场合表现出的不良言行，学生都能以较为客观中允的态度来评价，而不是盲目为其辩护和维护。在某种程度上，“崇拜”这个词的使用变得更加普遍，但其含义却逐渐演变为什么都崇拜，谁都崇拜，实际就是喜欢而已。因此，立志长大了也要当明星的学生并不是很多，他们更多的是在自己生活中的某些方面受到一定影响而产生效仿行为，并从中获得乐趣。相比之下，学生对科学家和文学家的崇拜更为理性，他们会结合自己的兴趣和志向，以他们为榜样并不断努力追求。

自20世纪70年代末以来，我国社会的价值取向发生了巨大变化。整体趋势不再仅限于单一的价值取向，而是出现了多元化的趋势，推崇独特性、个性化的价值取向逐渐获得社会的认可，重反思和批判的价值取向逐渐为人所接受。这些变化都影响到了学生的“偶像性重要他人”的构成，使得20世纪80年代以来学生的“偶像性重要他人”的构成也发生了“转型性”的变化，主要表现为三个方面：一是其构成逐渐多样化，从最崇拜老一辈无产阶级革命家到雷锋、张海迪、拿破仑、孙悟空等，从真实的历史人物和现实生活中的人物，到影视文学作品中的虚构角色，各种各样的人物都成为学生的偶像。而且，学生崇拜的人物越来越分散，不再集中在某个特定的人物上，没有一个受崇拜的人物被10%以上的学生选择。二是学生的“偶像性重要他人”的构成日趋偏离学校教育和主流文化长期宣传倡导的“榜样人物圈”，而主要集中在歌星、影星、球星，以及部分科学家身上。三是没有“偶像性重要他人”的学生越来越多，他们崇拜的对象就是自己，这反映了学生自我意识的不断增强，以至以自身取代了“偶像性重要他人”的榜样地位。这其中就隐含着学生逐渐对偶像有了更理性的认识，能够看到那些人的缺点和不足，只在某些方面喜欢他们，而不是全盘认同和盲目崇拜了①。学校教育所宣传的榜样人物常与学生的现实生活和认知相去甚远，许多学生无法获得切实感受。一些学生对科学家、文学家的崇拜，也不是因为学校的引导或课文内容的宣传，而主要是来自课外知识和社会生活。追求生活化、轻松化的方式，使许多学生对重要他人的崇拜也更加平凡化。他们不再仅仅崇拜那些远离百姓生活、道德情操高

① 吴康宁. 教育社会学[M]. 北京：人民教育出版社，1998：247-249.

尚的完美英雄和圣人，而是更愿意欣赏有血有肉、走下神坛的有缺点的真实人物。来自真实生活中的平凡而伟大的人物更能够激发中学生的学习兴趣。对此，学校榜样教育的内容和路径还有待进一步提升。

(二) 玩耍娱乐中也有学习启示

作为学生，繁重的学业并没有让他们忘记自我安慰和娱乐，他们常以各种各样的途径使自己快乐和释放。不同的学生、不同的小群体选择了不尽相同的方式来为自己的生活添彩。阅读、看电视、听音乐、写作、绘画、练习乐器以及各种户外活动，都是释放自我、简单轻松生活的途径，同时也从中获得许多学习启示。

1. 课外书中找乐趣

由于性格、爱好等因素的影响，有一部分学生的课余生活是在读书中度过的，他们感到自己从各种书籍中获取了丰富的知识和思想，也提高了自己的写作能力。我从大量的访谈中得知，很多学生的阅读兴趣和范围非常广泛，涵盖世界名著、中国四大名著，以及历史题材小说如《罗马帝国史》《康熙大帝》，还有诸如《易经》和南怀瑾的作品等。他们也热衷于阅读日本推理和侦探小说，如《金田一探案》《名侦探柯南》等。动漫和网络游戏的攻略书也是他们喜爱的读物。学生最喜欢的是看描写校园生活的作品，女生尤其如此。例如《我为歌狂》《魔法少女樱》等作品，它们讲述了学校生活中发生的趣事，与学生们的生活联系比较紧密，而且情节轻松幽默，读起来不沉重。一名女生说，"主人公读书蛮好，家境不好，但生活很快乐。我也想像她那样学习"。可见，学生更喜欢那些能引发共鸣和认同的情感作品，在那些书中寻找自己期望和设想的生活，获得精神上的愉悦和鼓舞。尽管这些描写校园生活的作品有很多并不符合现实生活，也不符合中国普遍的学校生活，有些甚至如同编造的童话一样，但是它们给这些初中生们带来了一种生活情趣，使得他们的个性得以舒展。

同学、朋友之间经常互相借阅书籍，有时也会自己购买。在这些学生的周记和作文中，经常会看到他们评论或引用小说中的内容。一名女生分享了自己大量阅读课外书籍的目的，"其实，读这些书并不是因为觉得有趣，只是为了有理由反驳我妈。"她涉猎了世界名著如《雾都孤儿》《呼啸山庄》《简・

爱》等,觉得“这些书中的人物都挺苦难的,世界名著都是悲惨的,应该改称为世界悲惨系列”。她还阅读了《三国演义》《红楼梦》,以及冰心、老舍、朱自清的散文集,《世界上最寒冷的地方》英汉版的牛津读物、《黑骏马》等。她说:“家里书架上的书我都读完了。过年得了4 000元压岁钱,买书就花了2 000元,爸妈说我‘看书看得什么都忘了’。我采取速读,大致了解情节。我认为《简·爱》不太适合中学生阅读。《钢铁是怎样炼成的》也很悲惨。我觉得曹雪芹写的《红楼梦》很奇怪,为了突出黛、宝,写了那么多丫鬟。”从她的言谈中可以看出她的一些观点和想法还显得稚嫩和不成熟,还没有对作品形成较为深入的理解和感悟。但她对语文课学习的兴趣越来越浓,写作水平也有了显著提高,还获得了一次全国中学生优秀作文奖。通过阅读小说和各种散文,她也在一定程度上对社会、人生以及自我有了一定的认识。语文老师对她大量阅读的行为非常满意,认为现在学生就应该多阅读,光靠语文课是学不好语文的。

还有一个女生在书籍中找到了她心灵空间里一直在思索和探寻的奥秘——魔法。从她的这篇周记可以看出。

> 我写了一篇我自己认为还可以的周记,但希望您看完以后,千万不要改变对我的印象。我是一个正常的人。从小我就认为有魔法这个神圣的东西,虽然很少有人喜欢它,但我非常热爱。曾经有很多人说我是在白日做梦,我听的次数多,也就不在乎了。在我成长的过程中,我对魔法的热爱越来越深,就像韦小宝中了慢性毒药一般,在不知不觉中,我对魔法的热衷已经到了无可救药的地步……看了《哈利·波特与魔法石》后,我的魔法知识又增加了一些,也发现有更多的人和我一样喜欢这个神奇的东西。魔法,在《新华字典》中解释为妖魔的法术,妖术,可我并不这么认为。我认为它是一种神圣的存在,让人一辈子也不会更具体地了解它,它深不可测,没有一个人能完全掌握它……在梦里,我曾无数次梦到我手持魔杖,在霍格沃茨魔法学院施展魔法,打败过无数恶魔。不过,这只是梦,与现实生活“格格不入”。我喜欢魔法已到了无可救药的地步,我在人海中,在书海中,寻找着关于魔法的一切。我不想放弃它们。在我的家中,有很多关于占卜、魔法的书籍,老爸老是骂我,说我用钱买

不该买的东西。但我认为，既然他已经把钱给我了，我应该有权管理自己的财政吧。我自己也深刻地反省过，可我始终不明白，我对魔法的热情是从何而来。老师，但愿您能原谅我和您说了一大堆与学习无关的话题，不知您是否能在评语中多写几句话呢？

这名女生沉醉在自己的内心世界中，并不断地思考、查书、求证，为自己的着迷寻找原因和依据。她有着较清晰的判断，知道大多数人并不相信她所迷恋的东西，也担心告诉老师这个与学习无关的事情会不妥，但她仍然执着不变。语文老师给她写了一份长长的回复，讲述了自己小时候与神的沟通（丢失一把伞后期盼神能帮她找回来）经历，并说道："我认为你的想法并不可笑。有些事情并无对错之分，你会对一些思想中模糊的意识产生困惑或迷恋，这是一种体验……从某种意义上说，我们是知音。"于是这名女生表达了希望和老师成为朋友的愿望，这也增进了她们之间的交流探讨。

然而，总体而言，现在的学生阅读课外书的数量仍然较少，这导致了对语文学习兴趣的减退，写作水平的下降，作业本上错别字多，以及对事物的理解表面化，语言和行为等方面趋于"卡通化"。这一点，几位语文学科的教师也有同感，她们经常引导和鼓励学生多阅读，阅读一些适合中学生的优秀作品。所以，刚才提到的那些主动阅读的学生成为其他学生的榜样。尽管现在社会上有各种图书，但适合中学生阅读的优秀作品相对较少，专门针对中学生的读物也不多见。N中学的语文教师经常会建议学生阅读一些经典的世界名著，但是鉴于经济承受能力，许多学生无法购买这些图书。学校的阅览室藏书较少，主要是中学生读物和各类报纸杂志，但也深受学生们的喜爱。然而，阅览室的开放时间有限，藏书数量也不足以满足学生的阅读需求，需要进一步改善设施条件。

2. 艺术兴趣与专长的培养

这个班级里有几名学生在音乐和美术方面有所专长。他们非常幸运，因为当他们的父母发现其有音乐和绘画方面的兴趣和天赋时，就积极地鼓励和培养，使他们的兴趣转变为专长。有一名男生擅长演奏小提琴，在专业教师的指导下，他的技艺不断提高，个人修养也有明显变化。另一名男生擅长吹长笛，曾多次获得演奏奖项。他们并没有因为练琴或吹笛子而影响学业，相反，他们的学习成绩一直很好，并从音乐中获得了很大的乐趣，这磨炼了他们的意志，也提升了与父母相处的融洽程度。班级每次举办活动，他们俩都会主动表演，受到师生们的喜爱和夸赞。在绘画方面有兴趣的学生也不少，他们受日本和韩国动漫的影响而喜爱画漫画人物，或者擅长水彩画、雕刻和折纸艺术。从这些爱好中他们获得了乐趣。不过，这些擅长音乐和美术的学生，对学校开设的音乐和美术课并没有特别的兴趣，有的甚至感到很担忧，因为课堂上教师教的内容自己掌握得不好，尤其是美术课，许多学生缺乏信心，认为自己达不到要求，所以就对绘画失去了兴趣。这一问题美术教师也有觉察，认为这些学生对贴近生活事物的观察和感知相对较好，但教材和大纲上要求的内容很多都相对陈旧，脱离学生的日常生活和经验。学生喜欢的是流行文化和体现学生个性的内容，于是就产生了矛盾。音乐和美术教师都深感这些课程很难教，教学内容与学生的兴趣爱好和年龄特征不符，有些学生和家长本身对这些课就不够重视，认为升学考试不考"副课"，因此不愿意花费过多时间和精力学习，导致学生的学习积极性较低。

3. "捉鱼"背后的公益追求

由于N中学距离我所在的华东师范大学不远，学生们便将大学校园视为他们的乐园。在放学后、周末或假日经常来玩耍，进行各种活动，如踢球、骑自行车、游泳，甚至去河边捉鱼。大学校园中的一条小河就成了这些中学生最喜欢去的地方，因为可以在那里捉鱼钓虾，捞鱼虫。昊昊就常常来河边玩，后来她找到了一个更好玩的地方，就是大学校园一个角落处的小水塘，那是小河的一个分支，再加上聚积的雨水而形成的。尽管水塘浅浅的水面上漂满了水草和垃圾，但水中却有很多小鱼、小虾和小螺蛳。于是，这里就成了昊昊的小天地，周末她就和小伙伴们一起来玩。不过，她并不仅仅为了玩而来，她还有一个重要的目的，那就是为她家所在小区的水池捉鱼，这是我后来和她一起去捉鱼听她说的。她的捉鱼技术是一个男生教给她的，学会后她自己就捉了很多，大家认为是"老师"指导得好，"学生"领会得更好。当我在班级里进行研究时，昊昊是第一个主动上前找我交流的学生。她很坦诚地分享了自己对学校生活的感受，并询问我的研究目的。她明确了我所研究的内容之后，经常会主动告诉我一些对我有用的情况。当我提出想去看她捉鱼时，她欣然同意了。下面一段就是我和昊昊捉鱼时的经过描述[1]。

6月21日13:20，昊昊给我打电话约我去小水塘捉鱼。她背着一个印满“流氓兔”的牛仔包，包里装有几个大小不一的塑料袋，一个塑料袋里包着一个长柄的小网勺、几个塑料杯和一个空饮料瓶。她告诉我说16:00之前必须回去，否则会被外婆骂。到了小水塘，我们把包放在边上的石桌上，她拿出网勺往水里一捞，立即收获了很多川条鱼[2]。她很在行地给我讲述了川条鱼的习性，说自己两岁多就在家养鱼，“知识是从实践中来的”。并告诉我，捉鱼并不是为了玩，是为了社区，因为社区水池里虽然有水，但没钱买很多鱼，于是她就来捉，至今已坚持了六个月。她把捞到的鱼倒进塑料杯，再倒进塑料瓶，注入一定量的水。水边蚊子很多，但最怕蚊子咬的她却说没事，用手抹去流下来的汗水，然后跳到小水沟对面的浅草水中又捞了很多。昊昊鼓动我也动手参与，我试着捞到了两条，并捉了几个螺蛳，的确能感受到昊昊的乐趣。昊昊捞了很多鱼倒进瓶子后说，“今天的任务完成了”。她给我捞了些水草，送给我几条川条鱼，并邀请我一起去她家小区看鱼。居委会的阿姨拿着相机拍下了昊昊放鱼入水的举动，并夸她是“热心的志愿者”，她们又商量了保护鱼的事宜。水池里有一些金鱼，大约两三寸长，是之前昊昊和一个老伯买的，而川条鱼全都是她自己捉的，两年前捉来的鱼现在已长大了。昊昊贴了几张自己写在8开大纸上的公告(有些是居委会阿姨委托她写的)。内容如下：

告　示

小区鱼池内有许多好心人送来的许多鱼，并且有志愿者为鱼池义务劳动。本人也是志愿者，在此我向为鱼池做过好事的人们表示感谢，也向没有为小区做过好事的人们做一个动员！

(1) 严禁捉鱼！ 请不要为了几条鱼而污了您的品行，我们应该为整个社区着想，共同维护社区的和谐和美好。请大家共同遵守！谢谢！

---

① 来自我2002年6月21日的观察记录。

② 川条鱼的学名叫白条鱼，是体型较小的淡水鱼类，因其体型细长且活跃于水面，有时也被称为柳条鱼或穿条鱼。

(2) **注意!** 为了您孩子的健康,请勿让孩子把手伸进池中。池中有鱼虫,孩子把手伸进去极不卫生,请您务必加以阻止。谢谢!

(3) **鼓励做好事登记。** 为了鼓励大家积极参与社区建设,请在下方留下您的姓名和您所在的幢号。每月我们将公布做好事的名单,并在社区贴榜表扬。感谢您的支持与参与!

昊昊捉鱼的行为让我深受感动,她并不仅仅是为了自己好玩,而是为社区的公益活动贡献着自己的一份力量。她利用放学后的时间在小水塘为小区捉鱼的坚持不懈的努力,教师和家长并不知道。每次捉鱼都背着父母和外婆,时刻提防他们的检查和批评。"那个装工具的牛仔包,用完后得马上藏起来,否则父母发现就惨了"。而且,她还要保证按时回家,否则外婆就会批评她,并告诉她父母导致她受到惩罚。除了居委会的几位阿姨和一些新发展的小志愿者,教师和家长都不知道她为小区做好事的行为。昊昊告诉居委会阿姨,华师大的白老师一个下午都陪着她一起捉鱼,这让她很受鼓舞。对于她来说,参与这种公益活动最大的快乐就是看到小鱼们在小区安家并成长,以及更多的居民加入建设小区的努力中来。几位妇女抱着小孩来到池边,孩子们看着水中的鱼欢快地笑着,昊昊那被蚊子叮出大包的脸上也露出了笑容。昊昊的热心行径和志愿品质值得称赞。像昊昊这样的中学生,在日常玩耍中融入了社会意识,为社区做贡献是她的真正快乐。然而,昊昊并不想让班级同学知道她捉鱼的真正目的,因为她想独自享受这份美好。如果她的家长平时能多与她沟通,建立互相信任的关系,了解到这件事情,就不该横加批评她。

4. 在动漫、影视世界里"轻松做回我自己"

学习之余,学生们沉浸在各种各样的动漫、影视和音乐中以释放压力,舒展精神。尽管人们有着不同的喜好,但"轻松做回我自己",从《流星花园》的一句台词已经成为众多中学生的心声。家长和教师纳闷于孩子们为何会沉迷于原本适合幼儿看的动画片,不解于孩子们对《流星花园》的痴迷,却不知这些中学生从中寻求的正是一种童趣。学习任务重,升学竞争很激烈,面对这些现实就会"很烦",所以这些学生就在童话般的影视和动漫中寻求轻松与简单,而很少去思考沉重的生活意义和人生价值,他们更关注生活情趣和瞬间的快乐体验。他们拒绝压力,拒绝凝重,将"搞笑"视为一种解脱。但是,他们同时也追求那些贴近自己向往的生活的内容，所以在《灌篮高手》《神奇宝贝》《猫和老鼠》《千与千寻》等精彩的动画片中，他们又找到了自己存在的意义，展示了自我。他们追求个性、另类和特立独行的生活方式，强调“要做回我自己”，展现出个性趣味，似乎快乐才是最重要的。于是学生就非常喜爱偶像剧和流行歌曲，尽管剧情和歌词可能带有虚假的成分，但更生活化，主题轻松、自然，充满人文关怀，展现了人性真实的一面。这正是属于青少年群体的一种独特生活方式。

随着这些喜好而来的是一种“爱屋及乌”态度，相应的各类物品，尤其是韩国和日本的各类商品都成了学生喜爱的对象。甚至出现了“哈日族”和“哈韩族”——“哈”源于我国台湾青少年文化，意为“非常想得到，近乎疯狂的程度”①。他们对日韩文化表现出极大的兴趣，尤其是对影视、动漫、音乐和服饰方面。相较于美国的动漫，日本的动漫虽没有那种规模宏大、气势雄伟的电脑制作，也没有那种辉煌的视觉效果，但制作精美，内容丰富含蓄，更注重人物的心理刻画和个性化描写。唯美的画面和细腻的手法，体现了东方人含蓄的审美观，贴切生活的人物与故事情节深受中学生的喜爱。受动漫和影视作品的影响，很多学生对学习日语和韩语产生了兴趣。同学朋友之间的言传身教，对中学生的爱好影响较大。日本的《灌篮高手》于1990年放映，风靡了日本乃至全球，篮球运动也随之火爆。而2000年《名侦探柯南》的上映则将中学生、大学生甚至青年对日本推理小说的着迷推向高潮。在文化交流中，吸收积极健康向上的元素无可厚非，但判断和选择的能力要有所提高，才能抵制不良影响和负面效应。每个群体在不同的时代都有自己独特的消费和感兴趣的文化内容。我们不能以成年人的欣赏水平和价值观来评价青少年的文化生活，但我们需要及时地加以正确引导，把握好尺度。大多数家长认为，在不影响学习的前提下，可以支持或不干涉，但如果对学习产生了负面影响，就不支持或坚决反对。

大多数学生认为这些文化现象并没有对他们的学习和工作产生太大影响，只是在日常生活中，对饮食、穿着和生活习惯等方面有一些影响。他们对

① 俞加生，沈汝发.是谁构建了新世纪的童话：从“流星花园”的流行谈起[J].青年研究，2002(6):20-23.

校服的评价也受到了影响，希望校服更时尚一些，像偶像剧里的校服和着装方式那样。至于哈韩和哈日现象，学生认为韩日服饰很酷、很另类，但并不会盲目模仿，认为“学生还是要有学生样”。这说明学生在逐渐理性地看待这个问题，有自己的主见和审美观，不会盲目跟风。此外，他们在认识中国传统文化和韩日文化之间的关系上也非常清醒，有一定的鉴别能力。“日本、韩国的文化与中国文化原本就有很多关联，谈不上冲突……其实我认为世界本无所谓的‘哈不哈’，说不定在外国的青少年中还有‘哈中’的呢。我们之所以接受某种事物，只是因为它能与我们产生共鸣。文化本来就在广泛传播，当然会存在差异，这也是正常的。就像四川人喜欢吃辣椒一样，难道有一天北京人也喜欢吃辣椒了，就说北京人是‘哈川’族吗？对于某一种事物的喜爱，应根据每个人的爱好而定，不应该强行将其统一为一个标准。”①

相应的，学生对《流星花园》的喜爱和对 F4 的崇拜，在青少年中形成了一种“F4 现象”，引发青少年群体厌倦单调、呆板的校园生活，憧憬浪漫的爱情故事，追求个性自由，同时也崇尚金钱至上，及时行乐。“F4 现象”的产生有着深刻的社会根源②。学校作为一个正规的科层制组织，学生在其中感觉受到了束缚，或者说，人们在追求理性的同时，理性也控制了人。《流星花园》中，F4 的行为并没有引起学校的禁止和惩罚，也没有受到反面评价。然而，这些行为无疑是反校园生活的，也是学校在管理中要严格限制的。这些就给长期处于高度紧张和压抑状态下的青少年学生带来了一种新奇感，满足了其好奇心，并使他们心情轻松，暂时摆脱了学校紧张的气氛。F4 的行为被一些学生看作张扬个性，体现自我，顺应了青少年群体由“关注社会”向“关注自我”的转向。他们从生活的非中心走到了中心，在学校为所欲为，自由放纵，当然，大多数学生并不赞成这些行为，也并不想效仿，但这也反映了他们对现实的应试教育不满的情绪。中学生被认为既非成人，又非儿童，既不能分享成人的权利，又不能停留在青春期以前，即处于童年人的不负责状态；既不能受到成人的严肃对待，又不为成人所忽视。成人主宰着主流文化，青少年学生所依赖的文化处于非主流地位，往往得不到主流文化认可，被严格控制在一定

① 成都市树德中学高 2004 级 8 班调查组. 关于日韩文化对成都中学生影响的调查[J]. 青年研究, 2002(10):33-39.

② 赵海林，沈雁飞. “F4 现象”的社会学思考[J]. 青年研究，2002(6):24-27.

范围，使之难以形成对主流文化的冲击。《流星花园》的出现，正反映出边缘群体的文化一直未受到主流文化的重视，青少年群体的文化少之又少，处于边缘状态①。

而且，一部《流星花园》给我们讲述了一个近乎完美的童话②。现实生活的沉重与复杂，使这种童话心态体现出一种更年轻、更富活力的社会心态和生活方式，同时也强调尊重个体差异，尊重每一种生活方式以及尊重自由选择的权利，表达了保持宽容心态的重要性。在某种意义上，许多成人也喜欢看《流星花园》，这也反映了他们对更轻松自主的生活方式和生活情趣的追求。

但是，童话和现实是两种完全不同的情境，童趣也只能在一定程度和范围内存在。现实社会是不能一味逃避的，需要每个人勇敢地面对，并逐步适应。否则，当青少年真正面对现实生活时，可能会显得过于单纯，容易上当受骗；或者表现得手足无措，陷入空虚和迷茫之中。作为成年人，家长和教师有着比较丰富的现实经验，他们不应该感到纳闷和愤怒，更不应该拒斥或压制学生。相反，他们有责任加强对学生的教育引导，帮助他们形成较强的管理和决策能力，并提高心理承受能力。

5. 自发且持续热爱的体育活动

对于大多数男生来说，踢球和“飚”自行车是他们喜欢的运动。正如前文所述，他们最理想的运动场所是大学校园，而不是居住小区。他们认为，小区没有为他们提供足够的活动场地，每次踢球总被老年人赶。他们踢球通常采取集资方式，几个同伴凑钱买一个足球，放学后直接去踢，周末和假期是提前约好，在球场见面。有时他们会和外班或外校的学生约一场比赛，非常认真地踢。满头大汗、衣服沾满泥土，对他们来说才是真正的尽兴。渴了、热了就喝口冷水，往头上冲一冲，都觉得很爽。

天气好的时候，“飚”自行车是另一项他们喜欢的活动。几个同学各自骑着自行车，飞快地前行，绕几个圈，上几个坡，再沿着河边骑行，他们觉得非常舒畅。尽管老师和家长多次强调这样骑自行车的危险性，但他们还是玩得津津有味，不时展示一下“特技”，吸引其他同学的追赶和比赛。累了就坐在草

① 赵海林，沈雁飞．“F4 现象”的社会学思考[J]．青年研究，2002(6)：24－27．
② 俞加生，沈汝发．是谁构建了新世纪的童话：从“流星花园”的流行谈起[J]．青年研究，2002(6)：20－23．

坪上畅快地聊天，直到意识到已经超过了他们向父母保证的回家时间。在这些运动中，他们获得了快乐的体验，暂时忘却了家庭作业，忘却了父母的催促。

不论是何种娱乐方式，都反映出这些初中生渴望丰富多彩的生活，以及希望从生活实际中学习的愿望。由于学习生活比较单调，课外活动就成为他们寻找乐趣的地方。这些学生都比较乐观、畅达，他们有着强烈的自己寻找乐趣的意识，敢于尝试和冒险，体验新感觉，这些正体现了青少年的特点。

第三章

成长路上的相处之道

学生的人际交往涵盖了与成人（主要是教师、父母或其他成年人）的交往，以及与同伴的交往。师生交往是学生学习生活中非常重要的一个部分，而与同辈群体之间的交往对其个性的发展也具有重要的促进作用。在未成年之前，学生大部分时间都是在与父母相处中度过的，亲子关系对其一生都具有深远的影响。学生在人际交往活动中所展现出的言行背后的价值观，是学生文化的重要组成部分。为此，师生交往、同伴交往以及亲子沟通，构成了学生日常生活中人际交往的核心内容。

一、期望严师益友般的师生关系

当孩子第一天进入幼儿园成为学生时，首先面对的就是教师和同学。师生关系是学生在学校教育期间最先要建构的重要人际关系之一。良好的师生关系不仅决定了学生在校生活的质量，还会影响他们的同伴关系。学生希望"老师应该是怎样的"，学生的师生交往观是怎样的，他们的期望与现实又是如何相互作用的，本章将就这些问题进行研究和探讨。

学生对教师这个角色的认识，是随着自身成长而发展变化的。正如一名学生所言，"我从 6 岁开始上学，那时的我对'老师'这个词并不是很了解，只知道老师是教我们识字的人。随着时间的流逝，我逐渐懂得老师为什么教育我们。从小学一年级到现在的初一，我已经接触过许多老师，每位老师都有其独特的教学方法和观念，对待学生的态度也各有不同。在小学时，我眼中的老师是很严厉的，一年又一年地过去，我也渐渐明白，那时老师是为了我们好。"然而，学生对师生关系的期望却始终一致，他们希望老师在课堂上态度严厉，而在课后却很友好，形成一种严师益友般的师生关系。那么，这种师生关系的具体表现是什么样的呢，我对学生进行了问卷调查和访谈。

(一) 想和老师做朋友

学生心目中的教师形象，是关系到师生关系的一个重要因素。从调查中获知，学生所勾勒出的最喜欢的教师形象是："和蔼可亲，幽默、健谈；了解学生，对学生好，能理解学生的难处，对每个学生都一视同仁；学生做错事能耐心教育而非发火或打骂；不拖课，少布置作业，上课有趣，快乐，教学质量高，给学生充足的活动时间。"而且，他们认为，"只有老师和学生之间进行积极的交流，师生双方才能在教育之路上成功地走下去"。相反，最不受欢迎的教师则具有以下特征，"太严肃刻板、不信任学生；拖课；上课内容枯燥乏味，无聊、缺乏趣味性，一味追求上课纪律"。

每个学生从小到大都写过多次诸如《我心目中的老师》这样的命题作文，满怀真诚地将自己心中对老师的期望写下来，而老师也总是在努力了解学生期望自己的样子。很巧的是，N 中学在开学第一周给每个学生布置了命题周记《我心目中的老师》，这些周记中的内容也折射出学生对教师角色的认识，对师生关系的期望，有共同点也有差异之处，但都体现了学生从小到大认识的不断发展和变化，表达了学生的憧憬，也表达了学生的无奈和悲观，形成了一种鲜明对比。不管怎样写，都说明一个问题，就是现实中的师生关系不尽如学生所愿，所以学生才一次次在纸上去勾画心目中理想的教师形象。

从我开始懂事起，几乎每个老师都会要我们写这样一篇文章(《我心目中的老师》)。刚开始，我不知道为什么总要写同一个命题。后来，写多了，我也渐渐长大了，翻阅小时候的作文本，才突然发现，原来我心目中的老师随着我年龄的增长也在不断地变化。

7 岁时，我总希望老师像妈妈那样整日宠着我，陪我玩，那才是最好的老师；10 岁时，发现小时候的梦想是注定要破灭的，于是，在无奈之下，我把心目中的老师形象改成了一个亲切、善解人意的大姐姐。如今，我已经 13 岁，是一个初中生了，我自认为已经不再是一个小孩子了，也极少再幻想什么"心目中的老师"那种高大的形象了。我更期待把老师当作一个朋友来看待。也许，我不能把我心里所有想法都告诉她，她也不会向我诉说她在社会上遇到的各种事情，但至少我们可以把自己想说的话拿出来，一起分享在学习中，分享快乐和忧愁。这样会把我们的距离拉得更近。

13岁，我心目中的老师，一个好朋友！

这篇文章不仅诉说了学生对教师形象的认识变化，也表达了学生想和老师做朋友的期望，反映了学生认识逐渐成熟的历程。在访谈和观察中，我也得知了许多学生的想法：他们逐渐明白了，之所以总是写这个命题作文，是因为在不同学习阶段，教师所扮演的角色不完全相同，自己对教师的期许也在发生变化，在这个过程中自己在不断成长和成熟。学生意识到了教师的角色是多样性的，但总是从自己的愿望和需求出发，对教师提出要求和期望，从希望教师像妈妈一样宠爱和呵护自己，到像一个大姐姐，再到像一个朋友，成为能和自己互相交流的人。学生能够理性地看待“朋友”这个角色，这是其认识上的一种进步。朋友之间需要真诚交流，但也需要保留一定的私密空间，各自拥有自己的界限和距离感。自己不会将所有想法都告诉朋友，也能理解和体谅朋友不会将一切告诉自己，因为每个人的处境和经历不同，我们各自拥有自己的“世界”。学生对教师形象的认识发生变化的原因之一是自己在不断成长，能够意识到这一点，正体现了初中生的年龄特点。他们已经开始形成自己的观点和判断，但同时还有很多不成熟之处。尽管如此，他们还是“希望老师能成为与我们分享快乐的朋友，这对我们来说已经足够了”，这就是学生的师生关系观。

可是，学生后来发现，“写归写，老师还是依旧，心目中的老师也只能是心目中的老师”，教师并没有因为学生的期望而改变，现实中的落差很大。于是，学生就有了很多不满、困惑和失望，甚至一丝敌对情绪。就如下面这段文字所写的：

可以说，我心中从来没有想过我喜欢哪种类型的老师。我个人认为，老师就是老师，他们各有自己的风格和独特的教学方式，这是无法改变的。难道我们几句话就能改变一个老师的风格和独特的教学方式吗？

当然，我们心目中都向往着一个十全十美的好老师，而不会去向往一个又老又凶、蛮不讲理、不了解学生的老师。我们总希望有一个年轻和蔼、亲切的老师，能和学生沟通、建立良好关系。可是我觉得这个世上应该没有这样的老师，至少我没有遇到过。也许我们的这种看法可称“井底之蛙”，但老师通常希望学生能够听他(她)的教导，总希望自己培养的学生“成绩优良”，因此可能采取会对学生“不利”的教学方式。学生因此可能产生叛逆的心理，而老师则可能进一步强化这种方式，从“不利”到“变本加厉”。这样循环下去，可能导致即使老师自认为是一个“好”老师，也会变成同学们心中的“坏”老师了。

所以，我们心目中的老师可能只是一种幻想。如果要成为同学们心目中的好老师，那就应该首先成为老师自己心目中的“好老师”了。

不管学生怎样设想和期望，“老师就是老师”，教师的职责是确保学生听话、学习好，有时甚至以学生不愿意的方式来实现自己的要求，即使这种方式可能会伤害学生也不会因学生的期望而改变，如果学生表现出逆反心理，“老师可能会变本加厉”地批评教育。在学生的这种无奈中，师生之间的冲突和隔阂可能会产生，教师认为是好的方式，学生反而认为不好。悲观、无奈和失望之余，学生也意识到了自己的矛盾心理。他们知道“现实中的老师不会像自己心目中设想得那样美好”，但仍然怀抱希望，设想能成真。其实，教师角色是主流文化的传递者和学校教育的代表者，是对学生进行系统培养的教育专业人士，教师权威的体现是角色定位和个性风格的结合。教师与学生之间常有希望与欲求的冲突，无论其程度如何隐而不显，总是一直存在的。当学生的行为服从于学校和教师的管理时，课堂活动和班级生活就会处于稳定和谐的状态，师生就会在学校教育目标激励下共同努力；而当学生产生怀疑或公然对抗教师的管理时，师生冲突就有可能发生。师生之间表现出一种制度化的支配与服从的关系，彼此间隐含着潜在的对立情感，因此，师生关系存在对立和冲突就是不可避免的。

所以，学生对师生关系的期望并不过分，要求也并不苛刻。“和蔼可亲”是人与人交往的一种友好态度，“诲人不倦”则是教师的职责所在。学生不懂、不会才要教师来教，做错题、考试没考好并不是罪过。对学生加以指责并态度表现出不耐烦就是欠妥当的。每个学生在教师面前都应被公平对待，不该因家庭背景、学习成绩、外貌、品行等因素而厚此薄彼，但应因材施教，针对性培养。不少学生认为，当两个学生同样做了错事，教师却只批评了其中一个，而袒护了另一个平时表现不错的班干部，这样被批评的学生就觉得教师待人不公，并且教师总在讲课中花大量时间维持纪律，这在学生眼里是很无能的表现，也是不应该的。课堂时间有限，如果不能充分利用，教师就会选择拖课来弥补时间，但学生休息和娱乐的课间就被挤占和剥夺了。忘带课本的小毛病确实应该被教师批评教育并及时纠正，因为学生行为中的一些小细节日积月累会逐渐形成习惯，难以改正，还可能波及学习和生活的其他方面。但有时学生真的违反了学校规定，做了错事，教师却不一定都能抓住时机加以批评教育，也可能没有引起足够的重视。在我研究期间，经常发现很多具有教育契机的事件并没有受到教师的重视。难怪有的学生认为，"现在的老师是该管的不管，不该管的却老想管"。教师需要提高自己的教育敏感性和长远考虑，避免过分强调小问题，而忽视了更重要的教育机会。

学生希望教师在课后能像自己的朋友一样，进行平等友好的交流，彼此之间互相了解。尤其对于那些年轻教师，学生总希望他们的言行能够符合年轻人的年龄和个性特点。他们希望看到教师和自己一样天真活泼，甚至幽默风趣。而令许多学生困惑的是，"遇到的每个老师，虽然他们都年轻，但都很老成，和爸妈一样不理解人"。例如，一些教师不让学生在班级里听流行音乐，合唱比赛也不允许唱流行歌曲，音乐课上所学的"流行歌"也是过时的。在学生看来，年轻教师应和他们一样热爱流行音乐，应该与学生有共同的爱好。但是，作为教师，他们需要展现给学生的是代表社会规范所要求的主流文化，是学校教育赋予他们的职责。因此，他们不得不将自己的喜好隐匿起来，并限制学生的爱好，这样就使学生产生了误解，以为这样的老师原本就"古板、老土"，尽管他们年纪很轻，权威意识却很强烈。正如一名学生所说，"老师应尊重同学，与学生沟通"。上课要严厉，但在课下应友好相待，这是如此简单的一件事，可教师认为，学生有逆反心理，学生不对就要严加处理，甚至变本加厉。教师的观点似乎是，作为老师，学生应该听从自己的话。年轻教师刚开始工作时，老教师就会告诫他们要树立起自己的权威。

学生希望和教师交流，想听他们说一些贴近生活的事，想了解教师权威背后的真实生活面貌。如果能够感受到教师将他们视为平等的朋友，学生的积极性就会大大提升。能够满足学生这一愿望的教师，连同他（她）上的课，都会在学生中备受欢迎和喜爱，这体现了学生因喜欢教师而喜爱一门课程的“爱屋及乌”情结。在教学活动之外的其他情境下，学生也希望和教师亲近，尤其是班上那些比较活泼的学生，总“伺机”想找个话题和教师“搭讪”。在一次班会上[①]，班主任宋老师对于每天午饭剩太多的问题开玩笑地批评学生说：“你们倒饭太多，桶里超过一半，班级分数就会被扣为‘三角’[②]了，我下个月奖金要被扣了……咱们班这个月是A，估计下个月是C了……你们是盼着老师倒霉吗?”几个学生立刻问道：“扣多少？B扣吗?”宋老师一开始没理会，后又解释说：“C是扣40元，B也会扣20元，A则会有奖励。”于是学生表现出很同情宋老师的样子，甚至有人开始评论起这个奖惩制度不合理。我想，这时师生之间的距离变得更近了，学生对班主任和班级是富有情感的。这种交流方式比教师单方面用大道理批评的效果要好一些。事实证明，之后学生来上学时，都自觉地在书包里备上了塑料袋，倒饭时不再直接倒进垃圾桶，而是倒进自己的塑料袋中再扔到垃圾房。这样一来，桶里倒的饭没有超过一半，班级荣誉和教师奖金也就不会受到影响了。这件事反映出这些学生善良、懂事的品性，他们原本就希望和每位教师亲近，表达自己的淳朴情感。可是，有多少教师以一副威严冷峻的面孔拒绝了孩子们纯洁质朴的心啊。宋老师的英语课之所以纪律非常好，并不仅仅如其他教师所说的“班主任平时严厉让学生害怕，因此她的课堂上学生一般都比较乖”，而更主要是平时师生之间的情感交流相对较多，学生能体谅教师的工作，与教师配合默契。

学生对教师和课程的态度之间那种“爱屋及乌”的辩证关系，主要还是“因师爱课”。学生如果喜欢一位教师，也就会喜欢他(她)所教的课程；相应的，学生若不喜欢这位教师，也可能会导致讨厌学这门课，而反之，因喜爱一门课连带喜欢一位任课教师的情况相对较少。举例来说，一名男生在其他课上常常捣乱，但英语课从来都很规矩，他之所以喜欢英语课就是因为喜欢教英语的宋老师。他说，“尽管有时宋老师对我很凶，但我很理解老师。她是公归公，私归私，当犯错误时，她会骂得刺进你骨头里，让你觉得应该改，虽然会感到难受，但过后又很友好，再次犯错时又会严格要求。我喜欢这样的老

---

① 该情节来自我2002年3月22日的观察记录。

② 这是N中学对班级评分的标记之一，不同的标记对应着不同的分值，与教师的奖金(分A、B、C三等)挂钩。

师”。而历史和政治课，由于两位年轻的女教师的讲课风格“死板严厉”，许多学生都不喜欢上这两门课。

教师的权威应该是怎样的呢？学生认为，教师要有权威，但并不等于就要对学生“凶”，而且“凶”也不一定等于“严格”。不同学生对“凶”的理解，与他们在班上的表现以及教师对他们的态度有关。在那些学习、纪律各方面表现较好的学生看来，各科教师都很好，那些捣乱、表现差的学生挨骂是理所当然的，咎由自取。“老师不太凶，是那些同学自找的，而且，要对他们凶一点，否则管不住”。有更多的学生认为，为点小事就发火、骂人的教师就是“凶”的，甚至是“师德不好又很无能”。教师在课堂上严格要求学生，并不意味着要摆出“凶巴巴”的样子。尽管大家最终都能体谅教师的用心。但是，为什么就不能用更温和、更关爱的方式表达呢？许多深受学生尊敬和爱戴的好教师，并不是板着脸老是发火的样子，他们温和、耐心，尊重和关爱学生，这种自然影响力产生的权威使学生更容易接受。正如一名学生所写的：

其实，每个孩子都一样，他们不会希望老师永远绷着脸，永远厉声对自己说话。上课时，未必要把手放在背后，好像很严肃。轻松地上课是否效率会更高？

当今的社会，已经过了那种戒尺打手心的年代。因此，学生对老师也不像以前那么畏惧。

曾经听到一位老师说，新老师上课一定要把自己打扮得老气一些，让自己严厉一些，不然学生是不会乖乖听话的。我听了很奇怪，一定要对学生严厉才能成为好老师吗？与学生亲近些就会失去威信吗？真是百思不得其解。如今，时代发展迅速，教育与学生需要的已经不再是简单地教好学生，让学生乖乖听话的老师了。因为学生在学校与老师接触的时间远远多于在家里与家长接触的时间，所以，我们希望老师能够像家长一样了解学生，了解他们的思想和潜质。

有时，并非所有的学生都能理解教师“凶”的缘由，而是因此产生反感，甚至刻意制造出一些让教师表现出“凶相”的行为来。我曾经观察到的一节地理课就是如此。上课不到十分钟，学生的吵闹声就很大，任课教师显得很生气，但碍于我在听课的缘故，一直没有发作，然而终于还是忍无可忍了。她叫起两个没带书又在做小动作的男生，把书拍到讲桌上说，“其他人都给我坐好了，像什么样子，越来越不会上课了，对吗?！一个个都了不得了?！我看看你们可以了，应该知道自己干什么，好打住了！你看什么？自己长得好看？上课不带一本书，还在说话，还要我教你怎么坐了？难道还要我教你们怎么上课，对吗？还有谁不想上课？自己站起来，不愿意的自己出去好了。”说完，她又调整了情绪，柔声地继续讲课，“我们来看地图册第 8 页”。被罚站的两个学生并没有意识到自己的错误，反而表现得很不在乎。还有一名女生以嗤之以鼻的表情看着发火的教师，轻轻地哼了两声。在他们看来，“容易发火的‘凶’老师是很没有水平的，这也不是‘严格’的体现”。

其实，归根结底，学生心目中的师生关系应是严师益友，教师应和蔼可亲、关心并理解学生，在课堂上应严格要求学生，但下课要成为学生的朋友。师生双方互相尊重、了解和体谅，才能有效地开展教育教学活动。在这些学生看来，师生关系应该是一种朋友关系，“好老师不必装扮权威让学生乖乖听话”，而是应该在一种轻松愉快的氛围中，以灵活多样的教学方式提高上课效率，激发学生的思维，挖掘学生的潜能。可是，学生的这种希望仅在一部分教师身上有所体现，还有不少教师并未达到学生所期望的那样。所以，在某些学生看来，老师让写“学生心目中的老师”，实际是想表明“老师心目中的老师”，对于现实并没有产生实质性改变。

然而，教师也有自己的立场和苦衷，但并非所有学生都能体谅和理解。教师是学校和社会传递主流文化的代表者。同时作为社会成员，扮演着多种社会角色。在教育系统中，教师在不同场合和情境下不断进行角色转换。其中最基本的两种角色值得注意——对学生而言，教师是“社会代表者”，对学校的领导和其他教师而言则是“同事”①。这两个角色在不同时间里交替变换，形成了教师复杂而多样的身份认同。由于“社会代表者”代表的是社会的规范性，要将符合社会要求的主流文化传递给学生，自己就必须“以身示教”，即便教师个人可能无法完全认同符合社会要求的内容，但也要将其隐匿起来，并要求学生按照社会的要求成长。对于 N 中学的这些年轻教师来说，其

① 吴康宁．教育社会学［M］．北京：人民教育出版社，1998．

自身也有很多方面和学生相似。他们大多是独生子女，从小生活条件较为优越。他们的中学时代正值20世纪80年代末到90年代初，这一时期，上海的社会文化生活逐渐多元化和丰富化。我国港台地区、日韩以及欧美等地的艺术和物质产品也进入了上海，在这个海纳百川的城市里生长和发展，听、唱流行歌，崇拜偶像明星，买时尚小饰品等，都是他们生活中的一部分。可是，当他们成为教师后，面对学生，他们需要按照社会对教师的要求那样，将自己的某些个人喜好和感受收藏起来，要"像个老师的样子"。这使得学生感觉到教师有"两面性"。戈夫曼提出的拟剧理论①中，关于"前台"和"后台"的矛盾，实际上是一种角色冲突问题。在课堂和学校情境中，教师被赋予了各种美好的形象，在价值观、信念、道德和言行等方面严格要求自己，为人师表。但是教师也是普通人，在其"后台"是普通人的现实生活。学生一旦发现教师在"前台"和"后台"行为不一致时，心目中的教师形象就容易受到损害，从而产生不满情绪。

尤其是，当教师在学校中频繁变换着"社会代表者"和"同事"这两种角色时，两者之间的碰撞和冲突就使学生感到了差异。"老师一见到我们就板着脸，而在办公室里却笑嘻嘻的"，而且学生的自我意识中将自己早已放在了一个成人的视角，这样就加剧了学生对教师的不满情绪，认为教师没有将他们视为成年人，并流露出"总把我们当小孩子哄"的抱怨。一方面，学生能够认识到教师作为"社会代表者"的职责和角色，期望教师在学习方面严格要求，展现出精湛的教学技艺和渊博的知识，认为这才是一个合格的教师所应具备的品质。相反，教学水平差，对学生的学业不负责的教师会遭到学生的嗤之以鼻；但另一方面，学生又渴望教师在自己面前回到真实的自我，将权威的面纱揭开，展现出平等、民主的"日常生活的一面"来，成为"老师"和"朋友"的完美结合。另外，那些教师的年龄一般要比初中学生至少大十多岁，双方存在着一定的年龄差距和代沟，所以学生常常感到教师展现出一种权威的姿态和家长风度，从而使师生关系显得不够平等。而这种"同事"的角色，是基于个体的独立性。每个教师所承担的社会责任一致，应该以平等的同伴和朋友的姿态进行交往。可是，不管教师是作为"社会代表者"还是"同事"，对待人的态度不应该有太大悬殊，即不同角色之间的转换应该是流畅的，不应该在"前

① [美]欧文·戈夫曼. 日常生活中的自我呈现[M]. 黄爱华，冯钢，译，杭州：浙江人民出版社，1989.

台”和“后台”之间表现出过大的差距。一味地掩饰和避免学生闯入自己的“后台”,并不是处理师生关系的好策略。能够对同事亲切友好,为什么不能对那些善良、可爱的学生亲切友好?! 教师的权威并不是靠板着脸、厉声大吼来体现的,做好情绪控制,把握语言表达尺度,运用教育智慧来教育学生,更能体现育人效果。师生关系的相对平等性,并不是要求教师和学生以同样的行为内容展现自己,而是要求在行为性质上保持尊重和民主。这些学生并不是要求自己的教师毫无权威,而是希望他们在生活和教学中的表现差距不要太大,他们渴望在学校中同样享有日常生活的色彩,这一点教师本应该做得到。同时,教师在学生面前应该时刻严格要求自己,注意言行举止,给学生潜移默化的影响。同时,教师也要避免因言辞不慎或行为失当而对学生的身心造成各种伤害。学校教育本身存在问题,这也是导致师生关系恶化的原因,需要进行反思和修正。

(二) 实习教师带来的波澜

每个学年第二学期,各所师范大学的大四本科生都会前往中小学进行教育实习。2002 年 9 月,五班进入初二的第一学期不久,中文系的两名本科生便来到了 N 中学开展毕业实习,被安排到这个班级教语文,短暂的六周时间里,她们深受学生的喜欢。这两位女实习教师都很活泼开朗,充满了青春气息,与这些学生之间的年龄相差七八岁。她们喜欢听流行音乐,崇拜歌星影星,着迷于日本的侦探小说,在许多方面与中学生有共同爱好。所以她们与学生相处得很融洽,很能理解这些小弟弟、小妹妹的想法。班里的许多女生每天都围在她们身边,向她们诉说心声,有时还会跟随她们到大学校园里玩,或一起去餐厅和宿舍联欢。这六周的时间使学生对“老师”这个概念有了全新的认识,他们的学习生活也发生了变化。那段时间的周记里,学生几乎都写的是关于实习教师的内容,从实习教师第一次走进教室时的情景,到互相熟悉和亲密相处的感受。他们真实地表达了自己的留恋情感,用不同的语句记录下了这段珍贵的时光。例如以下这些片段:

短暂的日子

班上来了两位大学生,经过班主任介绍知道是实习的……起初,我们对她们没什么兴趣，因为我们对老师一向没什么好感。但是几日接触下来，我们的感觉发生了变化……她们和我们在一起时不像老师，更像是我们的朋友，经常看见她们和我们在一起嬉戏打闹。

有人说，幸福是很短暂的。开始我并不相信这句话，但现在，我必须承认……希望我们的离别也会让普通的事物变得不再普通。

像大姐姐一样的老师

大概是因为年纪相差不大，我们之间有许多共同的话题可以聊，比如流行音乐之类的。不过，天下没有不散的筵席，希望你们大学毕业后能找到一份称心如意的工作，永远快乐。

实习老师再见了

老师自己过生日却买了糖果给同学，老师，您的生日，应该是我们送给您才对。而您却不声不响……我感到欣慰，有了您这样的老师，我们祖国的花朵一定能健康成长，成为祖国的有用之才。

有的女生将自己的小秘密写在周记上，给实习教师看，恳求她们保密[①]，不要告诉班主任，并要求她们都给她写上评语。“对这两位实习老师，就像对我姐一样，什么话都能说。可惜再过几天她们就要走了，我咋办呀。她们给我的评语千万不要是教育我的话，一定要站在我这一边，否则我会伤心死的。这周记死都不能让其他老师看到，要不然我要倒大霉的，说不定会惹上大麻烦”。实习教师走后，这名女生说，“以前上语文课，我不喜欢听。但是实习老师在我们班的这段时间，她们上的每一节课，我都认真听了，也记好了每课笔记。但是，在她们来之前和走之后，上语文课我都是随心所欲，没有认认真真听过一节课”。

这两名实习教师对学生的周记认真地批阅并反馈，同时写下了自己的想法，建议同学之间多交流和讨论，这为师生之间的交流和同学间的相互学习

① 既然是写在周记上，就很难保密，班主任看到的可能性很大。所以，她们希望实习老师保密，更多是表达了一种亲密信任的情感。

提供了机会。那段日子，学生无论是在课堂上还是课后都感到非常快乐。他们认为这两名实习教师就像大姐姐一样，与学生有共同语言，能够理解和鼓励他们，彼此相处得非常融洽。更重要的是，学生认为，实习教师和原有的任课教师不一样，自己心目中所期望的教师形象，在实习教师身上基本上都得以体现。不过，学生也明白，“大姐姐”并不等同于“老师”，在大姐姐面前说的、做的事情，在真正的教师面前仍然不能展现，因为实习教师还不是真正意义上的教师。连实习教师自己也坦言：“现在只是实习，将来若真当了老师，恐怕也不能这样了，唉。”“也许真是这样，因为我们是实习老师，才能如此坦诚。所以，以后我们真的当了老师，只怕也不会像现在这样和你们玩得这么开心了。正因为如此，和你们在一起的时光才显得格外珍贵……我想告诉你，或许不是所有的老师都像我们这样，但也不是只有像我们这样才算是好老师。我们更像你们的姐姐，我也更愿意有一个像你这样的妹妹。”实习教师走后，学生似乎有些不适应，还很留恋她们。不过，几天后就恢复了原先的状态，这是小孩子很正常的表现。但是，这些实习教师带来的快乐成为学生成长过程中的一段难忘经历。她们毕竟在学生心中留下了深刻印象，掀起了一阵涟漪，也唤起了学生对“老师”这个角色的思考。

实习教师还不是正式的教师，她们之所以能够如此受到学生的欢迎，很大程度上是因为与学生之间的年龄差距较小，这使得她们更容易与学生“打成一片”。难道一旦真正走上教师岗位，就无法像学生所期望的那样了吗？融洽的师生关系是一种双向互动的格局，是生成性的，需要师生双方共同努力。而教师可以先向学生多迈进几步，表现出更多的人文关怀。正如一名学生所说，至少师生双方应该敞开心扉，分享彼此的所思所想，在学习中分享快乐和忧愁。这样会把彼此的距离拉得更近。也正如另一名学生所说，如今，时代发展迅速，教育活动与学生的需求已经不同于以往。学生在学校与老师接触的时间要比在家里与家长接触的时间多得多。因此，教师应该更多地了解学生，了解他们的思想和潜质，才能更有效地进行教育教学。不过，五班的不少学生明确表示，“就工作能力和专业水平而言，这些实习教师并不合格。她们既管不住班级纪律，上课又讲得不够出色，和真正的教师相比有所欠缺”。大家之所以喜欢她们，主要是因为她们能像大姐姐一样与学生互相交流和沟通，理解学生的内心。将实习教师和真正教师的长处结合起来，才是学生所期望的那种“好老师”。所以，实习教师带给学生的更多是一种学生所期望的师生关系的片段。

（三）师生间非正式交往较为缺少

学生与教师之间的交往根据教师在交往中所扮演的角色，可分为正式交往和非正式交往。正式交往通常是由教师的社会角色决定的，是教师完成其教育本职工作所不可或缺的一部分。这种交往由于与学校的教育目标有着直接的关系，它不仅受到交往双方的地位、权力和任务等因素的影响，同时也受到上级规章制度的约束。正式交往不但受到组织上的严格限制，而且在角色任务方面也有严格的规定。这种交往能使学生接受社会规范，尽快实现社会化，但也容易致使学生在与教师交往时产生恐惧感。

非正式交往由于不受时间、地点和人数的限制，在学校教育中占有非常重要的地位。这种交往是在需要、情感、兴趣、爱好等方面较为接近或一致的基础上形成的，在轻松和自然的情境中展开。因此，非正式交往常常能够起到正式交往所不能达到的作用。非正式交往有利于缩短师生间的心理距离，保持心理相容，减少对立情绪，促进学生良好个性的形成。

但是，在实际的中学环境中，师生间的非正式交往一般很少，也没有引起教师的足够重视。教师和学生之间的交往主要是一种正式交往关系，发生在课堂教学、班级活动以及课间等学校场所，即使在校外，他们之间的交往也往往是围绕学生的学习等方面展开。由于非正式交往较少，大多数学生在与教师交流和接触时，还是会表现出拘谨、胆怯和不自然。例如，当我请几位学生到校长室旁边的办公室进行访谈时，让他们去校长室搬几把椅子，他们每次都表现出很害怕的样子，探头探脑地喊着“报告”进去。由于非正式交往较少，学生对教师的威严感到恐惧，师生距离太远，直接影响了双方的互动，甚至可能引起误解和冲突。学生之所以和实习教师相处融洽，部分原因在于彼此之间多了一份非正式交往。从这个意义上说，实习教师的到来一定程度上弥补了师生间非正式交往的空缺。也正因为师生之间非正式交往太少，学生才会觉得自己心目中的老师和现实中差距太大，老师在学生和同事面前的言行举止反差太强烈。

在非正式交往缺失的情况下，我们所能了解的就是师生之间的正式交往情况，主要有亲密型、冷漠型和紧张型三种师生关系。按照五班学生自己的定位，“宠儿”学生和教师的关系亲密，“不顺眼”学生和教师的关系比较紧张，而其他大多数学生和教师的关系是疏远的。

“宠儿”学生就是师生交往中教师所偏爱的那些学习好、守纪律的学生，如班干部、“三好生”等。这些学生经常受到表扬和鼓励，获得的机会也多，并在同学中享有一定的威望。甚至有时教师因为对其的偏爱而忽视了他们存在的问题，从而引起其他学生的不满。在同学们看来，班长玲玲就是老师的“宠儿”，她长得可爱，为人沉稳，学习成绩名列前茅。所以，班主任对她比较包容，即使她犯了一些小错误也不会指责和批评她。她自己上课、上自习时有时纪律也不好，但还监督其他说话和做小动作的同学，并向老师汇报。这种偏爱和特殊待遇使得玲玲有一种优越感，在与同学交往时显露出一丝自骄自满，这也导致其他同学对她有了意见。实际上，类似这样的亲密型师生关系，在一定程度上就影响了学生的自我认识和自我发展。不过，整体上看，亲密型师生关系是教师和学生都努力追求和期望的一种师生关系模式。学生成为“老师的宠儿”大家一般以为会让学生充满自信，心情愉快地学习和参与各项活动，并保持良好的心态。然而，这未必意味着他们也觉得自己受宠，他们自己并不以为意，也不一定对教师满意和感激。在访谈中，玲玲就对“宠”她的班主任表示了强烈的不满：“碰到的每个老师，虽然年轻，但都很严厉，与爸妈一样，都不理解人。尤其是班主任，不让唱流行歌，上次全校歌咏比赛让我们唱《黑猫警长》的英语歌，真是！老师的观点就是‘我是老师，得让学生听我的话’。”她边说边用拳头砸桌子表示愤慨。可见，学生还是希望教师能公平对待他们，不要压制他们的兴趣爱好，不是一味地按照教师自认为对学生好的方式行事，而是按照学生认为好的方式对待他们。

“不顺眼的学生”是学生自己所用的口语词汇，是指那些学习差，行为习惯不良，纪律差，不听从老师的话，甚至给其他同学造成干扰的令人讨厌的学生。一些学生感觉到，有些教师对自己表现得不够耐心，出现问题要么责备其小学教师没教好，要么就是抱怨学生和家长，导致教育方法生硬、态度不好，心理冲突频发。这种情况造成师生之间感情疏远，甚至产生了矛盾和对立，形成了一种紧张型关系。学生之所以这样认为，也反映了他们对自己在班主任和其他教师眼里的形象和地位有一定的认知，也非常在乎这一点。教师对学生的态度直接影响了学生之间的相互关系。当学生较为认可那些“宠儿”时，他们可能会希望与这些“宠儿”建立友好关系，甚至会设法讨好他们；但是，如果学生并不认可那些“宠儿”，可能会产生一种敌对和逆反心理，认为这些“宠儿”是老师的“帮凶”或“心腹”，因而不愿意与他们交往。所以，同学们心目中的“老师的宠儿”并不一定是和教师同一标准。同样的，同学们认为“不顺眼的学生”，也希望教师看不顺眼，教师有与大多数学生一致的态度，才会使学生感到满意。学生希望教师们站在他们（学生）的立场上，这是建立良好师生关系的前提。这个问题与学生同辈群体交往的原则相关，将在下面的部分详细讨论。

其他学生。一个班级当中，大多数学生都位于学习中等、表现平常之列，他们与教师之间往往形成了疏远型师生关系。尤其是被同学们戏称为“木木”的学生，他们仿佛就像不存在或是边缘的人物，平时获得的教师关注很少。在任何一个集体中，这种处于平常地位、发展水平一般的学生总是占绝大多数。而个别教师往往将注意力主要集中在部分尖子生和后进生身上，有意或无意地忽略了对中等生的关心和亲近。有些学生本身就沉默寡言，师生交流较少，双方就逐渐产生了疏远感和隔阂。在这种情况下，教师就更听不到学生渴望沟通和亲近的心声，使得这部分学生在心理上感到被漠视、被忽略，遇到困难时，就有可能产生灰心失望、自暴自弃的情绪。

师生之间的冲突并不仅仅局限于教师和那些“不顺眼的学生”之间，而中间学生和宠儿学生，也会对教师产生不满情绪，从而引发一定程度的显性和隐性冲突。在课堂教学过程中的师生冲突最为常见。尤其是地理课、历史课、劳技课等“副课”上，教学常常被师生之间的冲突所干扰。除了停下来批评学生之外，一些教师常常采取将“滋事”学生赶出教室的举措。随后，他们就向班主任“告状”，导致这些学生受到语言批评、写检查等处罚。这种做法加剧了学生与教师之间的对立，进而增加了师生冲突的可能性，以至于下一次上课时，教师心里带着怒气和成见，而学生也满怀逆反和敌意。

很多时候，师生之间的冲突是由教师方面造成的。尊重学生，最主要的是要尊重学生的人格。学生最不能容忍的是那些损害他们自尊心的教师。对学生讽刺、挖苦、冷漠、体罚或变相体罚等方式，不仅伤害学生的尊严，也阻碍了他们个性的发展，只会激起学生的逆反心理和对抗情绪，加剧师生关系的紧张。所以，师生之间的互相理解和体谅是非常重要的。

师生正式交往中的冲突与非正式交往的不足密切相关。如果师生双方在日常生活中也能有一定的交流和了解，建立良好融洽的关系，将会给双方带来信任和理解，使得在正式交往中也能更加愉快和谐。有些教师意识到，学生不喜欢自己，自己也管不住学生，甚至不知道该如何才能行之有效。这正是因为平时和学生之间缺乏友好的非正式关系。教师的影响力并不仅仅依赖于权威和控制，更多的是建立在一种生活化的人格魅力之上，是学生能体会和感受到的一种真情。这样的情境下教育的效果才更好，师生关系才能真正做到平等民主。

由于师生间的非正式交往太少，有些学生害怕教师，平时也没有机会和勇气主动与教师进行学习活动之外的交往和沟通，所以，周记本逐渐成为学生吐露心声、宣泄情绪和提建议的场所。除了指定主题的周记外，学生还会在其中记录自己的快乐、烦恼和想法。周记的内容主要涉及对各科教师教学的建议、同学之间的交往、家庭故事、校外见闻和感想、班级事务以及自己内心的追求和向往等，他们都期待着教师给予回复。例如有的学生在“提议书”中提议自编作文，认为语文课上的一分钟演讲“实在太没劲”，每人的题目都一样，抽完下次又用；还有学生希望多提问自己，有的则“建议语文老师不要再命题作文，自由写作可提高我们的立题水平”。这些建议在周记中起到了“提建议”“表达希望”的作用。根据这些建议，教师也相应作出了调整和改进。尤其是在两名实习教师到来的六个星期里，周记本简直就成了师生对话和交流的直接通道，学生往往写很多内容，而实习教师都认真批阅并回复。这样的方式激励了学生更进一步抒发和呈现自己，并对教师提出了更高的要求“一定要给我写上几句”。从周记中可以看出，学生们坦诚直言，有什么说什么，没太多顾忌，“一吐为快”是其主要目的。有时他们并不一定期望教师能给他们一个实用的建议，仅仅几句回复和反馈已经让他们感到满足。许多学生也告诉我，他们喜欢这种通过纸条进行交流的方式，比面对面交流更舒服、更自然。有几个女生和我建立了这种“纸条交流”的关系，她们向我倾诉了一些内心感受，我都一一回复。可是，实习教师毕竟工作任务轻，六周时间里两个人共上 30 节语文课，没有其他任务，而真正的教师都有大量的教学任务和其他事务，要面对几个班的学生，所以无暇一一回复周记。不过，通过周记所写的内容，教师可以进一步了解这些学生及其思想认识。值得庆幸的是，即便学生对教师不满并提出意见，N 中学的教师也没有因此对这些学生抱有成见和偏见，而是带着尽量理解的态度去解读。可以说，这也算是师生间的一种交流吧。良师益友般的师生关系，将使学生终身受益。

二、同辈交往的表现与特点

同辈群体是指同龄人或相近年龄人组成的群体，主要存在于班级同学之间，与外班、外校同学以及与社会上青少年的交往中。同辈群体对学生的成长也有着重要的影响。有时，即使教师和家长反复教导的事，学生也未必听从或接受，但是来自同学和朋友的建议，学生反倒容易接受。这是因为，身在同辈群体中的学生不仅有着共同的心理感受和需求，还具有相近的爱好、兴趣和共同的行为倾向，彼此之间更容易产生认同，最能达到或造成相互转化与感染。当学生同辈群体中的积极的价值观念、行为倾向与学校的教育目的一致时，群体中的个体心理状态会更为正常和合理；相反，若出现不良的价值观和行为倾向，则会对个体的心理产生不良影响。例如，在学生中出现的不良英雄观、哥们义气以及唱反调行为等，可能会潜移默化地影响一些本来正常的青少年。在言行举止、穿着饮食和爱好等方面，同辈之间的相互影响和效仿也非常普遍。

学生同辈群体的交往可以分为正式和非正式两种形式。正式交往是根据学校的规章制度有组织、有目的地完成学习任务，对学生个性有着重要影响。例如，班干部与普通学生为完成教师规定的任务而一起合作，学生之间根据教师的倡议和引导进行互帮互助、学习竞赛与协作等活动。事实上，在我开展研究的五班中，学生之间的正式交往仅限于小组学习、小组值日和班委活动，教师在课堂教学中也往往只是和各个学生分别交往，在一定程度上忽视了引导学生为了学习和提高而建构正式交往的重要性。课堂上开展的合作学习和小组活动往往流于形式。相比之下，学生之间自发开展的非正式交往更为显著。学生不是根据教师的安排和指示，而是根据自己在班级中的地位、兴趣、性别等方面的差异与不同的对象进行相对稳定的交往，这种交往形式体现了同辈群体间的非正式互动。

（一）“小圈子”的交往

1. 大体情况

从学生之间非正式的同辈交往来看，班级中的几个“优等生”（其他学生所称）之间通常并不一定组成友好的同辈群体，而是分别和一些学习一般或较差，但有共同兴趣爱好的同学交往，有的甚至在班级里没什么交往对象。男生和女生之间主要是各自形成交往圈，但也有几个男女同学在分别拥有自己的小群体的同时，也互相有一定交往。此外，班级里总会有几名学生是大家眼里的“嫌弃儿”“孤立儿”。例如，在五班学生中，外号“哭包”的龙龙就不属于任何一个小群体，因为大家都“看他不顺眼”，他经常会掺和到其他同学当中玩闹，但没有深入交往的朋友。还有小强，他自己不愿意归属于任何一个小群体，但大家也不介意和他玩。当然，班里学习最好的同学并不是大家都喜欢交往的人，在一定程度上也比较孤立。

学生选择交往对象的方式反映了他们的交往态度，与不同的同学交往对他们的个性产生不同的影响。在五班里，“学习成绩好坏”不是学生选择同辈群体交往的主要标准，尤其男生更是如此。有的男生就说，“其实我们许多同学都不太在乎考第几名，更关注的是一个人在班里有没有威信，大伙是不是喜欢他，并不全是看他学习好坏”。许多学生在交往中并没有明确的目标，他们只是希望与有真本事、受人尊敬的人交往。比如班里有的男生在电脑方面很擅长，所以大家遇到问题都问他；有些同学体育好，其他人就喜欢跟他们一起玩；还有一些同学很有号召力，能把大伙组织起来，遇到问题时，大家都会听他的指挥；而有的学生敢于代表大伙说话，自己遵守纪律，以身作则，因此在同学中的威信就高。不少学生认为，学习成绩是个人自己的事，与他人无关。如果一个人不光是自己学习好，还能帮助别人，那么他在同学中也会受到尊重。有些学生甚至觉得，现在学习优秀的人大多都很自私，什么也不告诉别人，生怕别人超过自己，“这种人没劲”。可见，成年人与学生对理想人格的评价标准不同，在成人眼里学习好、听教师话的孩子，在学生同辈群体中并不一定受欢迎。

具体来说，男生和女生在同伴交往方面有所不同。在班级中，男生选择交往对象的标准主要是共同的体育兴趣和活动爱好，只要一起玩得开心就行了。此外，与居住距离、性格因素也有关系，而家庭经济状况、本人学习成绩以及是否担任班干部等因素并没有太大影响。并且男生之间的交往比较多维度，不局限于某个小群体，交往圈子相对较为松散。

女生的交往方式相对不同，学习成绩是她们选择交往对象的一个因素，但并非唯一决定因素。她们交往的同学一般是学习成绩差距不大、处于同一个水平的人，但更重要的是以做事风格、兴趣爱好和谈话投机程度为选择依据。班里几个女生班干部关系比较好，属于同一个小群体。女生之间的交往中，性格因素并没有太大影响，同一个小圈子里有人外向开朗，有人却内向沉默，有的风风火火，有的慢慢腾腾，她们在一起形成了互补。另外，女生的外貌体相特征反倒产生了一定影响作用。几个长得漂亮的女生关系很好，而一些体形较胖的女生也会形成一个小群体。由于就近入学的政策，N 中学的学生都是从同一所对口小学升学而来的，这导致许多学生在小学就已经是同学，而后又进入了同一所中学继续学习。从我所研究的这个班级的学生交往现状来看，女生小群体中，有些同学原本就是小学的好朋友，升入初中后仍然保持下来，并且逐渐增加了新成员。也就是说，女生之间的交往更注重持久和稳定。而男生的情况可能并不一定如此。尽管也有一部分同学从小学就是同班同校，但他们不一定会保持持久的交往关系。所以，男女生选择交往对象时的考虑因素可能有所不同。

同辈群体是个体社会化的重要因素。在儿童社会化的过程中，随着年龄的增长，同辈群体的影响越来越大。在现代社会中，家庭以外的社会化主要发生在儿童期。儿童在社会化过程中独立地学得两套系统，一套用于适应家庭内部生活，另一套则用于适应社会生活。虽然家庭对儿童幼时最初的社会化有重要影响，但随着时间的推移，这些影响逐渐减弱、淡化，被同辈群体影响所取代。因此，每一个儿童都必然要参与并认同于一个社会群体，在这个群体中学会在社会公众中的行为方式。

同辈群体在社会化中的作用与家庭、学校、大众传媒相比，具有其特殊性，主要表现为具有文化融合的功能。同辈群体往往是个人了解社会的一个窗口，是学生个体之间交流的理想场所。在同辈群体中，他们可以自由地沟通，交流各种信息。这种信息沟通使同龄群体的成员开阔了视野，而且由于每个人来自不同的生活背景，交流的过程也就是各种信息融合的过程。此外，同辈群体对儿童人格的塑造和定向起着重要作用。在传统社会中，人们主要以父辈作为自己的人格模范，但在现代社会中，同龄人成了更为重要的引导和定向对象，这就是米德所言的“同喻文化”。由于同辈群体中的成员有着相近的年龄、爱好、价值观及行为方式等，这使他们有更多的共同语言，因此，他们更容易找到自己理想的人格在群体中的投影。

总体上说，这些初中生在与同伴交往中遵循着一些基本原则。近年来，“诚信”的讨论和关注日益增多，社会的各个领域都在呼吁以诚信为本，初中生在人际交往等方面也不例外。无论男生还是女生，无论是哪个小群体，学生都以“诚信”为基本前提和首要标准，以实现“交朋友”的理想交往形式。他们用这样的词语表达了对朋友的期望和交友原则，即“诚信，义气，不出卖别人，不自大；幽默、大方、活泼、友爱、健谈；互相帮助并承担好坏，有共同语言；对学习没有特别要求，主要看重人品和个性”。

对于同学之间的交往，学生们都期望能有深层次的发展，成为好朋友是大家共同的美好愿望。在现代家庭中，孩子们多为独生子女，生活中缺少伙伴，父母辈的兄弟姐妹也不多，使得孩子们有一两个表兄弟姐妹都是非常开心的事。大家都渴望交流，害怕孤单，愿意与好朋友共享快乐，共同面对困难。

这些初中生在交友的原则和标准上主要集中在比较纯真、重视情谊的精神层面，而抛开了现实中的家庭经济状况、个人能力、学习状况等因素。不过，处于同一个同辈群体中，并不完全等于其成员之间都是好朋友，学生们的认识是“玩伴”不等于“知己”。寻求知己，是每个学生都在追求的目标。当他们获得一份真挚的友谊和信任时，会感到无比兴奋和快乐，因为这才是心灵与心灵之间的交流。可以看出，学生之间成为“知己”和好朋友，并不一定需要公之于众。平时交往不密切或不频繁来往的学生之间，有时却能以诚相待，奉行“君子之交淡若水”的原则。这反映了初中学生已经意识到“朋友”并非轻率之词，而是一种需要慎重对待和珍惜的关系。不过，从学生形成小群体的行为看，他们的认识还不够成熟。将自己固定在同辈群体中，而不是广泛地与其他同学交往和交流，在很大程度上不利于学生的个性发展。这种行为往往被教师和家长视为“哥们义气”“两肋插刀”的“江湖习气”，可能不利于班级同学之间的团结。一个同辈群体内部会有一些微妙的关系和矛盾，有时通过内部解决，有时借助教师和其他同学来处理，这本身就反映了同伴并不等同于好朋友或知己。所以，这种行为反映出一种符合初中生年龄特点的矛盾性认识和表现。

2. “小圈子”间的异同

这个班级里的学生中形成了几个小群体，他们自称为“小圈子”。性格、兴趣爱好、谈话主题、家庭背景和居住区域等，都成为学生形成小群体的因素。一般而言，学生的交往方式可以分为攻击、自主、退缩三种基本方式。具有攻击性的学生在交往过程中对他人表现出的反应比较强烈，行为上表现为不合作、争斗、攻击，可能侵犯同学的利益和尊严。他们往往会遭到同龄群体的拒绝和回避，因而在人际交往中可能会受到孤立。具有退缩性的学生不敢主动与其他人交往，心理上表现为害羞、冷淡、孤立，行为上表现为被动、回避、疏远，在不得已情况下所进行的交往中，表现出很强烈的自卑感和压抑感。而具有自主性的学生在交往过程中表现出适度的反应、自然大方、开放坦诚，敢于表露自己的思想感情，乐于与他人合作。当受到冒犯时，他们也会做出反应，往往既能维护自己的利益，也不会损害他人。在这三种交往方式中，只有自主性交往才有利于学生个性向积极健康方向发展，体现出一种良好的同辈群体交往状态。教师也应大力培养学生这种自主性的交往方式。

我从观察和访谈中发现，几个学生小群体内的活动内容和行为方式并没有太大的区别。以玲玲为首的一个女生小群体，她们有着共同的审美标准和爱好兴趣，主要活动包括玩耍、谈论或购物，比如说买小饰品、包装纸，拍“大头贴”(一种镶嵌图案框的一寸小相片)，一起品尝小吃，甚至共同商讨应对家长管教的策略。她们也会互相吐露秘密(包括对异性的评价)，倾诉苦闷等。可以说，她们主要一起进行生活和娱乐方面的活动。所以，她们的家长很希望她们能在一起讨论学习。而另两个女生小群体(分别以昊昊和彬彬为核心)，主要是一起做功课，同时也会谈论歌星，互相串门做客、一起购物，或者共同对付不友善的男生。另外，由波波等人组成的“搞笑”派则是男生中比较典型的同辈群体，他们几个人兴趣相投，喜欢搞笑、恶作剧，“鬼点子特别多”，有时也会和女生一起玩闹。其他男生之间没有相对固定的小群体，学习最好的鹏鹏在班里没有特别要好的朋友，但常和几个同学一起玩。华华的学习成绩总是位居第二名，与鹏鹏形成了一种竞争关系，在班级里他们不多交往，而华华和其他同学的交往也极少，只和他的同桌一起玩。无论这些小群体的学生在一起做什么，他们都受到了自己圈内同伴们的关心和鼓励，得到了认同和欣赏，从心理上获得了一种归属感和满足感。学生们都在寻找让同辈群体接纳的行为方式，因为只有被群体接纳了，他(她)们才会感到快乐。

几个小群体的活动和交往规则确实有所不同。例如，玲玲所在的"小圈子"不和其他两个女生"小圈子"来往，除非是任课教师要求同学之间合作完成学习任务。因此，这种行为被其他女生认为是高傲的表现，引起了她们的不满。昊昊的"小圈子"尤其与玲玲等人之间有一定对立情绪，这一点被班主任和部分同学看在眼里，认为有些女生搞不团结，形成了明显的小派系局面。玲玲是那个"小圈子"的"头儿"，作为班长，她在班里本来就比较有威信，甚至连男生也比较拥护她，所以在自己圈内也很有威信，起着重要的作用。尤其是在处理"圈内事务"上很有办法，得到了大家的支持。这些学生眼里最重大的"圈内事务"就是对违反规则、伤害了大家感情的成员进行"惩罚"。有一次，玲玲所在的圈子中的一名女生(也是班干部)表现出了令大家不满的行为，大家觉得她"阴险、虚伪"，无法容忍，就和其他同伴商量后决定不理她、孤立她，最终，这名女生只能道歉、求和。一段时间后，大家又和好了。

昊昊所在的"小圈子"也发生过一件事情。一名女生放学后经常和一名高年级男生去游戏厅玩，被其他同伴发现后，报告了班主任。班主任随即带人把她揪回来批评，并提醒她不要和那名男生交往太多。但是那名女生并不知道是自己圈内同伴告密。尽管这件事对那名女生没有造成太大的影响，但告密的同学却有些内疚和不安，通过写周记向语文老师请教"那样做对不对"。语文老师便帮她分析了利弊，认为出于对同学帮助的角度是正确的，相信那名女生也不会怪罪。此后，大家还是相处得比较和睦、友爱，当然，那名女生也不再去游戏厅与高年级男生玩了。

彬彬那个"小圈子"没有发生过内部"矛盾"，其成员主要是小学时的同学，她们从小就比较要好，所以彼此之间的了解和磨合更为融洽。她们的学习成绩大多处于中上水平，其中一人的学习稍差些，但她们经常在一起写作业，互相帮助，彼此欣赏。后来(初二第一学期一开学)，圈子中的一名女生转学走了，但很快新转学来的另一名女生就加入了她们。其他人都夸赞她学习好，行为举止大方，开朗。她们下课后一起玩，"东聊西聊，东扯西扯，聊明星、同学等各种话题，想到什么就聊什么"。

各个小群体内都有各自的规则，只有共同遵守这些规则才能维持“小圈子”内部的长久稳定。这些小群体为各自的成员提供了一种归属感和支持感，有助于大家的共同成长。不过，家长和教师都不太希望学生之间只是闲聊而不谈学习，都希望好朋友们在一起多讨论学习，互相帮助，共同提高。实际上，学生在一起应该谈论和做的事情应该更加广泛，既谈论学习，又涉及其他感兴趣的各种话题和活动，彼此协作和帮助是更好的同辈群体交往方式。

（二）几种特殊的交往形态

1. 与“混混”交往的实质

家长和教师最担心的就是孩子交友不慎。可是有个别同学和外校青年有来往，而那些人被认为属于“混混”[①]。由于受到国外影视、书刊的影响，一些极个别的青少年学生也热衷于组成“帮派”，其中有威信者称为“老大”，手下有几个兄弟听其指令。在我所研究的班级里，大家认为有四人与这些“混混”有联系，包括一个叫文文的男生，还有三名女生。之所以有如此想法，是因为班级里的一些同学看见文文经常在网吧里结识一些“外面的朋友”，主动和他们交谈，一起玩游戏，甚至替他们付账。至于怎么识别和辨认出哪些人是“混混”，同学们的理由是，他们的穿着和普通青少年不一样，他们染发，穿着最新潮的衣服，身上挂着很多小饰品，书包上绑个小毛巾等。而且他们的走路姿势也很怪，一摇一摆的，看起来“很横”。同学们认为，文文结交他们是为了巴结逢迎他们，以便能帮助自己，给自己撑腰，狐假虎威。因为文文平时就爱欺负同学、摆威风。但是，交结“混混”是要付出代价的，文文除了经常请他们吃饭、打游戏之外，还受到他们的勒索。尽管如此，他却不得不听从，因为他惹不起。其实，这些所谓的“混混”就是某中学的初三学生。

女生与“混混”的来往主要是通过交“男朋友”。其实，对于初一、初二的学生来说，男女交往并不意味着真正的谈恋爱，充其量只是异性之间的一种好感和吸引。可在其他学生看来，凡是与异性同学个别交往较多的行为就是

---

① 受到影视剧的影响，学生将重江湖义气、奇装异服、拉帮结派、打架斗殴的学生或社会青年戏称“混混”。这些人往往逃学、不交作业、有一定问题行为，甚至个别具有暴力倾向和参与校园欺凌的行为。

"早恋"。大家普遍认为，"正常来往还是必要的，互相帮助也应该，最重要的是男女之间不应该产生早恋"。因此，怎样是正常交往，怎样才算是谈恋爱，需要进行明确的界定。在中学里经常会出现这样的情况，高年级的男生会主动结识低年级的女生，一起玩耍和交谈，他们会向其他同学宣称"这是我的女朋友"，表达自豪和炫耀之情。学校教师和家长对这类"早恋"现象非常敏感和担忧，一旦发现有苗头立即采取措施进行教育。这样做可以避免学生在交往上出现失误和行为上的互相伤害，以防影响学业和品德发展，同时也防止其他学生盲目效仿。但是，很多时候，将单纯的异性交往当作"早恋"来处理，就会伤害学生的自尊心和情感，带来一些不良后果，尤其是使学生产生逆反心理，反而真的谈起恋爱了。N 中学的一位常年担任班主任工作的教师就很有同感，她每次都以非常慎重的态度处理这类事情，既提醒学生要注意异性交往，以友谊促进学习，又会防止他们产生心理负担或逆反情绪。这两名有"混混"朋友的女生，学习成绩名列前茅，各方面表现尚好，同学们也并没有因此而对她们评价不好，而是一分为二地具体看待这个问题。可见，初中学生对别人的评价和判断逐渐走向全面和客观，这与他们接触到大量的信息和评论有关。并且，他们对同龄人的生活比较理解和了解。不过，少数学生行为可能表现出青春期的叛逆心理和模仿心态，这些都需要教师和家长重视，加以适当引导和教育。同时，需要关注与"混混"来往的背后是否会助长校园欺凌的可能性，这是教师和家长更应该关注的问题。

2. "早恋"[①]故事的思考

据 N 中学的教师观察，该校的初三学生中已出现了"早恋"的苗头，而初一和初二年级尚未出现这种迹象，尤其是我所研究的这个班级，教师们认为"这一级学生普遍比较单纯"。但是，在班级学生日常的玩耍、交谈甚至玩笑中，可以捕捉到一些关于异性交往的看法和故事。从我开展的几次访谈中就可以有所了解。初一年级时从外校转学过来的莹莹，就是全班同学都喜欢与之交往的女生，因为她随和、友善，热心帮助同学。后来，她担任了班里的学习委员，尤其擅长英语，经常在自己家里给班上同学补课，帮助他们提高学习

① 我并不赞同使用"早恋"这个词语，因为它表明了一种价值判断，并且有夸大之嫌。实际上，这主要是指男女同学之间交往频繁、过密的一种表现，可能带有一种朦胧的好感，并不一定等同于成年人所谓的谈恋爱。

效率。而且，她在与同学交往中表现良好，没有表现出什么坏毛病，大家觉得她性格好，有涵养，善于包容。她的同桌是个性情文静的女生，非常佩服莹莹，常说“她什么都比我好”。所以，莹莹成为几个女生“小圈子”争相交往的对象。男生也愿意和她交往，这导致了几个男生经常夸奖莹莹并主动与她交往，从而制造出了一些“绯闻”。同学们发现，别人的话文文不听，但是他听莹莹的话，于是同学们打趣说文文喜欢莹莹。另外，还有一个男生小军也经常夸赞莹莹，所以同学们又说他和文文是“情敌”。一次访谈中，几个男生戏称“小军有早恋心态”，并向我讲述了小军写信给莹莹告白的故事，引起大家大笑。于是小军郑重地解释说：“我是清白的，他们都误会了。其实是文文喜欢莹莹，这一点很清楚。文文还说‘没看过别人谈恋爱啊？’文文还说和我是情敌，体育课上接力跑时，他要和我单挑，但我没理他。我没有别的想法。”小军常会打趣地说，“我爱好‘追漂亮美眉’，可惜的是‘美眉都不理我’”。不过同学们反映，“他只是说说而已，真正到了女生面前就不敢这么说，而是红着脸搭讪说‘你饭吃好没？’”这在男生之中传为笑谈，倒也真实反映了男女生之间存有好感，但并不是真正的“谈朋友”。大家基本上都明白这一点。女生一致认为“这时交男朋友不好，年龄还没到”。

从上述情况来看，对待异性交往，这些初中生基本都明白其中的道理，很多行为和言语只是出于“好玩”，同学之间的打趣，并不是一种“早恋”现象。如果家长和教师过于敏感和猜疑，反而会让学生“弄假成真”，真谈起恋爱来。不过，现在初中生的身心成熟期提前，影视、小说、流行歌曲等媒体呈现的有关青少年恋情的内容（例如《流星花园》《我为歌狂》），都会给他们带来潜移默化的影响，让他们欣赏和效仿，所以，适时引导和提醒，进一步帮助学生树立良好健康的交往观，是至关重要的。

所谓初中生“早恋”其实是刚步入青春期的异性之间的一种朦胧的好奇感。这份未成熟的感情该是纯真的，也可能是幼稚的，同时也体现了情感的不稳定性和结局的不确定性。大多数青少年之所以会陷入这种情感中，主要是为了得到一份关爱的感受，并未深思它所能引发的负面影响。当然，中学生不该过早地以“成人化”的形式来表现这种情况。作家吴一舟所著的《被爱打扰的日子》就是一部全面描写中学生早恋的青春小说，讲述了一群高中生在青春萌动期所发生的一系列朦胧的爱情故事，作者提出了鲜明的建议：“毕业了，再相爱！”“我就是要让这抹美丽的彩虹堂堂正正地挂在蓝天上。”

某些不恰当的教育方法也可能成为“早恋”产生的因素。家长和教师有时过分的担忧、严格的管制，反而会激起年少气盛的中学生叛逆心理，导致他们干脆弄假成真。为此，学校教育和家庭教育中都应正确引导学生，让他们恰当地把握与异性同学之间交往的尺度。通过让他们逐步理智地认识到自己现在谈恋爱的条件还不成熟，以及这种行为的不适当性，帮助他们形成正确的价值观和行为准则。性成熟是自然现象，但它并不意味着是无法控制的。每个人都具有理智和自我约束能力，也有自己的道德观念，中学生也不例外。青春期教育可以有多种渠道，包括青春期教育进课堂，开展主题讲座和同伴教育，以及组织主题班会等。家庭教育和社区教育也要予以配合，要引导中学生正确对待性成熟。我们要引导中学生清醒地认识到自己成长发展过程中的主要任务。青少年时期是每个人积累知识、增加社会经验的时期。在这个阶段，学习提升自己才是主旋律，而且，此时的个人在心理上还没有完全独立，经济上也要依赖家长，根本不具备任何谈恋爱的条件。不过，学会和异性正确地交往，在交往中认识异性，是中学生青春期教育的重要组成部分，也是他们逐渐走向成熟的必要环节。

整个社会都应该肩负起未成年人成长的协同育人责任，为学生创造一方纯净的天空，尽可能消除新闻传媒、影视报刊、网络文学和游戏等产生的负面诱导作用。在价值观、审美观多元化的当今社会，由于网络、影视、书刊等宣传工具的不断发展，信息传播越来越广泛，其中也包含各种形式、内容的性信息，对中学生产生了潜移默化的影响，使他们在不自觉中模仿成人之间的谈论和举动，学校、家庭和社会应该采取“宜疏不宜堵”的态度，正视这个问题，适当加以引导和提醒，帮助男女生建立起纯洁的友谊观念。以下是一篇新闻报道中的内容，上海市SX中学的做法值得借鉴。①

SX中学学生讨论异性交往“早恋”话题

“青春健康”国际合作项目课题在SX中学试点已有几个年头了，学校的青春期教育开展得十分细致、扎实，贴近中学生身心成长的规律，如

① 摘自《新闻晨报》，2004年12月14日。

最近展开的关于异性交往话题的讨论，成为全校学生议论的焦点，学生们的观点既不乏热情，又十分理智。

男女生之间可以互补互助：这是校园内一个十分敏感的问题，我们必须正视它。我们终将走出象牙塔，步入社会，也会有异性伴随终老，可是目前，我们还是应该以学习为重。我们提倡一切正常的交往，男女生之间可以相互帮助、共同进步。我们不提倡不正常的交往，在社会阅历不深，还看不透早恋这一行为所带来的恶果时，我们不能做伊甸园中的夏娃与亚当——偷吃禁果。

高一(9)班×××

穷追猛打不如实话实说：可以说，早恋处于一个非常敏感的领域，有早恋现象的学生在师长面前通常会矢口否认，他们不愿教师总盯着这件事不放。对于正常的情感萌发，教师该保持平和的态度，期待完全消除可能不现实，与其穷追猛打，不如实话实说。

教师可利用讲座、咨询等形式，从心理和生理等方面对学生进行青春期教育，运用科学知识帮助他们解读青春的疑惑。家庭对学生有着强大的亲和力，孩子言谈举止的细微变化难逃父母的眼睛。然而，随着年龄的增长，我们并非事事都愿向父母倾诉。其实，两代人出现代沟并不奇怪，重要的是家长能够倾听我们聊聊闲事趣闻，理解我们情感上的变化。若等到事情已初见端倪再来硬性遏制，往往会适得其反，加剧双方的对峙，不利于问题的解决。所以在对待早恋的问题上，有效疏导比强硬“堵”更为重要。

高二(7)班×××

正常交往无需过多技巧或刻意：在处理男女生之间的交往问题时，要注意两个关键点。首先，要避免闲言碎语的传播。人言可畏，一些流言蜚语可能会给人带来沉重的心理压力，使原本就处于懵懵状态下的男女生关系非正常化。其次，心态要放平衡。这是一个充满梦想的年龄段，爱做梦也许是我们的通性，但在男女生交往中，过度敏感是十分危险的。我们要理智地对待男女生之间的交往，正常交往不需过多的技巧或刻意，只需超越自己的负面心理。

高一(2)班×××

早恋不等于特立独行：现今的学生或许都带有一些叛逆心理，喜欢做大人们不允许的事情，以显得自己特立独行，其实这种行为往往是幼稚的表现。在这个年龄段，学习社交是应该的，善于人际交往也是一件好事。但在社交上一定要掌握好度，处理好相互间的关系，这样才有益于自身的进步与发展。我们认为学校应丰富学生的课外活动，组织他们参加尽可能多的集体活动，这样才能促进团结上进、互助互益的良好异性交往风气的形成。

高一(2)班×××

将萌动感觉化为学习动力：青春期出现情感萌动是正常的，但老师希望大家能把这种萌动的感觉藏在心中，内化为促进学习的动力，并要求我们在男女生交往方面把握好尺度。对此，同学们表示赞同，许多同学还分享了自己的见解，认为男女生之间的交往应该是大方而积极的。如果存在明显的隔阂，可能会有碍学生心理的健康发展，所以正常的同学交往是值得鼓励和提倡的。

高三(8)班×××

把握好爱情和友谊的"度"：男女生早恋是学校屡禁不止的现象之一，形成早恋的原因大多是缺乏对爱情的正确认识。我们提倡的是男女生之间进行健康、适度的交往。然而，青少年往往很难自行把握好这个"度"，这时老师和家长的帮助就显得尤为重要。老师不应在同学们面前大肆宣扬，而是可以单独约谈学生，以正确的方式让他们认识到自己目前应该专注于学习而不是恋爱，并希望他们能正确对待这个问题。

高一(1)班×××

"两人世界"不合学生身份：男女同学之间的合理交往和相互帮助，对提高工作效率和质量有着显著的积极影响。但如果男女同学将生活狭隘地局限在"两人世界"里，这显然不符合中学生阶段的需求。中学生的首要任务是学习，特别是考虑到他们正处于不谙世事的朦胧时期，过早或过密的异性交往只会耗费宝贵的时光和精力。与其将来为自己幼稚的行为而感到后悔，不如现在就确立正确的异性交往准则。

高三(9)班×××

SX中学男女生交往八大规范

SX中学根据《未成年人保护法》和上海《青少年保护条例》的有关规定，制订了下列男女生交往的“八提倡、八不提倡”的规范。

(1) 交往对象：提倡男女同班同学多交往，不提倡男女生跨班、跨年级，更不提倡跨校，甚至跨行业交往。

(2) 交往范围：提倡男女生集体交往，不提倡男女生单个密切交往。

(3) 交往场合：提倡男女生在校内交往，不提倡男女生在校外，尤其在娱乐场所交往。

(4) 交往内容：提倡学生交往多谈学习、工作等健康内容，不提倡同学交往谈吃、谈穿、谈玩。

(5) 交往形式：提倡学生交往重精神轻物质，不提倡学生交往送礼。

(6) 交往举止：提倡男女交往讲究文明，举止言辞得体，不提倡男女交往动手动脚，肢体接触。

(7) 交往指导：提倡男女交往主动听取长辈的指导，不提倡背着长辈特别是监护人交往。

(8) 交往虚实：提倡男女生交往在现实环境中进行，不提倡男女生在网上交往。

(三) 同辈群体交往的特点

1. 学生间交往的形式日益多样而不稳定

由于交往的目的和对象各有不同，交往形式呈现出多样性，并且互相交错，缺乏持久性。前面提到过，男生的同辈群体交往形式相对比较松散，基于“诚信”前提，以共同的兴趣为主要纽带，在交往中渴望互相理解和帮助。有一段时间，几个同学放学后凑在一起去踢球、骑自行车等，逐渐建立了亲密的伙伴关系，整天在一起，形成了一个小群体。但是，随着时间的推移，天气发生变化，室外活动减少，不再方便去户外运动，于是这个小群体逐渐松散乃至解体了，其原有成员分别加入其他群体。有几个男生很有趣，尽管彼此同班同学快两年了，才发现他们都住在同一个小区。于是，他们上学和放学结伴而行，并在周末一起出去玩，互相串门，成为亲密伙伴。女生的“小圈子”相对封闭和稳定，彼此寻求一种精神上的交流，互相倾诉内心的感受。但是，一旦成员之间发生矛盾和摩擦，“小圈子”就有可能出现分化，部分成员可能会被孤立排斥，而另一部分可能会加入其他小群体。男女生交往中存在一些共同点。有些学生同时属于两个或两个以上的小群体，他们可能因为学习的需要与某些同学互帮互学。同时，他们也可能因为共同崇拜某个明星而与另外几个同学交往，一起谈论和欣赏流行歌曲、看演唱会等。就像昊昊的“小圈子”中有一个女生和彬彬的“小圈子”中的同学关系较好，有时会一起参与一些活动。而玲玲的“小圈子”中有一个女生，由于与其他同学有些小矛盾被疏远了，不久她便和几个男生在一起玩了。还有几个同学和班级同学的关系都不错，虽然他们并不固定地属于某一个小群体，但是大家都喜欢和他们一起玩。

这种局面促进了同学之间更广泛的交往，而不仅限于和自己小群体内的成员交往。这在一定程度上有助于消解同辈群体可能带来的不利影响，促进同学之间的团结。同时，也反映出初中学生情绪不稳定、喜好多变，以及处理同学交往关系时可能显得意气用事，不够成熟的现实。

2. 学生渴望广泛交往，拥有众多友谊

同辈群体的交往并不仅限于同一个班级的学生之间，许多学生和以前的同学也保持着联系。尽管是按照划片就近入学，但是也有相当一部分学生小学毕业后选择了其他中学，虽然不在同一个中学就读，但因还住在同一个小区，仍能保持交往关系。他们在见面时会互相谈论自己学校的事情，相互督促和帮助学习。有的学生甚至在周记上写了《给小学好友的一封信》，倾诉自己的学习心得和感想，描述自己班级和同学的情况，向好友表明了自己的学习目标和奋斗决心。还有的学生是在初二才转学到N中学来的，但他们依然和自己以前的中学同学保持着联系，继续维持着他们的小群体关系。

另外，班级里有几个学生与自己的表姐妹、表兄弟形成了同辈群体。由于年龄相差一两岁，相应差一两个年级，他们组成的同辈群体相对比较稳定和亲密。在这个群体中，他们之间不存在学习上的竞争，而是互相支持和帮助。年级较高的学生经常给年幼的表弟妹们辅导功课，分享学习和生活经验。被全班孤立的“哭包”龙龙，就和他的表哥关系密切。表哥常常来学校帮助他摆脱班级学生的“欺负”，尽管常常被“打得落荒而逃”，但班里同学都认识了他，也常常取笑他帮不了龙龙反被打的狼狈情形。另外，有一名女生和自己上初三的表姐住在一起，成为彼此的知己。表姐给她很多学习经验，提醒她努力学习。所以她就早早了解到了表姐初三年级学习的紧迫情况和升学压力，为自己的学业制订了早期计划。这种小群体是以亲情为纽带形成的，比一般的同辈群体更为稳定，互相的信任和依赖程度更大。

一方面，过去的同辈群体活动相较于现在有所减少。在过去，尤其是多子女的时代，家庭中的兄弟姐妹可以说是孩子们最频繁、最容易接触的同辈伙伴。每个家庭的孩子都可以彼此做伴，甚至他们之间还有彼此照顾的义务。他们在家庭中学会了合作，了解了人与人之间相处要如何宽容与容忍，了解了年长者对年幼者的责任，以及如何解决冲突等技能。然而，如今随着家庭伙伴关系的减少，这些独生子女的同辈群体更多的是在家庭以外的同龄伙伴中建立起来的。相对来讲，同辈伙伴中的活动大大减少了。这种情况的出现部分原因是课业负担的加重和家庭居住环境的变化，儿童与伙伴面对面交往的时间越来越少。这导致今天的孩子不仅更难学到蕴藏在这些活动中的合作、交往方式和技能，也更难获得与这些活动相关的情感因素，如同情、关心、怜爱等。

另一方面，正因为同辈伙伴较少，孩子们更倾向于自主探索客观现象，如玩具、动植物等。随着探索活动的进一步开展和深入，儿童就需要寻求志同道合者，主动拓展自己的交往范围。因此，交往的形式越来越具有开放性和多样性。网络、电话、书信等形式都成为同辈群体交往的重要方式，这种交往常常是一对一地进行。学生"煲电话粥"的现象很普遍，部分学生也开始在网上聊天交朋友。值得注意的是，网上交友使儿童的交往进入了成人世界，增大了危险性。许多中学生更多地倾向于通过网络和电话形式进行交往，而书信交流较少；随着网络交往方式的快速发展，面对面的同辈群体交往有所减少。优越的生活条件带来了便捷的人际交往方式，但也限制了那种真实、自然状况下的交流。

3. 同辈群体的影响具有差异性

由于社会文化的多元性所造成的文化选择的多元性也影响了每一个家庭，每个家庭的文化同质性越来越小，而差异性越来越大。尽管孩子们的交往范围相对较小，但他们接触的同龄人来自有着不同政治、经济和文化背景的家庭。来自不同家庭的孩子在交往中必然会促进差异文化的交流。这些孩子们会将交流的结果带回各自的家庭，进而间接影响各自的父母。今天的儿童在同辈人的交往中有时能形成与父母完全不同的价值观念和行为方式。这也是许多家长抱怨孩子越来越与自己不同的一个重要原因。

（四）同学之间的欺负现象

校园里同学之间产生欺负和伤害的问题被称为“校园欺凌”，这一现象让许多学生担惊受怕，直接影响了学校教育的正常开展，也影响了学生的学习和健康成长，越来越受到学校和社会的关注。

在N中学，虽然也存在着欺凌现象，但近年来并未发生过严重恶性事件。相反，只有一些班级的学生受到了一定程度的侵扰。从性质上来看，这些情况还不能算是校园欺凌。

1. 层出不穷的恶作剧

班级里的男生以“恶作剧”为目的对个别女生进行“欺负”的行为主要表现为：揪女生的头发、藏文具和雨伞；故意用胳膊碰撞正在写字的女生；拿书等物品敲打她们的头。这些行为常常会引起对方的反击和回敬，于是你来我往展开几个回合的“交战”，之后才平息下来。女生们普遍认为：“喜欢欺负同学的人就是文文，他很讨厌，做出不三不四的动作，还喜欢摸别人。他还打人，但打不过的人他就不打，好打的就一直欺负，谁不敢打他，他就欺负谁。他经常拉女生的头发，有的还被他弄哭了。他还用言语欺负别人。上课时总爱回头说话，谈游戏机的事，还故意碰掉别人文具盒。”除文文之外的其他同学主要表现为一种玩耍中的“打闹”行为。当然，这种行为一般是以男生的胜利而告终，女生感到自己受了欺负，而男生却觉得好玩。于是，女生眼中就有几个男生是经常欺负同学的“坏蛋”，她们认为“男生就喜欢欺负人”。

尽管如此，这种恶作剧式的行为成了男女生之间一种特殊的交往方式，好像“不打不相识”。例如，一个男生经常在上课时偷偷地揪前排女生的头发，有时还拧她胳膊。于是，这个女生将风油精撒在自己的头发和衣服上，以至于那位闻到风油精就肚子疼的男生不敢再“欺负”她。另外，还有两个男生，课间坐在座位上把脚伸出来，每当女生经过时，他们就故意绊倒她们。不过，这些同学之间关系不错，恶作剧反而增进了彼此之间的友谊。《流星花园》播出后，一些学生效仿剧中男孩用贴纸条来表示要“整人”的方式。但是绝大部分学生认为，这种行为是欺负同学的表现，不是简单的恶作剧。所以他们认为这种行为不好玩，不可取。

从整个班级的状况来看，尽管班干部以女生居多，但男生比女生更活跃。无论是进行搞笑还是捣乱活动，无论是参与课堂学习，还是策划、组织和实施班级各项活动，男生都扮演了主导角色，而女生则显得有些被动。

同学之间搞一搞恶作剧，通常并无恶意，但如果对方不喜欢或不接受，其结果往往会被视为欺负人的行为。所以，把握分寸十分重要。互相尊重应是同辈群体交往的前提。

2. 以强欺弱的现象

如果说，班级里男生对女生的恶作剧还不算“欺负”，那么成为“众矢之的”的龙龙的遭遇就反映了“欺负”的实质。这件事成为学生们茶余饭后的话题，并且让他们在我的访谈中津津乐道。大家一致认为龙龙很讨厌，怎么看都不顺眼。龙龙也成为群起而攻之的对象，大家称他为“寄生虫投胎”“十三点”“出气筒”“哭包”等。他常常被文文欺负，还经常与小强等人发生肢体冲突，甚至有时在任课教师面前都会发生冲突事件。语文老师讲述了她所见到的一次事件。龙龙随手拽了一个同学的衣服，对方反手便打他，出手很重，于是他趴在地上哭了起来。一般情况下，和别人对打几个回合之后，往往以龙龙的战败和哭泣而告终。有同学告诉我，龙龙有时一天挨打三次。

对于这样一个老受人欺负的学生，同学们并不怎么同情他。有学生说，“反正全班同学都看他不爽，你不管问谁，全班都不觉得他可怜”。为什么会这样？因为龙龙爱挑衅别人。他总是先动手招惹别人，或者说一些挑衅的话，于是就招致反击。虽然每次都是他打输了，但逐渐的他的“打架技术有了很大长进”，还手能力提高了，有时能占点小便宜。例如有一次课间，他将腿脚伸开，结果一个男生踩到了他，于是他就破口大骂，结果双方打起来了。另一个同学过来凑热闹，对龙龙说，“兄弟别怕，有我在”。龙龙并不领情，反而踢了他一脚，于是这场战斗成为“两打一”的局面，龙龙被打倒在地，那两个同学也被打肿了鼻子。班主任闻讯赶来，将那两个男生叫到办公室批评，龙龙委屈地哭着回到座位。但是，班主任了解情况后觉得龙龙也有错。当那两个同学做了检讨后得意地回到教室时，龙龙已经擦干了眼泪，居然笑嘻嘻地回头看他们。龙龙曾让他表哥来学校为自己“报仇”，结果也被打得落花流水，让全班同学嗤之以鼻。

对于这种特殊的欺负行为，我们可以从几个方面来看。第一，全班同学都不同情龙龙，主要是因为他总是主动挑衅别人，而且无论是否打得过，这显然就是“自找的”。结果女生讨厌他，瞧不起他；男生则“看他不爽，他是很难过的一个人”。这种态度让别人就将打架之事首先归罪于他，所以不会同情他。当然，同学们对待他的这种态度也并不正确，不应该因为讨厌某人就希望他挨打。第二，由于他的主动挑衅行为，早就得罪了许多同学。一些男生甚至回忆起上小学时和龙龙一个班，龙龙曾叫他表哥来打他们，当时个头小、打不过龙龙，所以现在因为过去的宿怨而想要“报仇”。即便龙龙不再主动挑衅，他们也会找机会加以挑衅。第三，学生普遍持有“欺软怕硬”的心态，看到龙龙如此不经打，又爱哭，他们觉得他软弱好欺负，因此都想找他的麻烦。此外，龙龙自己也没记性，似乎也“不记仇”，打过架之后他还会凑到人家跟前去，这让很多同学觉得他“贱”而不值得尊重。于是“看他不爽，就打了”的情况时有发生。其实，龙龙是比较孤独，他渴望和同学们交往，但他的方式和态度却引起了其他人的不满。

从龙龙的个性来看，他属于比较内向的一类，学习状况一般，体育课上的各项技能学习和训练，常常因他不下工夫练习只能艰难过关。龙龙的家庭经济状况一般，但父母对他比较关心，总是尽力满足他的需求，并且支持他上学。教师一开始都帮龙龙，保护这个受害者，批评和惩罚那些打人者。但当后来发现这个受害者其实也是个挑衅者时，于是就找他谈话。面对教师出于关心而给予的建议和劝告，他似乎并不领情，显得无所谓。所以教师也逐渐不再同情他。“四面楚歌”的龙龙并没有意识到自己的问题，依旧保持着原有的行为方式。难怪有的同学说，“只要看他不顺眼，就有可能打他”，连几个女生也常常对他吆喝指示。龙龙已经习惯于这种打人和挨打的生活，或许在他看来，这也是一种与同学交往的方式吧。

不过，后来从外校转来了一名男生，逐渐取代了龙龙，成为被欺负的对象。他个头很高，看上去并不软弱，刚进入班级时很受大家欢迎，但情况很快就发生了变化。有一次，他声称自己有某歌星演唱会的门票，足以让许多同学一起去看演出，于是好几个同学在约好的地点等他回家取票，结果等了一个多小时也没见到他的身影。大家觉得受骗了，第二天到校后就合力谴责了他。从此，受人欺负的厄运降临到他的头上了。尽管班里有些同学比较同情他，但他失信于人的行为让大家感到非常愤慨。

同学之间的欺负现象中，原因可能多种多样。但是对于上述这两个学生来说，他们自身的行为不当招致大家的公愤，这的确是原因之一。不过，以打人的方式来对待有缺点的同学本身就是错误的；教师不应该基于同情或厌恶来决定对待学生的态度，而应该因势利导，帮助和教育他们。学校教育主要是不断地引导和教育学生成长，而非回避或误导。家长对孩子的家庭教育要及时跟进，只有家校合作才能帮助孩子健康成长。

（五）性别意识在交往中的体现

1. 看似互不往来

作为初中学习阶段的孩子，这个班学生的年龄大多在13～14岁之间。尽管全班整体都很“活跃”，但在男女生之间的交往上，大多数人却界限分明。许多学生表示，自己不和异性同学交往，也不会主动说话，除非借橡皮、传作业本时才会开口。沉默寡言的华华更是如此，他说：“我从不与女生玩，小学时就不喜欢和她们玩，我把她们视为竞争对手，因为她们成绩总是很好。我已经养成习惯了，现在也如此。”还有些男生认为自己已经习惯只和男生一起玩，无法适应和女生一起玩的局面。即使是和自家住邻居的女生，也不愿意和她们玩。几个女生也表示，她们不喜欢和男生玩，因为班里的男生看上去不够可爱。这个“可爱”是和自己的表哥表弟相比较而言的。女生普遍认为，“除了男生，我们平时和谁都可以相处得很好”。这句话有些夸张。然而，也有少数男女生偶尔会一起玩，尤其是女生班干部和男生之间有一定的交往。同桌之间画“三八线”成为彼此对性别态度的表征。一张长度有限的桌子被精确地划分为相等的两半，双方的胳膊都不能越过这条线，否则就会受罚，最常见的是对方用胳膊将越界者的胳膊推回去。

有时，男生会对女生表现出来的女性形象很敏感。有一天，班上几位排演节目的女生回到教室时，几个男生大喊，并对她们的妆容大加嘲笑：“真是惨不忍睹啊，好难看啊。”在他们看来，女生应该和自己一样不施脂粉，才能坦然视之。换句话说，这种方式可以忽略或消除男女性别差异带来的不同。由于从小学起，大家在学校里都穿着统一颜色和式样的校服，生活中的装束和面貌并不是彼此都很熟悉的，所以男女生之间的外在特征无形中被抹杀了，男生似乎更习惯于看到统一的女生形象。

家庭结构和家长的认识也会影响孩子对待异性的态度。对于单亲家庭的学生，总的来说受到的影响更大。明明同学的妈妈就告诫她，“不要跟男生玩，男人是坏东西”。这样的偏激言论是由于妈妈和爸爸之间的失败婚姻，妈妈将对爸爸的怨恨情绪扩展到了所有男性身上，当然也包括男同学。

然而，在男女生们如此明朗表态的同时，内心深处又渴望打破“三八线”这种性别界限，形成团结友好的交往。对于班上那些本来就能够自然地和异性同学融洽相处的学生来说，他们的状态令其他同学羡慕不已。另外，一位女生分享了她表姐班上“开展活动时男女生不分组，团结友爱”的事例时，大家都表示认同，说“这样蛮好”，不像自己班上“有分派，男生归男生，女生归女生”。而且在女同学之间互相打趣开玩笑时，经常会提到“再这样，你就考X女中[①]吧”，大家就会大笑而纷纷表态，“我才不去呢，没有男生，不正常”。还有当女生在一起跳皮筋或聊天时，总有几个男生想要参与进来。

2. 性别定势的固守与超越

人们对于男女性别的固有印象似乎难以改变，认为男孩子就该有个男孩子样，女孩子也应像个女孩子。如果不符合各自的性别定位，往往会被贴上“假小子”或“娘娘腔”的标签。虽然如今社会对于女孩子表现出的“假小子”形象已经比较宽容，但男孩子若被贴上“娘娘腔”的标签，往往会遭人嘲笑。人们有时甚至会用“他像个女人”来描述一个男性，仿佛男性表现出女性举止就低人一等了。

这个学生群体中有三名女生被同学们看作“假小子”，尤其是琦琦。她剪了一头很短的头发，面容清秀，眉宇间流露出一股豪气。同学们觉得她平时走路的姿势和做事风格都像个男生。对此，她自己也毫不掩饰，在周记中提到了自己的“遭遇”——有一次去厕所被当作男生，还有人问“你到底是男生还是女生?”另外，一次由于教室门被锁了，她竟然跳窗户出去，结果腿脚扭伤了。有一段时间她只能单腿跳着走路，被一个男生戏称为“铁拐李”。究其

① X女中位于上海市长宁区，是上海市唯一的一所女子中学，由解放前的一所教会学校发展而来。因其办学特色鲜明，深受一些家长和女生喜欢。

“假小子”特征的原因，除了自身个性外，家庭环境也是一个因素。琦琦与父母、外婆等人生活在一起。母亲是一名出租车司机，每天早出晚归，父亲则忙于管理三家小公司，家里的事就由琦琦主动承担了。尽管家里经济条件不错，父母很疼爱她，但她却很自强自立，学习非常用功，从小就培养出了较强的生活自理能力和独立性。不过，琦琦一般不和男生打交道，只和几个性格内向的女生要好。在学校运动会上，她参加了400米跑和接力跑，最终获得了第二名。尽管同学和老师都对此感到高兴，但她自己却哭了，因为没有为班级拿到第一名。值得一提的是，琪琪自己并不在意别人说她是“假小子”。

波波是一个天生爱搞笑的男生，他那一副笑眯眯的脸让同学和班主任经常开玩笑地称他为“马戏团团长”。他有时会故意模仿女生的样子，走路扭来扭去，还会凑到女生玩跳皮筋的圈子里跳上几下；而在报名参加兴趣小组时，他坚持要求加入只有女生参加的编织小组，结果被教师赶了出来。他很纳闷，“为什么不让我参加?”这些事使得有些同学认为“他像个女人”。在一次课本剧《扁鹊见蔡桓公》的演出中，波波扮演了蔡桓公身边的宦官，举手投足引人发笑，声音也装出很尖细的腔调，表现得惟妙惟肖。一旁观看的师生眼泪都笑出来了。所以同学们觉得他有点“娘娘腔”。

有同学被看作“假小子”和“娘娘腔”，主要是因为大家对性别角色有一个定位。在大家心目中，男生和女生应该有不同的形象和特征，而这种定位，尤其受到女生的关注和在意。在很多女生看来，“女生就应该有女生的样子”。最好是活泼可爱、开朗，眼睛要大，温柔而淑女。因此，像琦琦“假小子”之类的称号，往往是由女生给予的评价，因为她们觉得琦琦的行为举止和她们不同。而对于男生的角色，女生也同样关注更多。她们认为“男生就应该是会搞笑的”。提到某个男教师时居然形容他“有一张女人脸”，大概是他皮肤白皙、五官清秀的缘故。在女生看来，男生应该表现得“大气、大方，不打人，不要太顽皮，也不能欺负女生，更应该玩男生该玩的活动和游戏”。

这些认识的形成有多方面的原因。首先，由于社会传统的性别定位，对女生的自我认知产生了深远影响。这种传统定位使得女生对自己的角色和行为有着明确的期待和认知。其次，家长的期望也影响着女生的认识。许多家长对女孩子的学习要求并不是很高，“只要过得去就行了”，他们更关注女孩子的行为举止，常常强调说话、走路、做事和穿着要符合女孩子的规范。最后，教师和同学的潜意识引导也对女生的认知起到了作用。例如，在上课讲评作业时，常听宋老师这样批评女生，“作业是一个人的门面，反映出一个人的本质。你的作业这样乱画乱写，像女孩子吗?”这种言论让女生觉得自己的作业应该要书写得更整洁。地理课上，教师告诉学生，这门课可以帮助他们学会判别基本的地理方向，“特别是男孩子，出差、旅游时，先买地图，学会看方向”。为什么特别是男孩子呢？因为在现实社会中，男性在工作中常常承担着需要频繁出差的任务，而自己旅行的男性也很多。所以在教学中联系实际的同时，教师也给学生揭示了不同性别在社会上的分工的不同，这似乎传达了这样的暗示，男生更需要掌握地理知识。多数女生不喜欢这门地理课与教师的这种引导有关。一名数学成绩较差的女生就一道数学题请教同桌，同桌回应道，“你们女生天生就数学不好”，这样无形中就削弱了女生的自信心和进取心。于是，女生常常会审度自己的言行举止是否符合传统的女性期望，从而进一步强化了性别意识。一个女生这样说：“一些小女孩通常更亲近父亲，但我和我妈好，因为我妈理解我。有时她说我两句，我过会儿就忘了，但爸爸说过的话，我会记得很久。爸爸经常觉得我做的事不正常（虽然我也不清楚为什么），但妈妈却觉得我是正常的。也许是因为爸爸的话让我感觉自己不够女性化，而妈妈的话则让我感觉自己是正常的女孩。”

在体育课上，教师根据男女生的生理差别来分配教学任务，给予女生更多的自由活动时间，而给男生更多的训练时间。每次女生完成俯卧撑训练后，教师会让她们去洗手，而对男生就没有类似的关心。有的男生还会专门监督女生的行为，向教师打小报告，说她们并没有按照教师的要求练习，而是偷懒、坐在一起聊天或玩跳皮筋。然而，男生之间却没有相互“检举”的情况。这种行为似乎反映了在男生眼里，女生既和自己不同，又在某些方面表现出相似的行为。

从实际情况看，班级里的女生在数学、物理和地理等课程中普遍缺乏兴趣，上课听讲的积极性不高，面对学习中遇到的困难时也较为被动。担任这些课的教师应采取有效措施激发女生学习的积极性，同时避免在教学中出现明显的性别意识和歧视。有些教师自己本身就是女性，但对男女生学习状况上的差异并没有清晰的认识，也没有从自身角度关注这个问题。

总的来说，女生对传统性别定位的接受程度通常比男生更为坚决。所以，即便在这个氛围“活跃而混乱”的班级里，主要的“表演者”仍然是男生。

三、亲子关系反映出的家庭教育样态

在儿童成长过程中，大部分时光是在家庭中与父母一起度过的。即便成为学生后在学校的时间增多了，但与家庭生活的联系仍然十分紧密。与父母相处是生活中极其重要的一部分，因为在这个过程中，学生所展现的言行和观念，实际上也反映了学生文化的一面。

（一）与父母相处的感受

孩子上初中后，许多家长会觉察到他们的孩子不再像以前那样听话，与父母之间的交流越来越少，关系日渐疏远与冷漠，而热衷于与同学、朋友在一起，并互相倾诉心事。这是因为随着孩子世界观和人生观的逐步形成，他们的活动范围也日益扩大，子女对父母的依赖减少，独立性增强，这便是所谓的“心理断乳”。这一年龄阶段的孩子对父母的话不再言听计从，“成人感”极强，相信自己可以单独从事各种活动，不喜欢受父母的约束。他们也不再像儿时那样愿意把自己的心事向父母诉说。相反，他们更倾向于与同龄人交流，因为他们有着相同年龄、相同的活动爱好和感受，更容易进行情感上的沟通。因此，他们开始广泛地结交同龄朋友，有什么心事也愿意向他们诉说、寻求建议。如果这个时候父母仍然把他们当作年幼无知的“孩子”，试图教育和指导他们，就会挫伤他们的自尊心，导致他们产生厌恶与反抗的情绪。

不过，我在 N 中学所了解到的学生与父母相处时的感受，却是更为具体、真实地反映了当代初中学生的生活方式，也有助于学生的父母理解孩子的内心世界。

1. 体谅父母的苦心

有些学生和父母相处得比较融洽，首先是能够理解并感激他们的爱心和付出。就如一个女生在作文中写的：“我的妈妈并不是很好看，但是我觉得她是世界上最好的妈妈。她是一名出租车司机，每天起早贪黑地工作，是为了让我有好的生活条件，好好地读书。父母为我默默地做了很多，我现在要好好读书，长大后孝顺他们。”在实际生活中，这个女生也正是这么做的，她认为父母对自己的管教是应该的，是为自己好，而且他们很不容易，努力工作的目的就是为了让自己过得更幸福。所以，即使有时对于父母的批评当时不能接受，但事后心里就会明白他们的苦心，反省自己的错误，更加爱他们了。一个男生在问卷调查表上的开放性问题后面写道，“爸、妈，有时我顶嘴，我知道那是我不对，但当你们说话时，我觉得不对却还是想顶嘴，在这里我诚恳地说一句对不起”。这些学生的父母大多是普通工人，文化程度不高，从事的工作很辛苦，如出租车司机，机床厂、配件厂工人或超市营业员等，每天起早贪黑，赚钱很不容易，而且，其中一部分或是待业人员，或是离异或丧偶，他们本身承受着巨大的精神痛苦和压力，所以，这些孩子们比较懂事，自立能力也较强，从内心理解和明白父母的辛苦，也更加努力学习以回报他们。在学校吃午饭时，有时饭菜不太可口，但这几个学生却很少剩饭、倒饭，他们不浪费粮食，也不挑剔。在学习方面，他们尽可能地利用时间，甚至连课间也在做作业、看书，并且不论老师教得好不好，他们都在努力克服外部不利条件而刻苦学习。在如此体谅父母的情况下，这些学生给自己的压力也很大，有的在考试不理想时会感到很自责。有一个男生一次考试退步了，语文老师很纳闷，想了解情况，又怕学生不愿告诉实情，于是委托我去问。结果那个男生很坦率地告诉我，因为考语文那天是他妈妈的生日，在美国打工的父亲前一天打来电话督促他好好学习，所以自己就想考好成绩来报答父母，可是，上了考场反而很紧张，本来很熟悉的一些知识突然间就想不起来了，结果没考好，还影响了接下来的其他考试。

有的父母在孩子的学习、生活和玩耍等方面都给予了理解和支持，所以孩子感到比较开心。比如，文文在班级里表现不好，但在家和父母相处比较融洽。他父亲是研究生学历，在一家公司做主管，母亲是高中毕业，做营销员。家里氛围很宽松，父母会想尽一切办法帮助他。每天回家，他和父母交流较多，讲学校里发生的事，汇报自己做的错事，父母并不批评他，反而会耐心引导和教育他。节假日父母会带他出去游玩，有时还会去外地旅游。有时，爸爸会带他一起去买碟片回来看，也会让他自己去书店买书，给了他一定的自主空间。暑假期间在父母的指导下，他选择了补习班学习奥数和新概念英语，听课很专心。这是他自己要求妈妈报名的，“我觉得暑假不读书很难过的”。所以，文文和父母之间的分歧较少，能够互相理解。有的学生和父母建立了一种默契，父母信任孩子，不会过分干涉，而是给予一定空间。就像一个女生所说的，“爸爸上班忙，所以与妈妈亲一些，她挺了解我，知道我心里想什么。她不会问那些很隐私的问题，而是主动问我在学校的情况，做错事时也会批评我”。父母和孩子双方都掌握了一定的尺度，留有一定的余地，彼此都清楚应该问什么，应该说什么，这也算是一种相互理解了。有的学生和父母有着共同的兴趣爱好，一起听流行音乐，看电影，共同讨论明星，彼此都觉得很开心，也使学生感到父母对自己有所认同。

有的学生尽管对父母的说教感到厌烦，但总体上彼此能够理解。“父母说一次就算了，但说得太多了就会让人厌烦。我买了个钱包，我妈就说我乱花钱，应该多买些书。不过，她这么说，我也不觉得生气，早就有了心理准备。她经营着一家盒饭店，很不容易，生意不好做，大概觉得钱不好赚。店周围都是修楼的民工，他们吃饭也只买便宜的素菜，看上去挣不了钱，真不容易啊。我不轻易买东西，但我妈还是给我买了我喜欢的手表。”

2. 期待父母的理解

许多学生能体谅父母的难处，也期望得到父母的理解，但往往又与父母交流沟通很困难，这让他们感到很苦恼。正如一个学生所说的，“沟通很难，有时候我气得不跟她（指他妈妈）讲话，选择保持沉默”。亲子沟通难主要集中表现在以下几个问题上。

首先，父母过问最多的是孩子的学习，但在学习的安排和期望上与孩子大有分歧。这是学生们觉得最难与父母沟通之处。父母总是希望孩子能够投入更多的时间和精力在学习上，他们不欣赏孩子所喜欢的娱乐内容和方式，甚至禁止孩子去玩。孩子们却觉得太压抑，需要一点自由活动的空间，因此发出了“爸妈少管点，周末让我出去玩，不要让我一直在家里待”的呼声。补课成了家长们希望提高孩子学习成绩的一大“法宝”，他们或请家教，或给孩子报各种学科补习班，不管孩子是否愿意就将其放学后和假期的时间全部安排满，家长们认为这么做是为了孩子好。可是，孩子们却怨声载道。就如一个女生说的，“他们一点也不理解我。我在学校上一天课已经很累了，再加上打篮球也很累，他们还要给我布置作业，有时候我做不出来，他们还会责备我”。她是校篮球队成员，每天都要接受训练，虽然很累但很喜欢。起初父母都很支持她，但到了初二年级，母亲就开始反对了，经过与父亲的多次争执和商议后，最终才同意孩子继续参加篮球训练。

初一学年的暑假里，一个女生在父母的强迫下参加了补习班，这让她感到很烦恼。她自述道："7月份，每周的星期一到星期四上午学习物理，下午学习数学，周五则是语文。我们提前学习初二年级的内容，地点在D大学。8月份，每周一到周五下午上英语课，早上的时间则是自己做作业。这都是被爸妈逼着去上的。但补课并没有什么效果，我只是记住了一些基础性的东西，而技能性的东西我却不愿意学，所以学得不是很认真。我只是听了一点点，敷衍了一下。妈妈也没有要求我记很多，她知道这样效果不会好。老爸老妈总是说，假期是老师放假，而不是小孩放假，所以要好好学习。他们总是希望我能像某个同事家的孩子一样，考上重点高中，而且不用花太多的钱。他们强调千万不能丢脸。"看来，父母明知道补课的效果并不一定好，仍然坚持让孩子补课，他们以为将时间填满总比什么都不做要好，孩子记一点算一点，求得心安理得。在许多家长看来，暑假是给教师放假的，学生还是要好好学习，因此为了防止孩子将时间用于玩耍，补课就是个好办法。不过，这一切都是家长一厢情愿，孩子并没有从心底里接受父母的"好意"。于是"上有政策，下有对策"，玩了一场"自欺欺人"的补课游戏，父母尽到责任似乎就心安了。几乎假期的补课全是家长主动给孩子安排的，孩子们有的很不情愿，有的逐渐接受并认真补习。就像一个男生说的，"我妈让我去补课。时间太早，我想多睡一会儿，如果晚一点再去我就愿意去，学费要一千元左右，很贵的"。

其次，孩子所想所需与父母想法不一致。学生认为父母能够理解自己，有一定的精神交流，这对他们来说是最大的关心。然而，父母最关心的是孩子的安全问题。只要孩子按时回家，吃饱穿暖，没有人身危险，这对父母来说就是最大的欣慰。作为父母，也会尽可能为孩子创造好的学习和生活条件。处于初中年龄阶段的孩子渴望拥有自己的空间，想和同伴一起出去玩，希望能将自己觉得有趣的事和快乐、忧愁告诉父母，并盼望父母将他们视为已经长大、有独立生活能力的人。可是，父母却不同意孩子出去玩，也限制他们和同学的交往。就如一个女生所说，"父母不让我与同学出去玩，他们担心我会迷路或受到坏人的影响。整个暑假我一天也没有出去。开学后，有一次我想去同学家，我妈陪着我到同学家门口，说是要熟悉一下路程，还在规定的回家时间来接我，以防我出事。我一到大姨家，就得先打电话回家报平安，你不觉得很烦吗？而且，长风公园可以去玩，华盛街就不让去[①]，因为那里离家太远。他们总是担心着'到了初三就……'怎么天下的妈妈都是一个模子里刻出来的"。在无法得到家长的理解时，学生更加渴望同伴之间的友谊。除了在学校的交往和沟通外，他们主要通过打电话和上网聊天的方式与同伴交流。但是这些方式都在不同程度上遭到了父母的阻碍和干涉。一些学生表示："妈妈威胁我，要是我打电话给同学，就会告诉班主任，并且还会把我的作业本扯掉。"另一些学生则表示："他们拆了电话分机，并规定我在电话里说话的时间不能太长，要求有事情在学校里解决，在家不要打电话。"可怜天下父母心，他们不仅要关心孩子学习，还要担心孩子的安全，不管社会治安如何，他们都得随时提醒孩子保持警惕。父母担心孩子学习落后，考不上好高中，更担心孩子被坏人拐跑，或是被坏人影响。他们有着操不完的心，但是孩子却会觉得很烦。在绪论中，我也提到了一个情况，当几个学生放学后到我住处接受访谈时，他们首先必须给家里打电话报平安，并告知确切的回家时间。还有一些学生担心父母不相信他们，就请求我和他们的父母说几句话，这样家长才能放心。从我这里离开前，我要在他们的备忘录上写明离开时间，并让他们签名，以便家长核对孩子的行踪。都市人的生活范围越来越限制在一个狭小的空间内，尤其是孩子，即使他们生活在上海这样的大都市，但大多数孩子很少涉足十六个区县中的大部分地方，他们通常只在自己家和学校周围活动。忙碌的父母很少有时间在周末带孩子出门，而让孩子自己乘车出去又不安全，所以住在普陀区西边的这些学生，能去一次人民广场就已经算是出远门了，更别提去周边城市了。在寒暑假期间，父母通常还要上班或忙于其他事情，很少有时间带孩子去外地旅行。所以孩子们对许多城市的了解主要来自媒体，通过网络、电视和报纸知道一些情况，却缺乏身临其境的实际感受。

不过，家长们也让孩子们有了自我保护能力和安全意识，尤其是女孩子的自我防范意识和警惕性比较高。几个女生都提到的一个情况就可以说明这一点。班主任在家访之前逐一打电话到被访学生家，以便和家长协调时间等事项，碰巧被学生本人接了电话，但没有听出班主任的声音，因为"她声音

---

① 华盛街是上海市黄浦区人民公园地铁站的地下商场，距离学生家比较远，需要乘公交车再换乘地铁。

很温柔，我听不出，就问‘你是谁?’她没有回答，我以为是搞绑架活动的，于是又厉声再问‘你到底是谁’?!”直到对方说是班主任，这才放心。然而，这种自我防范意识，也使他们增加了对父母和教师的戒备和不信任。这种情况导致了孩子们越来越感受到父母对自己的不理解，这个问题尤其成了孩子和家长相处中的一个障碍。学生每天放学回家，都渴望和父母交流，分享自己在学校发生的事情，讲讲自己觉得有趣的人或事，同时也希望听到家长的想法，但是，大多数学生是失望的，因为家长要么说没空，要么对谈话内容加以指责。于是，孩子心里总感到不开心，要么不断寻求父母的理解，要么将自己封闭在小天地里找乐趣，不再期待与父母的交流。

一个女生说：“父母并不理解我，我很懂事，关心他们与外公外婆的身体，照顾他们。他们不让我看动画片，认为那是给七八岁孩子看的。他们老爱唠叨，很烦，我不想听，但我却想跟他们说话，可他们有时却心不在焉。他们不知道我们有逆反心理。我试着跟他们交流，有几次哭着告诉他们，但效果却很差，他们仍不理解我。有时晚上我躲在被子里哭，他们也没发觉，他们以为我只是在睡觉，不会有什么问题。我们只是希望大人能理解孩子!”可见，这些父母都以他们自己的认识和方式对待孩子，自以为是最关心和爱护孩子的人，其实忽略了孩子内心真正的想法。他们无法感受到孩子心里的苦衷和烦恼，也就越来越难以理解孩子了。孩子躲在被子里哭，父母却丝毫没有察觉，长此以往，孩子对父母的态度就会发生变化。除了一些无关紧要的小事会与他们交流，孩子会将心事埋藏在心底，因为担心会被父母讲给别人听或招来责骂。

在这样的家庭教育环境下，孩子们逐渐成长起来，懂得了怎样保护自己，并探索出了应对家长的策略。正如一个女生所说的：“我什么事情都不跟他们说，我自己承受。我承受力很强，因为受打击惯了。我妈理解我的一面，但其他方面她并不了解，我和他们开玩笑很多，吃饭时和他们聊，其他没时间聊，也不愿意聊。因为我爸会挑刺，会抓我漏洞，这样要倒大霉。有时我会说一些学校的事，比如我和老师发生矛盾，或者与别人在外面吵架，还有一些在学校很‘刺’[①]的事，同学们说的笑话等。但是我会保留一些内容，如果父母认

① 学生所说的“刺”指“很疯很闹，很活跃”。

为有道理的还好，如果他们认为我错，没道理的，就吱哩哇啦一大堆，所以下次我就不会再说了，有把握的才说。孩子对大人也是有针对性的交流。我与同学打电话，他们就会说，‘我们也不说你，但是……’实际上还是不让打电话。”学生认为，和父母的关系应该平等、和平，不要管得太多，让自己服从太多。许多学生反映他们的父母都想看他们的作文，“烦死了，他们看了会翻脸的”。有时学生很怕，本来自己觉得很正常的事，在家长眼里就是不正常的，就要揪住一顿批评指责，与其如此，不如不告诉家长。

自得其乐也是这些学生的一种生活方式。家长们没时间和孩子耐心交流，而且张口一聊就“引来杀身之祸”，所以自己躲在房间里玩是个好办法。“爸妈时间少，回家后就想睡觉、看电视，想与他们交流时却回答‘等我看完电视’。所以我自己在房间里剪贴偶像的相片，用榔头敲钉子挂小饰品。自己不开心的事很快就忘记了。”有些学生喜欢看动画片、看小说，但遭到了父母的反对。一位女生说：“他们不让我看电视动画片，认为那是五六岁小孩看的。我喜欢买自己偶像的磁带，他们不让买，认为很浪费钱，只让买英语磁带。他们也不让看小说，只允许看学校的书。我妈一看到我看小说，就会骂我，‘看什么小说，里面都是些不正经的东西’。我也不辩解，吵来吵去，最后还是我自己认输，真是烦死了。”于是，学生的聪明才智就充分发挥在与父母斗智斗勇上。包上语文练习册书皮的小说书就可以堂而皇之地摆在桌面上看，父母进来扫一眼封面看不出破绽便满意地离开。用标注着“英语听力”字样的磁带翻录流行歌曲来听，父母更是无法察觉，反而夸奖孩子用功呢。有个女生每天晚上打着手电筒在被子里写小说，以自己和周围同学的事情为题材，已经写了十来万字的内容，父母从未发觉。不过，这些瞒天过海的做法，对孩子道德水平的发展有所不利，助长了人格和品行的双重性。这也让人感到这些家长的无能为力，他们难以真正走进孩子的内心世界。

3. 反对父母的家庭教育做法

我在调查中发现，不少家长对孩子的管教方式以打骂为主，而且在管教态度和分寸上父母之间也存在着分歧。在一次访谈中，几个“搞笑型”男生首先问我：“告诉我们，怎么能让人不挨打？这次考得不好，别让爸爸打我骂我啊。”考试成绩不好，就要挨打，尽管他们苦苦哀求，但父母在气头上往往听不进去。有一个男生说：“他们觉得我们好欺负，玩的时间长就打，拿扫帚打我的脚。我妈属虎，很凶。她用尺子打我屁股时我就哭了。好在经常被打的人皮厚，我已经习惯了。”有时家长之间意见不一致，有的要打，有的要保护。一个男生说，“我爸爸拧屁股，妈妈会保护我”。另一个学生说，“我爸打我，爷爷会保护我。他们打我时，我已经没反应了，不哭不闹”。还有一个学生说：“爸爸妈妈、外公外婆都凶，我挨打时谁都不帮助我，家庭暴力啊。以后我当爸绝不这样！”这几个学生听似诙谐戏谑的话语，却反映出家庭教育的方式和成效问题，父母恨铁不成钢的心情可以理解，但孩子挨打后的感受也让人同情。以打骂为惩戒手段来促进孩子学业进步，而不是寻求教师或其他专业人士的指导来调整家庭教育方式，帮助孩子分析学情、找出短板，以及帮助他们掌握合理有效的学习方法以提升学习质量，这类做法不值得提倡。这些学生“以后当爸绝不这样”的呐喊，也反映出他们已经有了感同身受、移情换位思考问题的意识，并开始对家庭教育进行一定的思考。

不过，有些学生对家长指派他们干家务的行为也经常表示抗议，尤其是一些女生。在城市家庭中，没有太多重体力活要做，家务劳动主要包括洗菜、洗碗、洗衣服、拖地板等。可这些学生认为干一点家务就是苦差事，不愿意干。一方面，现在的孩子多为独生子女，从小就被娇生惯养，很少吃苦。尤其是在相对富裕的家庭，即使父母工作再辛苦，一般也不会让孩子做家务，以免影响他们的学习。因此，上了初中后就更不愿意做家务，甚至不会做。在家里缺乏劳动意识、态度和实践，只参与学校开展的劳动活动和劳动技术课程，劳动教育的效果受到一定影响，如何做好家校社协同开展劳动教育，值得深入研究。

从指派方式上来看，家长要么采取强令措施，要么施以酬劳，以下几个女生的讲述反映出一些具体问题。其中一个女生说：“妈妈没事也要找事给我做，我得躲远点，她非得让我累得背酸疼、腿抽筋。让我打扫卫生，擦玻璃、地板，擦好就只给 5 元钱，否则就扣零用钱，扣 10 元或 1 元。不过，家里刚收拾好就乱了，我就被骂，还被扣钱。外婆总说我最擅长的事就是睡觉和吃，说我很偷懒。妈妈则说我应该做事，可她自己总是坐着边喝茶边指挥，让我重新擦、扫、洗。外婆有句口头禅：‘我小时候，7 岁就开始干活了。’”另一个女生说：“我在家是最弱小的一个，总是被指派做各种家务，洗碗、洗狗、洗衣服、整理东西，反正家里所有下层的工作都由我来做。家里虽然可以请钟点工，可他们为了省钱，就让我来做。外婆常说，你做了我就给钱，你不想养狗就把它扔掉。'爸爸在家时外婆做大鱼大肉，不在时就给我吃青菜。"另一个女生则说："我在家什么也不做，睡觉、看电视、听音乐、整理自己的房间。一般是爸妈做家务。偶尔他们逼我做，但有时会给一些酬劳，比如帮爸爸拔一根白头发就能得 1 元钱。"有些学生本不愿意干活，但是"差点被打了一顿"，只好咬咬牙地干活。在这几个女生看来，做家务似乎就是家长专门整治她们的一种方式，而不是劳动意识的培养。

其实这反映了一种普遍现象，许多家庭为了确保孩子学习时间充足，往往会让他们心无旁骛地写作业，但却忽略了培养孩子热爱劳动、参与家庭环境美化的习惯。他们认为做家务劳动会浪费学习时间，久而久之，孩子们理所当然地认为家务劳动与自己无关，一切都应该由家长承担。等家长偶尔想让孩子做家务时，孩子们不仅不情愿，也不会做。所以父母指派孩子做家务往往会与零用钱挂钩，作为一种激励或奖励的手段，勉强开展一些"有偿劳动"。然而，这种做法并没有培养出孩子对劳动光荣的认识，却助长了他们索取报酬的有条件反馈。在家庭中缺少劳动教育的情况下，当遇到学校里的值日、劳动锻炼以及公益劳动时，这些学生既不会心甘情愿地投入其中，也不会表现出主动积极的态度，而是敷衍了事，简单应付，甚至在维护环境卫生方面也缺乏意识。班主任经常会督促学生打扫卫生，但很多时候清扫得不干净，需要重新打扫。只有少数几个同学会认真、主动、尽职地为班级卫生埋头苦干。教室后排的垃圾桶周围掉满了垃圾，有纸团、饮料瓶、水果核、塑料袋等。经过我的观察发现，这是由于学生远距离"投"垃圾时掉在地上的。有时学生走到桶前随手一扔，也不看是否扔进去就转身走了。其他同学也很少会主动将地上的垃圾捡进桶里。班主任每次班会上都会强调这一点，但是仍然频繁出现这种情况。以至于班长玲玲在周记中多次呼吁，希望全班学生共同建设美好的教室环境，"教室是大家学习生活的场所，不是垃圾场，希望每个同学都能维护"。

不过，有的学生不喜欢做家务，不爱劳动，也觉得委屈，因为家长认为他们干不好，不放心。一个女生就说："我不敢洗碗，怕洗碎了。妈妈说我洗的衣服没人敢穿。妈妈很挑剔，不放心我做任何事，我最多收收衣服。现在几乎所有家长都这样。"家长越不放心孩子做事，孩子越缺乏锻炼的机会和动手能力，就越笨手笨脚不会干，干不好，最终不愿意干活了。而且，家长在要求孩子做家务的同时，并没有随之进行相应的教育，以帮助孩子从理解到实践。有的家长采取“干活就奖钱、不干就罚钱”的做法，这种方式没有使孩子真正领悟劳动的意义，往往适得其反，导致孩子产生逆反心理。就像一个女生说的：“我在墙上贴一张照片，妈妈就撕掉，她说‘要干净’，还说‘你的房间是我出钱买的’，但实际上是外婆买的。”另一个女生说：“妈妈总是说，小时候不会做事，以后怎么办？我觉得应该给我机会去做事，但机会太多就受不了。”所以，在培养劳动意识和行为方面，家长和孩子之间的矛盾焦点在于“一切围绕学业成绩”，导致在家庭教育中没有做到从小培养孩子生活自理能力和劳动精神，以及孩子缺少劳动实践。而学校往往更重视学生的智育，忽视劳动教育，割裂德智体美劳五育的内在联系，从而培养学生的素养显得片面，缺乏实践性。

（二）代际分歧

孩子和父母之间的相处，无论是互相理解还是存在一定抗争，都反映了两代人各自的风格和代际关系的存在。代际的划分和更替本是一个客观现象和自然过程，但当它与重大的社会历史现象相连，从而构成一代人的共同经验和文化价值时，这个问题就成为一个更加复杂而现实的社会问题。而且，作为社会与文化变迁的产物，随着变迁的迅速和彻底，代沟就变得更加明显，冲突也就越激烈。代际关系中的一个重要概念是“代沟”，就是指时代和环境条件的急剧变化、基本社会化的进程发生中断或模式发生转型，而导致不同代之间在社会的拥有方面以及价值观念、行为取向的选择方面所出现的差异、隔阂及冲突的社会现象①。如果以出生年代来划分代与代之间的差异，那么我所研究的这群初中生是出生于 20 世纪 80 年代中期的一代，而他们的父母出生于 20 世纪 60 年代初，他们的爷爷奶奶外公外婆出生于 20 世纪 40 年代初，这就形成了三个代际。此外，也可以从人们的社会特质和子女人数等角度来看待这个问题。几代人在经济地位、知识经验等方面的差异，导致了价值观、行为举止和生活方式等文化特征上的不同，使得代沟关系成为现

① 周怡. 代沟现象的社会学研究[J]. 社会学研究，1994(4)：67 - 67. 转引自沈汝发. 我国“代际关系”研究述评[J]. 青年研究，2002(1)：42 - 49.

实。学生和家长之间存在着沟通和理解，但也存在着差异。例如，学生倾向于在学习之余玩耍放松，而家长则可能更倾向于督促其补课和强化学习；学生喜爱看动画片、小说和影视，听流行歌，而家长可能认为这些不适宜。学生对待家务劳动的态度和行为让家长感到担忧，其中一个原因可能也是代际问题。

从学生的反映看，祖孙之间常常会发生矛盾。有些家庭中，孩子是和爷爷奶奶或外公外婆一起生活的，这种家庭可以称为主干型家庭。祖辈们疼爱孩子，但是总会在有些事情上产生不一致，“我经常顶嘴，因为看不惯他们的做法”。一个学生说道，“奶奶有时对我挺好的。爷爷早逝，她很孤单，从早到晚都在忙碌，总说她从小就背箩筐”。这些老人不仅疼爱孙辈，也疼爱儿辈，这使得小孩子们感觉到无形中要和自己的爸妈争“宠爱”。他们觉得爷爷奶奶、外公外婆等人总是偏爱爸爸妈妈，而对自己没那么好。例如，有个男生说，“外公总挑毛病，他偏爱我妈，给她做大鱼大肉吃。当我拿遥控器时，他不给我，但妈妈要就给了”。还有一个女生也说，“奶奶小气，爸妈不在就给我吃青菜萝卜，少放油和糖，还说有营养。奶奶疼爸爸，他在家就做好饭，明显偏心男的。我最没地位，收到的压岁钱最少”。这些话反映出祖辈对子女们的疼爱，即使子女们已经成家立业，又有了自己的孩子，但祖辈的爱护并没有减少。所以，三代人之间的关爱是一个逐级传递的过程，但实际上获得关爱最多的还是第三代人。这些初中生，如果家庭成员都健在的话，每个孩子就有六个大人来爱护，所以出现许多“小皇帝”“小公主”现象。但是，从另一方面看，这个逐级传递的关爱并没有逆向传递。也就是说，这些孩子并没有相应地以关心和体贴来回报父母、和爷爷奶奶、外公外婆等亲人，而总是希望所有的大人都围着自己转，所有宠爱给自己，稍有不满意就觉得他们对自己不好。

在这类与祖辈生活在一起的家庭中，需要两代家长达成家庭教育共识，培养孩子发扬并传承优秀的家风传统。这包括根据孩子的实际特点及时加以教育和引导，教会孩子如何多角度看问题，树立正确的价值观。同时，家长应避免以简单粗暴的方式教育孩子，应多了解孩子的内心和思想，尊重青少年的成长规律，以更有效的方式引导他们成长。

父母与孩子之间的理解不足并不都是父母的问题，孩子们也需要反思。例如，当这些孩子抗议家长布置家务劳动时，实际上反映了现在独生子女缺乏自理能力和劳动意识的问题。这与家长对孩子从小的培养和爱护有很大关系。现在的孩子生活条件普遍改善了，家长对孩子大多有求必应，提供一切条件和支持让孩子学习。在家里，为了保证孩子安心学习，家长哪怕再苦再累，一般也不让孩子做家务，偶尔一次两次还要给予奖励，这导致孩子懒惰、依赖，自理能力差。到了学校，虽然有时不得不参与值日、劳动，也多是敷衍了事，做不好。当父母、老人现身说法，以自己小时候的艰苦生活和劳动经历来教育孩子时，往往显得苍白无力，因为这些孩子体会不到那种艰辛。城市化进程给社会和家庭带来了巨大的变化和挑战，使得家长工作更加辛苦，生活压力大，对整个社会发展和变化都非常敏感和关注。由于自己文化程度不高，一些父母对子女的受教育特别重视，期望值非常高，想尽一切办法、提供一切条件使子女读好书、上好学，将来有出息，不要像自己一样辛苦，还要遭受待业、失业的痛苦。但是，这种迫切心情和苦心并没有都转化成恰当的教育方式。在简单、粗暴、强制的教育方式下，孩子感受到的多是父母只看重学习，不太关心孩子精神需求的状况，所以孩子觉得父母不够理解自己，从而产生逆反心理，使得家长的管教效果往往适得其反。

第四章

走出书本的社会人

在今天的社会中，学校的学习和实践，可以让学生具备更多的知识和能力，从而更好地适应社会的发展。从课堂走向社会，是一个必须面对的问题，它要求学生能够充分运用所学的知识和技能，适应复杂的社会环境。

一、生涯发展中理想与现实的交织

无论是只考虑眼前以升学为目标，还是树立起长远的职业理想，这些学生都是基于社会现实考虑未来。

（一）无法回避的近期升学目标

作为一名学生，在进入学校教育阶段后就沿着学制体系开始了不断的学习之路。五班的学生都明白，自己在完成九年义务教育之后，接下来是高中，然后是考大学。在个人生涯发展的追求、社会发展的需求、家长的期望以及周围同伴的影响下，很多学生逐步开始考虑自己的未来，理想也随之确立。

生活在新时代的现代化大都市里，学生都认识到了社会各方面的竞争要求他们不断学习。就如两个女生的对话，一个说："社会给我压力了，我就必须学习，没有知识就不能在社会竞争中获胜。大姨说以后学习是终身制。不过，我现在只想考上高中，等高三时再考虑大学，大学毕业后再考虑工作。一步一步来（笑）。"另一个说，"要不断学习，学到老，活到老"。前一个女生赞同，"有道理，有些老师也还在外面读书进修，要不然就被社会淘汰了"。这种认识与学生对自己周围的社会生活的了解有关。以自身"充电"为目的的进修、培训已经成为如今许多上海人生活的重要部分。许多成人下班后就直接到夜校去听课，或出于自身工作发展需要或出于个人兴趣，选择恰当的专业进行学习。学历教育和非学历教育成为广大市民的培训目标。就连居家生活也离不开学习，银行卡、社保卡和宽带等信息化基础平台的建立，电脑和网络的普及，使每个家庭都需要不断学习以紧跟时代要求。上海市开展的“百万家庭网上行”活动，针对35～60岁的社区妇女进行培训，旨在提高她们适应信息化社会的能力。这种社会倡议表明了每个人都得不断学习的现实，这也给专门接受学校教育的学生提出了更高的要求。这些学生家长每天在家谈论最多的就是同事和亲友家孩子的升学和就业情况。比如，谁家孩子考上了哪个重点高中，谁家孩子考上了哪所名牌大学，以后是否选择出国留学，或是大学毕业后在哪里工作等。这些身边真实的案例信息，使每个学生或多或少地产生了一种危机感，意识到要尽早考虑自己的前途。尤其是当学生们得知心目中那些知识渊博的老师，也在工作之余到大学攻读在职研究生，更加感受到了不断学习是一种趋势。在五班学生的教师中，就有英语、数学、美术教师在我所在的大学里进修，每周有三天要去听课；N中学的书记和德育处、教导处的两位主任都在参加中小学管理者的区级课程班，连续五个周末要去学习。日常的教师培训和研修活动比较频繁，所以教师们在谈论这个问题时，并不会避讳学生，所以学生都知道校领导和教师也在不断参与学习，从而认识到自己以后也要不断学习。

问起这些初中生的理想和未来打算时，许多学生都表示，现在都是走一步看一步，没想那么遥远，“咱们很现实”。大家目前的最大愿望是考上一所重点高中，这是他们的近期目标。一些学生在父母的引导和激励下已经确立了目标，根据家庭居住的远近、学校声望和自己学习水平等因素，逐步有了自己的目标高中。然而，也有很多学生还没有具体考虑过考哪所学校，打算到时候根据学习成绩再定。

从刚进初中的懵懂少年到初二阶段围绕中考准备引发的人生规划思考，大多数学生在教师和家长的引导下，将考上重点高中视为通往名牌大学，理想职业的必经之路。这些目标是紧密结合的。就如一个男生所说，“初二就是转折点，学不好就考不上高中。我的理想是曹杨二中，这样才能考上大学，找到好工作。考高中要比考职校更有利，以后买车、买房，才会觉得生活幸福。我希望以后在事业上取得成功，做人有修养，在工作和为人处世中有礼貌，渊博有知识，接受过良好的教育。我最想考上复旦大学，学习国际贸易、英语或计算机专业，以便将来好找工作”。拥有一份好工作是很现实的愿望，在调查中得知，对于上海的学生来说，许多人将在金茂大厦办公的人看作工作成功的象征。因为在这里办公不但意味着身处摩登现代化的商务办公楼，而且代表了高学历、高薪金、高职位等。就如一个女生所说："我想成为一名白领，在金茂大厦上班，感觉会很好。一定要做白领，以后升职做经理、总经理，再之后自己开公司。说起来容易，实际很难，不一定都会成功，需要有经济基础、有文化、有市场经济头脑。所以现在得一步步努力。"

升学是许多学生的近期目标，这也许并不算是一个人的人生理想，但他们自认为"我目前最大的理想就是考上重点高中"。在学生眼里，理想不再是那些遥不可及的崇高想法，而是很现实、离自己很近的目标。因为无论多么崇高伟大的理想，如果考不上高中，就等于空想，这是一个残酷的现实。就如一个女生认为的，要实现自己的职业理想成为一名电视台主持人，就必须早做准备，先考上上海市戏曲学院的附属高中，然后考上大学读一个对应的专业。如果中考失败了，就打算按照父母的设想去澳大利亚留学，直到拿到大学学位后再回上海应聘工作。有这种想法的学生不在少数，他们意识到当今社会看重高学历和人生阅历，要想将来成功，就要走读书受教育这条路。他们也认为拿一张国外的"洋文凭"回国会更有利于找工作，尽管也有一些"海归"在上海的就业形势不够乐观。

(二) 朦胧的职业理想

近期目标和长远的职业理想之间存在着紧密联系。学生根据自己的兴趣爱好确定了职业理想，尽管还很模糊，但在内心深处不断鞭策着自己继续努力。而要实现这些职业理想，就必须在当前做好准备，考上重点高中，进而考上名牌大学。受到自己和重要人物的影响，受到影视剧和小说的感染，随着个人性格和认识的成熟，有些学生的兴趣也容易变动和调整。但是总的来说，这些理想体现了他们某一个时期的想法和期望，而且理想也趋向于多样化。

每个学生的职业理想各不相同，多种多样。有些学生的理想已经非常具体，但表述方式却各不相同，有的是从学历角度出发，有的是从职位高低上考虑，更多是从具体职业角度思考。例如，有的学生梦想成为"发明家、服装设计师、医生、化妆师、工程师、法官、考古学家、科学家(尤其是天文或物理学家)、歌星或球星、漫画家、律师、网络游戏制作人、幼儿园老师、国际刑警、护士、发型设计师"等。另一些学生则表示想成为"白领秘书""研究历史的""青春偶像""明星"等。还有些学生笼统地说要"成为博士"，或"做官(省厅级以上)"。另外，还有些学生虽然没有具体的职业设想，但给自己确立了大致的定位。比如，将来要从事"高薪职业""职位高、薪水多的工作"或"任何能带来财富但合法且不伤害他人的事业"。总的来说，大多数学生的职业理想都有一个共同的特点，即希望将来从事职位高、薪水高、职权大、学历要求高、社会地位高的职业，还有代表着整个社会发展前景的职业。

这些理想与现实生活联系紧密，反映了对更为发达和现代化的生活条件的追求。这些理想的确立源自学生个人的兴趣和愿望，反映了他们对社会上各种职业的认识和理解。但是这些理想也受到家庭条件、学校教育和社会环境的影响。在这种影响下，他们开始向往更优越的生活条件，期望将来过上更美好的生活，这是人之常情。而在这样一个知识经济时代，优越生活是要通过不断学习和接受教育来实现的。学校教育中各门课程所渗透的都是一种都市文化，尤其是自然科学和语文知识教育，指向的都是城市与工业体系内的生活。在上海采用的S版和H版教材中都可以体现这一点。而且，现行教育体制中培养人才的动机就潜存着一种以城市为目的的导向。所以，学生在其引导下所设想的理想都围绕着大都市生活，反映了现代化社会发展前景。社会上的各种舆论和媒体导向也对学生树立职业理想产生影响。社会上哪些职业最热门、最有前途，学生都比较清楚，所以自己将来也希望选择这些有前途、有潜力的职业。例如，网络游戏制作这个行业，不但在上海这个高速信息化的城市，而且在整个中国，都将是一个崭新而富有挑战性的领域。学生能够有这样远大的胸襟和见识，与他们生活在其中的城市发展水平密切相关。

值得注意的是，班级里大约五分之一的学生表示"还没想过"自己的职业理想是什么，他们更专注于近期目标的实现。这部分学生对自己的信心相对较弱，性格内向，兴趣爱好容易变化，平时与父母交流较少，甚至不清楚父母究竟从事何种工作。这类学生基本上说不清楚自己究竟想干什么，他们的主要关注点是确保初三毕业能进入一个较好的高中。就如一个学生所说，"到时候再说，现在还小，不想去考虑将来的事情"。有的学生也感到，社会发展变化太快，以至于让人无法及时跟上步伐，长大以后社会是什么样子，自己现在也不知道，所以也不必过早去考虑将来做什么。

可以说，从学生对未来的设想和职业理想来看，反映出一种实用倾向，即倾向于选择对提高生活水平有好处的职业，将能赚钱视为好职业的标准，而相对缺乏个人的远大志向和价值追求。这与社会环境的大气候有关，与家长对孩子的期望与日常引导有关，同时也与学校教育中志向教育较为薄弱有关。

二、强烈的社会责任意识

这些初中生对书本之外的现实世界更为关注，他们兴趣广泛，视野较为开阔，并且具有一定的社会责任感。

（一）关注社会生活

学生在努力学习功课、关注自己的未来发展之外，还对家庭、社会甚至国际事务都表现出积极的关注。报纸、杂志、影视、网络、电台等多种大众传媒为学生提供了了解社会的途径，让他们增长了见识，开阔了视野，并与社会发展保持着同步。这些学生的言谈和活动处处体现出他们尤其关注上海的发展变化，了解上海社会生活的各个方面，以及关注上海名人的事情。

喜欢交流新闻事件

一名男生所描述的暑假生活就反映了他学习之余对社会的关注，通过各种途径了解社会动态。他早上学习或参加补课，午睡后看电视，尤其喜欢看考古纪实片，比如《森林的呼唤》。每天下午他会出去买报纸，主要是《广州文摘》《采风日报》等，爱看新闻类的内容，特别关心国家大事。晚上会看上海新闻报道，睡觉前听收音机《晚安上海》节目。对他来说，看新闻，了解国内外大事已经成为假期生活中的重要部分，在这个过程中对许多问题的思考和认识逐渐形成，有了自己的价值判断。

平时在班级里，学生们也经常围在一起讨论社会上发生的一些事件，对国际问题发表自己的见解等。例如有关考古学家打开金字塔的报道，他们津津有味地从科技、历史和战争等多个角度展开热烈的讨论。一个女生告诉我，她特别喜欢看与上海有关的社会和体育新闻，尤其关注篮球比赛，因为姚明让比赛更精彩。有时，他们会与父母一起关注国外大事，从中获取对生活中问题的解决办法和收获。特别是关注一些居民家里的纠纷，因为这些情况与自己的生活有着相似之处，能够从中学到很多有价值的经验。

(二) 真切感受上海的发展变化

这些学生已不再是家长和教师眼里长不大的小孩子了，他们积极关注着身边发生的事情，并以自己的理解和认识思考、评论。作为土生土长的上海人，他们时刻关注和感受着上海的发展变化，并由衷地抒发着自豪之情和对领导人的赞扬。有一个男生讲到了五一劳动节父亲带他去了世纪公园，回想小时候来浦东游玩时，这里还是农田，而如今却变成了市政府大楼，有湖有山的公园，设计别致的建筑物，美丽的花坛，还有快捷方便的地铁，这耳目一新的面貌使他深切感到了上海的巨变，并以一个孩子的纯真情感表达了这种喜悦。“我想，上海能有如此巨大的变化，全靠一代代国家领导人对上海的高度重视和对开发上海的坚定信心，同时也得益于全体上海人民的坚持不懈与努力奋斗。”这是一种由衷的认识和表白，作为上海的少年，沐浴在这种伟大革新和发展中，理解到了国家和人民对建设上海所付出的努力。这种关注现实、体察社会的态度，彰显了青少年的社会意识和责任感。

学生从自己家庭的发展变化中敏锐地感受到了上海人民的生活水平和质量的显著提升。有个女生在周记《我家的烦恼与快乐》中记录了自己的感受。她描述了家中原本狭小且存在漏水问题的住房，父母愁眉不展，自己也心情沉重。小小年纪就发出感叹，“这烦恼何时能解除呀?”可是，转机很快就来临了。“后来有两间新屋给我们家带来了欢乐。”她写道，“住房条件的改善，使全家的精神面貌发生了巨大的变化，生活中的烦恼不见了，只有快乐和笑声在耳边飘荡。”由于自己家生活条件的改善，自己也倍感开心和幸福。

另一个女生在《当今时尚》一文中，描述了她对现在生活中的新事物和新感受的体验。其中介绍了韩国及我国港台地区的歌曲，观察到“歌曲的曲风日益多样，歌词愈发缠绵，速度也越来越快”。她也注意到了饰品的小巧玲珑和别具一格，对“衣物”以“回首从前”和现在的“超前卫”两个角度来思考，“‘超前卫’的穿着虽然时尚，但穿了会生病吗?”她还提及了人们的发型变化，形容为“五彩缤纷，男女对换”。最后她感叹道，“如今的时尚，让我们越来越不懂(不是我笨啦!)，出门购物时，不知到底买什么，吃什么食品。这些都已司空见惯，因为时代在不断前进，人们的观念也在不断更新，时尚也随之而改变”。这一观察反映出学生对自己感兴趣、贴近生活实际的事物的观察和反思，并联系到当今时代的发展前进，对生活时尚的影响，说明学生并不只是抱着好奇和效仿的态度来看待时尚，而是有一定的理性思考。上海作为一个国际化的大都市，广泛的对外交流带来了世界各国的文化风貌，这让生活在这里的人们都不同程度地有所感受。对于见多识广的孩子们来说，他们对时尚文化和生活变化不断进行着审视和判断，敏锐地把握着生活时尚的节奏。

上海市成功申办2010年世界博览会的消息传来后，学生兴奋不已，都感到非常自豪和骄傲。他们纷纷表示自己也要以志愿者身份为世博会添彩。大家认为学好每门功课都很重要，要以一个有知识、有素质的上海人形象迎接海外宾客。特别是作为特色英语班的学生，英语的优势更要进一步发挥。在兴奋之余，一些学生还冷静分析了一些不良的社会现象。例如闯红灯、不排队、随地吐痰等有损上海形象的事，引发了他们对提高市民素质问题的思考。一个女生在《校外见闻》中，讲述了她在路边看到书摊上售卖内容不健康的杂志的经历。“为什么这种低级庸俗的杂志屡禁不止，就因为有人买呀！卖的人固然可恨，但买的人呢？难道他们就没有责任吗？”她认为，正因为有人买，所以卖的人才会有市场，从而受到鼓舞而继续顶风作案，只有大家都来抵制这些低级庸俗的杂志，才能彻底禁止它们的传播。城市面貌的改变、市民素质的提高，要靠每个人的努力。这种思考真实地反映了学生对自己身边的人和事的观察和感知，展现了他们的社会责任感和正义感。当市委、市政府提出广大市民要“协力塑造上海的城市精神，做可爱的上海人”之时，这些学生也积极响应，表示要从班级一点一滴做起，从自身做起。这种觉悟和意识，正体现了学生文化的积极意义。如果家长和教师多加正面引导，积极支持，他们一定会精神饱满地努力学习。而且，这些学生的公德意识很强，在公众场合能够严格约束自己，为许多成年人树立了榜样。我们极少见到中小学生抢座位、随地吐痰、用脏话骂人的现象，反而是许多成人的言行举止令人痛心。这些善良、友好的孩子们，从没有表现出自己是城市人的优越感，也不歧视外地人，出门与人交谈时都用普通话。有些学生甚至会对自己父母的不良生活习惯和缺乏公德意识的表现加以批评。从这些充满正义感、遵守公德的孩子们身上，我们看到了都市文明的希望。

(三) 正向的社会立场和价值观

由于关注国家和世界的一些问题，学生在某些方面的认识是一致的，并且早已接受和认可了主流文化。比如，学校组织全校学生观看电影《走出死亡陷阱》，在学生中引发了一场关于“科学与迷信”的热议。在学生们写的周记和访谈中，可以看到许多学生对此有不同的观点，有的幽默，有的稚嫩，有的义正词严，但都表达了“破除迷信，崇尚科学，只有从我做起，世界才会变得更美好”的愿望。五班的一位同学在他的周记《相信科学，破除迷信》中表达了自己对科学的坚守和对道德品质的重视。

……我，一个正努力学习知识，学习科学的中学生，在我看来，类似迷信的东西实在是荒谬可笑。我无法想象自己会为了“成仙”“圆满”这些几乎一戳就破的谎言去伤害别人，甚至自己最亲的人。但这故事并没有发生在我的身上，它恰恰发生在一个落后的小村子里，一群缺乏知识的村民身上，这也是可以理解的。也许你们会感到疑惑，那他们的村长，那个大学生呢？他知识也算渊博吧，还不是照样被迷惑去了？那我想，他在小学时，一定没有学好思想品德课。不然，他应该记得有一课叫“相信科学，破除迷信”。是啊，也许他也像现在很多学生一样，整天只顾着学习语数外。我想，他可能并没有太在意所谓的思想品德这种一周只有一两节的副课吧。很多人看了这部片子以后，都认为那些村民没有知识，愚笨自讨苦吃。可我觉得，缺乏知识并不是最重要的。抗战时期，十个士兵中至少有两三个文盲吧，可他们不是照样甘愿为保护国家，保护人民战死沙场？他们靠的是知识吗？不，是那高尚的思想品德。说了那么多，我并不否认学习知识的重要性。在很多情况下，一个聪明的脑袋可以抵得过数十个强壮的身体。所以，让我们一起用知识的长剑，道德的强盾，来与迷信抗争吧！

在科学普及、教育发展和国力强盛的条件下，我们能有效地抵制迷信。作为初中生能够拥有如此清醒的认识，值得赞扬。有些学生认为要与迷信做斗争，还有些学生认为不光知识重要，思想品德的重要性也不容忽视。他们不仅从电影中获得启示，还从平时报纸和电视新闻中获取相关信息，显示出他们平时对社会问题的关注。这些讨论对学生的思想有很大启发，也促使更多的学生关注社会和世界。社会的各种舆论宣传和导向对学生价值观念的形成产生了深远的影响，而学校教育中所开设的思想品德课程也在一定程度上影响了学生。学生文化反映出来的思想观念体现了对国家的主流文化的接受和认可。可见，学生在关注社会和国家的许多具体事情的同时，也获得了相应的知识和认识，扩大了视野，走出了书本知识的限制，与实际相结合。尽管有很多时候，他们的看法和讨论可能不一定正确，但是反映出他们这个年龄阶段和知识水平下的一种思考方式，也表明他们很乐意思考和探讨这些现实的社会问题，而不仅仅停留在书本知识和考试中。对于上海电视台和广播电台播出的关注老百姓生活的节目，学生尤其喜欢。综合新闻频道、教育频道的新闻类节目，案件聚焦、东方 110 等宣传法治知识的节目，以及体育、娱乐节目等，还有电台的 990 市民热线、晚报浏览等节目，都随时随地将关注上海的人和事，市民参与讨论、发表意见的这种意识深深地渗透到青少年学生的心中。这表明，这部分学生的"社会人"的责任意识出来了。

除了自己的兴趣爱好外，家长的影响也是不可忽视的因素。比如家长喜欢看和谈论的一些内容，经常在孩子面前说，或者家长和孩子一起看电视、听电台节目，在家庭餐桌上逐渐形成了共同谈论的氛围。在一些家长民主的育儿风格下，他们会将家里和单位上的一些大事讲给孩子听，使孩子也逐渐了解和思考身边更多的事情。这种方式不仅增进了家长和孩子之间的交流，同时也使孩子耳濡目染，受到了引导，关注起家庭、社会和世界。在这样一种充满民主和参与的社会氛围下，学生学会了以主人翁的身份关心自己的城市，关心身边的事情。在这样一个管理规范和法制健全的城市里，学生的法律意识、规范意识较强，他们平时比较留心媒体报道的一些案件的处理和分析情况，知法懂法。这些知识主要不是从课堂上学来的，而是来自他们的生活和社会。另外，每逢节假日，社区或有关单位会举办和组织一些深入群众的宣传和咨询活动，涉及交通安全、法治观念、家庭安全等方面的教育活动。许多学生积极响应和参与，有的担任志愿者服务，有的代家人咨询和了解情况。春节前夕，在有关部门开展的节日安全防护活动中，许多学生随同家长前往咨询，例如关于全家远行时家里财物安全如何保障，出门旅游要注意哪些安全事项等。有些家长因工作繁忙，孩子就自己来咨询，拿着宣传资料回去给家长讲解。在市民参与交通规则的维护活动中，许多中学生戴着袖章站在十字路口，当行人闯红灯时，便会礼貌地提醒"阿姨（叔叔），请绿灯后行走"，这种举动往往使那些成人感到愧疚而止步。学生参与这些有意义的活动，不仅学会了许多知识，更重要是增强了自身的社会责任感。

(四) 形成正确的认识和判断

学生对一些事情的认识和价值判断，确实反映了平时的生活教育和学校教育的影响，但更多的是体现了符合这些学生特点的观念和认识，有的甚至出乎教师意料之外。周记本上的三篇文章，尤其充分展现了学生的社会责任感。

1. 注重道德习惯养成

虽然《养成道德好习惯》是学校布置的命题周记，但学生们从不同角度论证了道德好习惯的养成要求做到表里如一。他们认识到，仅仅听到大道理并不能有效地影响道德行为，应该从小事做起。学生们意识到，尽管他们经常听到要好好学习、尊师重道、尊老爱幼等道理，但其实并不是每个人的道德都是好的。所以要采取实际行动来养成良好的道德习惯。就如一个学生写道："道德对一个人来说非常重要，如果没有道德，那人类就和动物没什么区别了……我的道德观念就是，人的外表再好，也不代表这个人的内心是好的……人的道德表现不一定表里一致，而那些掩藏内心、道德不好的人，一定不会得到他人的关心。"

有的学生从上海推行"七不"规范的效果来思考这样的问题："'七不'规范早在几年前就在社会上广泛宣传了，为什么还会有人道德观念依然如此淡薄呢？想来与其自身的习惯有着密切的联系。"学生根据自己在日常生活中的观察，对于乘地铁不排队、过马路闯红灯、乘公交不让座、随地吐痰扔东西、小区居民乱倒垃圾等常见的不良行为提出了批评和建议。

从学生自身的日常行为来看，大家都在认真遵守社会公德，做到不随地吐痰、不乱穿马路、不乱闯红灯，并对自己家人和周围邻居加以提醒和监督。道德好习惯的养成无论从认识上还是行动上都要有所体现。学生们都希望成为一个为社会做贡献，有着良好道德的公民。这一点是和社会及学校教育的要求相一致的。

2. 具有一定的法治意识

语文课学习了《鲁提辖拳打镇关西》后，语文老师让学生写一篇读后感。却不料他们一语惊人，表达了各自独特的看法，并反映出时代感和社会责任感。大家的认识主要集中在鲁智深是否真正算得上英雄，郑屠到底该不该死，以及古今法治的异同和正义感等问题上，这些学生的法治观念和古今对比的视野一目了然，但也不乏思想中的偏激或矛盾之处。从主观上为鲁智深的抱打不平而喝彩，认同其正义感；但从客观角度理性分析，就认为这种打死人的行为是犯法的，所以鲁智深并不是课文所宣扬的除暴安良的英雄，而是一个“杀人犯”，即使是为了正义，也不能触犯法律。这种认识反映出这些学生具有较强的法治意识。不过，话又说回来，在那个不讲法治的社会，鲁智深若不打抱不平，郑屠就会继续作恶滋事。学生能有这样的认识，说明对当今社会文明和进步有一定理解和认同，对社会生活安定和人民幸福具有义不容辞的责任感。

有些学生写得实在精彩，我将一些题目和内容片段（“/”表示分段）摘录在此，以具体形象地展现这些学生的认识和观念，还有他们特有的戏谑语言风格。

(1)《鲁智深的杀人行为》：我认为鲁智深杀了郑屠，那是十分正确的，看看郑屠这家伙，有手有脚，不好好做生意，去骗什么小姑娘，这家伙的良心大概被狗吃了。哎，真可悲啊，世界上多了他这样一个人，浪费粮食。/但从客观上看，鲁智深的确是犯了法，杀人罪。但是，那个时代的人太愚昧了，竟认为他没有罪，真是荒谬可笑。如果天下杀人不犯罪，那人们都去找自己的仇家报仇，世界上还剩下几个人啊！/鲁智深太血腥啦！动不动就打人。我真要感谢上帝，他让我在这个先进的时代出生，而不是在那个野蛮的时代。

(2)《英雄还是狗熊》：鲁达，这个我心目中的大英雄，竟然在打死了镇关西后，害怕得一溜烟逃了，我真是不敢相信，他究竟是英雄还是狗熊？……我觉得那是他懦弱怕事，贪生怕死，敢做不敢为的真实本性的暴露。像他这样杀了人就溜，和那些杀人犯有什么区别？谁还会把他当成慷慨助人、打抱不平的大英雄呢？

对于鲁智深打抱不平而打死人的行为，学生们并不觉得佩服，也不称赞他为英雄好汉。相反，他们认为他犯了法，是杀人犯。鲁智深扬长而去的行为，这个学生理解为是“懦弱怕事”的表现，认为他应该敢作敢为，投案自首，这样才是大英雄。

(3)《英雄还是罪犯》：就拿我们当今的法律来说吧，像郑屠强娶金翠莲这样的行为，应该是判坐几年牢。/……再说这世界上没有绝对的好人和绝对的坏人。再好的人也会犯一些小错误，再坏的人也有好的一面。所以每个人都是以个人的标准去衡量一个人的好坏。说不定，那些郑屠手下的伙计会认为他是个好老板，他的大娘子会觉得他是个好相公。对于郑屠的不良行为，鲁智深只要教训教训他就好了，也不用将他打死。/从某种角度上讲，鲁达也是个杀人犯，或许他自己也意识到了这一点，最后一溜烟地跑了。我想这也不是一个真英雄的所作所为吧。

这名学生对鲁智深打死人的行为进行分析，并用现代的法律和现实来衡量。其结论是，鲁智深并不是一个真英雄，从某种程度上讲，他也是个杀人犯。此外，他还为郑屠进行了辩护。

(4)《鲁智深杀人是对还是错?》：……在古代，杀人是犯法的，但逃走以后，就不会被官府抓住。鲁智深认为郑屠该死，便将他杀死，说明鲁智深非常地爱憎分明。但他不应该自行施刑，应该把郑屠带到公堂上审理。如果发生在现代，鲁智深杀了郑屠，是要判死刑的，而且不管他逃到哪里，都会落入法网。在古代，科学技术并不发达，杀了人，逃走了，便不会追究，而现在的科学技术非常发达，难逃法网。所以我认为他杀人是不对的……他有正义感，憎恨为富不仁者，为了救助素昧平生的金氏父女，他打死郑屠，只得弃官出走，做了和尚，上了梁山。我真为他可惜，如果他将郑屠押回衙门，说不定会一举两得呢。

以上这段文字就表明了这名学生以一种全面冷静的态度审视了这个事

件。他不仅分析了郑屠的罪行，还以现代法治和科技状况来评价鲁达的行为，在感到惋惜的同时，还给鲁达提出了一个两全其美的建议。这种思考方式在一定程度上，体现了个人与社会、情与法之间适当关系的感悟。

(5)《鲁达杀人》：……也许郑屠是有罪的，但也罪不至死，就算该死也应该交给官府处理。如果每个人都像鲁达那样，仗着自己武艺高强，认为对方有错就将其杀死，那么每天会死多少人？法律又起着怎样的作用呢？/回到现在，在学校里，要是还有像鲁达这样的做法，岂不成了校园暴力？还有哪个父母敢把自己的孩子送到学校？他们每天都要为此提心吊胆，担心自己的孩子会不会因为与别人发生冲突而丧命。/其实，每个人都有生存的权利，没有任何人有权站在自己的立场去结束别人的生命。所以，我认为在课文中，鲁达就这样杀死了郑屠，对于郑屠来说，是十分不公平的，毕竟生命只有一次。/还好，在当今社会，有着法律的保护和限制，像郑屠这种人必然会受到法律的严惩。而像鲁达这种以暴制暴的行为，动不动就把人杀死，也是要枪决的。

同学们认为以暴制暴并不可取，郑屠罪不至死，而且，每个人都有生存的权利，所以鲁智深打死郑屠是不应该的，即使放在今天社会也应该受到惩处。这名学生还从公平与否的角度思考人的生命，这是可贵的。其他学生也有持类似的观点，“他们有没有想过一个人的生命只有一次，没有任何人有权剥夺别人的生命？”

(6)《鲁智深杀人》：……我还是觉得鲁达有一点头脑简单，太冲动了……他根本没有想过要吃官司。/讲得好听一点是打抱不平，说难听点就是多管闲事，他应该去报官……死了真冤枉啊。/如果每个人都像他那样不考虑后果，就随意行事，那这会是一个什么样的世界呀。

(7)《古今杀人的不同结果》：对于杀人的人，现代人们总是持有负面印象，往往称其为杀人犯，可为什么在古代小说中，还有人称他们为英雄呢？/从各种不同的武侠小说中，我得知原来是因为一个“义”字。在江湖上，“义气”是最重要的，人们把那些路见不平的人视为“英雄”，十分敬仰他们。不管他们杀了多少人，只要是为了帮助别人，那么这些人就被视为“神仙”一般的存在。可是我觉得这有些不公平，凭什么人家要被你打死，他又没得罪你，你并没有权利剥夺别人的生命。所以，现代的法治社会给我们带来了一个没有血腥的和平的社会。/法律是一个国家必须有的规定，因为它能限制人们的行为，防止随意杀人，更不能允许杀人不偿命。我们试着设想一下，如果这个世界可以随意杀人，那么你杀了我，我的亲人又会来杀你，这样，冤冤相报何时了啊？说不定哪天这个世界上一个人都没有了，不是因为自然灾害，只是因为人类自己的互相残杀。/请为了地球的和平与美好，严格遵守法律，千万不要让这个地球变成一片红色的海洋。

这两个学生所见略同的是，假如人们都像鲁智深那样“杀人”，世界将会怎样？人类的互相残杀会对人类自身和整个世界带来极大的危害，所以遵守法律，维护和平才是最重要的。但郑屠真的得死吗？在当今社会，我们是依法治国，任何行为都要以法律为准则，“切莫有自主者”。不过，在学生看来，“抱打不平”的义气竟然和“多管闲事”相提并论，这一观点似乎从严肃的讨论中削弱了一些力量。

(8) 如果发生在我们这个年代，不免给人一种狗拿耗子的感觉，但如果又回到那是非不分、黑白颠倒的年代，那么我就要为鲁达的那三拳喝彩。/正因为当时的世道浑浊，侠义精神才应运而生。人们常把武与侠联系在一起，有武无侠者，不过是一介莽夫又或是奸邪，就好比欧阳锋。有侠而又无武者，也就是个只会读孔孟之道的文弱书生。/如此看来，鲁达也可算个侠。在没有公理的社会中，人们就不需要守法，只需要两种人，一种是英雄，另一种是大侠。英雄是为救国，大侠则是为救民。也有介于两者之间的，就像岳飞，他背上刻着“精忠报国”，却把这四个字理解为忠于自己的君主。正在收复山河有望时，却因那十二道金牌，最终含冤而死。所以我认为岳飞不算是个救民于危难之中的侠，也不算是救国于水火之中的英雄。我们只能说他是个抗金名将，一个“忠臣”。/我们说岳飞愚忠，说袁崇焕愚忠，但不能说郭靖是愚忠，虽然他只是作者笔下虚无缥缈的人物，但他才是真英雄，也只有像这样的人物才能真正救国救民。他不忠于朝廷，也不遵循朝廷法纪，曾经痛斥朝廷。/所以在乱世中，我相信鲁达那三拳是正确的，因为当时，没有人会去将郑屠绳之以法，如果他不死，那么就只能任由他继续逍遥法外，继续嚣张。

鲁智深打死人的时代背景是“乱世”，在当时这么做是一种正义之举，有利于社会的安定。可是在现代的法治社会中，坏人是要由法律来制裁的，是社会行为而非个人行为。真正救国救民并不在于杀几个坏人为百姓出口气，而是要考虑顾全大局，为国家和人民找出路。学生的这种思想可能来源于武侠小说，而非课本。课本上选择这篇文章，除了学习其文学性外，主要是赞扬鲁达行侠仗义、为民除害的精神。但学生站在现代社会的立场上进行审视，以法治、道德、国家民族大义为依据来分析问题，体现出了有知识、有觉悟的当代学生精神。

还有一些学生设想了鲁智深不得不杀郑屠的各种原因。比如“虽然不赞成杀人，但也许郑屠会反过来派人杀他”，所以鲁智深只好先下手为强。而有些学生认为：“以前的官僚体系极为腐败，那些做官的人的才智远不及包拯，所以查案特别慢，时间一长，案情也就被忘记了。所以很多侠士会像这样，打死几个人也不会受到惩罚。”甚至有些学生认为，鲁智深是一个杀人不眨眼、冷酷无情、残忍、十恶不赦的人。最让人意想不到的是，有一个学生表示，“在我们班级里也有像郑屠那样的人，所以有时候要以暴制暴”。

总的来说，在分析小说中鲁智深打死郑屠的这一事件中，学生们主要有三种不同的看法。一是比较冷静全面地分析了当时的情形，肯定了鲁智深的仗义行为，但同时指出郑屠“罪不至死”。他们认为，在现代社会中，就应该依靠法律来制裁，而不是个人行为的惩处。如果每个人都像鲁智深那样行事，世界就乱套了。可见，这些学生对于作为公民、作为社会人应具备的意识和行为有了一定明确认识。二是有些学生义愤填膺地提出鲁智深并非英雄，而是“狗熊”“杀人犯”，这种观点或许比较偏激，但却反映了学生们爱憎分明的立场。三是一些学生在设想当时鲁智深打死郑屠的情境下，感受到那个时代没有其他可行的办法能够直接为受害女子申冤，只能依靠鲁智深的仗义相助。有些学生感到无奈，他们考虑到当时官府腐败，办案低效，法制不健全等因素。不过，个别学生将这一情境联系到了现实生活中，尤其是班级内部的实际状况。他们认为，对于那些欺负同学的学生，也应该“以暴制暴”，这么写或许很“解气”，但实际要这么做并不合适。正如前文提到的，同学之间的欺负行为可能也与一些同学“以暴制暴”的思想有关。小孩子常常因为意气用事和偏激而做出冲动的行为，因此需要教师和家长给予引导，帮助他们提高认识，控制自己的行为。树立法治意识只是第一步，更重要的是要付诸实际行动。所以，学校教育应因势利导，培养学生成为知法守法的合格公民。

3. **尊重生命的价值**

《“诺曼底”号遇险记》也是语文课本中的一篇课文，主要讲述了船在航行中遇险的故事。危急时刻船长哈尔威果断组织乘客安全撤离，而自己最终放弃逃生机会随船沉没。语文老师要求学生写一篇读后感。学生们主要探讨了对英雄和死亡之间关系的认识，并提出了质疑，“难道英雄的结局就一定是死亡吗?”有些学生认为，如果这件事发生在现在，船长的牺牲可能并没有任何实际意义。如果他幸存下来，这个故事就有惊无险了，“一个圆满的大结局，大家看了欢欢喜喜不是更好？毕竟不是所有的英雄都需要壮烈牺牲。这个船长可能被认为是傻，竟然用生命去换取一个英雄的名声”。所以，学生们认为船长的精神值得赞颂，但不值得效仿。不过，像船长那样把他人的生死放在第一，而不顾自身安危的行为才是强者。“做人也应如此，不要只考虑自己，而要多为他人着想。那么，社会中的争吵声也会减少。”当然，学生也展现了诙谐的一面：“我总是在想，哈尔威船长那么勇敢，幸好他把勇气用在了该用的地方，而不是其他地方。我真的很想和哈尔威船长一样，做一件惊人的事。”此外，学生还思考了“职责”的问题，船长是一个非常有责任感的人，他坚信“船在人在”的信念。

有些学生对于船长的死，进行了设想：

> (1) 第一，可能船长因为救人花费了太多时间而来不及逃生。第二，可能他对船有感情，就像杜飞[①]说过的“相机在我在，相机亡我亡”。第

① 杜飞是电视连续剧《情深深雨濛濛》中的人物，是一名战地记者。学生用他的话来论证船长忠于职守，也反映了影视作品对学生的价值观和社会感有一定影响。事实上，并不一定都要引用真实人物的“名人名言”，只要学生觉得有道理，他们就会接受并运用于自己的论述中。

三，可能是作者想把文章升华一下，毕竟这是一篇小说，有一些虚构成分也不足为怪。而且，这样的叙述使得全文的氛围显得十分悲壮，突出了船长威严庄重的形象和他勇于牺牲的精神。

(2) 为什么他要这样呢？难道想不开自杀？但也没死人，只是船没了。我想他可能觉得船没了，自己也不想再活下去，因为船对他来说就是生命。没有了船，就没有了他。他选择与船一同沉没，将生死都与船联系在一起。一个生命就这样离去了，一去不返，这真是令人不可思议。我觉得他可能不想活在那个混乱的年代，也许死对他来说是一种解脱。

(3) 如果船长在那时跳下去，肯定会有人划船去救他，但船沉没会产生旋涡，他怕连累别人，所以没有自救。

在思考英雄观的同时，学生们也不失幽默和搞笑的本色，力图带来新鲜感。一名学生在写这篇周记时，想要别出心裁，不落俗套，于是动足脑筋，得出了这样的解释。“船长的死，原因之一可能是海水太冷，与船一同沉没而不愿游泳。二是这可能是个很大的阴谋，船长故意设计了这场灾难。据我推测，船长可能得了不治之症，为了在死前能做一番大事，让世人铭记他，才会选择与船同归于尽。”这种推测看似荒谬可笑，甚至有些诋毁英雄形象，但这个学生并未受限于传统思维，反而以一种新颖的方式思考问题，这值得注意。而且，社会各界都在呼吁创新，学生们也在“领会”这一号召，可有时并未真正理解创新的含义。于是这个学生就认为只要写得和别人不一样，独特怪僻，不落俗套，就是创新。他对自己的“创意”沾沾自喜，这体现了学生特有的文化风格。

课本选择这篇文章主要是为了让学生学习船长舍生的英雄精神，但是一些学生认为船长的死不值得，而且认为“英雄”并不意味着要“牺牲生命”。生命是最可贵的，一个人堪称英雄应该是因为他(她)活着时的行为，而不是死后的宣传，珍惜生命、珍惜现在才是最重要的。这样才对社会真正有意义。

第五章

小强的故事

学习成绩落后、课堂上问题行为频发、经常不交作业或厌学情绪明显的那一类学生，往往被一些教师称为“问题学生”，认为他们“学习差、纪律差，自己不要好”。有的学者认为这些“问题学生”所具有的价值观和生活方式、行为模式等产生了偏差，由此形成了种种现象和问题[①]。但我认为，他们并不是“问题学生”，而是具有“问题行为”的学生。

由于学业上处于劣势，行规上格格不入，他们在班级里成为“另类”，于是他们自暴自弃，将自得其乐的玩耍作为唯一的逃避方式。而家庭的变故等因素也给他们的心灵带来了创伤，缺少父母的关爱和帮助，以及老师和同学的鼓励，再加上他们自身缺乏自制能力，导致他们将自己放纵于玩耍之中，以此来获得自我尊严的满足。他们对学习失去了信心，因此一些学生经常在课堂上发出“学习很没劲、无聊透了”的叹息，制造出一些引起大家注意的声响来打发时间。有些“问题学生”往往面临着双重困境，他们在课堂上捣乱，做一些违纪，或让教师、家长不高兴的事，这些行为往往是因为他们在学习过程中听不懂、学不会或得不到理解，所以通过破坏或干扰大家的正常学习状态来引起关注。没有生来不爱学习、破坏纪律的学生，问题行为的产生通常是由教师、学生和环境三方面的因素共同造成的。

在我所研究的这个班级中，小强的故事最具有代表性。他就是很多教师认为的“问题学生”，大家对他充满了担心。从一开始我进入班级开展研究时，就被告知了这一点，学校希望我能和教师们一起找到办法帮助小强。然而，在我后来的观察和访谈中，越来越多的事实告诉我：对于这个孩子，不能简单地将其归类为“问题学生”；要改变他仅依靠学校教育单方面的力量可能

---

① 俞国良．学校文化新论[M]．长沙：湖南教育出版社，1999：278．

不够；教师和家长也不应该对这个孩子的将来感到悲观失望。深入了解这个孩子的言行和表现，就会发觉他在许多方面优点突出，他聪明、善良，对事物有独到的看法，还具备学业成绩要求之外的各种才智和能力。而且，在他不遵守课堂纪律背后，也体现出了良好的道德品质。这一点在我后期的研究中得到了他的任课教师们逐步的认同。他所表现出的特有的行为规范和价值观念，恰恰代表了一种学生文化特征，其中有些内容和学校教育的要求不完全一致，但并不意味着与社会的主流文化相对立或背离。这个“最特殊”的学生，恰恰代表了“最典型”的学生文化。在许多方面，小强的生活方式与其他学生有共性，体现了学生这个大群体的特点。从这个学生身上正好可以让我进一步思考和揭示学生文化的性质、功能和成因，以及对学校教育的反思。于是，在描述和分析了这个班学生的整体文化面貌后，我将小强作为一个个案呈现在这里，归纳出他的家庭生活、学习态度、玩乐内容以及对教师和制度规范的看法等层面，将他所代表的一种学生文化呈现给读者，并分析哪些是有利于他发展的，哪些是需要学校和教师加以引导和修正的，以及我们应该如何帮助他取得进步。

一、坚强而乐观的生活态度

小强是1988年出生的上海本地人。他的父母都是高中文化程度，父亲经营一家汽车修理店，而母亲是一名待业工人。在小强读小学四年级时，父亲因刑事问题被判处6年监禁，母亲提出了离婚，最终小强被判给了父亲一方抚养。此后，母亲去了美国，小强由退休的爷爷奶奶抚养，周末在外婆家生活。虽然两亲家住在同一个小区，但小强奔走于两家之间时，两家人几乎没有来往。小强和母亲的联系就仅限于每周一次从美国打来的电话。除此之外，他的舅舅、阿姨等经常带他和表兄妹们一起玩。

小强过着简朴的生活。爷爷曾是某铁路公司的技术人员，奶奶是普通工人，他们的退休工资加起来每月只有两千多元。这些钱仅高于上海市的最低生活保障线。除了支付他们的日常生活开销，最主要的支出就是给小强支付上学费用，包括交学杂费、书本费、校服费、午餐费，以及其他一些费用，如看电影、春秋游等，还有购买文具等用品。每个学期花费约一千元。虽然这个数额对上海市的大多数居民来说并不算太多，但是小强的爷爷奶奶还要考虑儿子刑满释放后的生活，自然平时会更加节俭。而另一边，小强的外公曾是一所大学的门卫，外婆是工人，他们的退休工资加起来不到两千元，相比小强的爷爷奶奶家还要拮据些。但是在小强看来，外公外婆更关心他，经常给他一些零用钱，还会给他买文具用品。相比之下，爷爷家并不给小强零用钱，也很少购买衣服和其他用品。每天给的早饭钱只够小强在小店里吃早点，没有什么剩余。要想扣出零用钱来，小强就得饿着肚子不吃早餐。这些情况在一定程度上导致小强对爷爷感到不满意。他每天上学骑的自行车，是他生日时妈妈从美国寄钱来委托舅舅帮他买的。周末在外婆家的生活相对好一些，因为妈妈经常寄钱回来（包括给小强的生活费），舅舅、阿姨也更照顾他，会带他一起出去吃饭和娱乐。他穿的衣服除了校服外，大多是表哥穿过的那些半新的。例如，有一次新学期开学之际，外婆主动给钱让他买书包。于是，小强在邻居家小孩的陪同下去了农工商超市，买了一个价值一百多元的灰色书包，他非常高兴。但是，这次购物引发了小强对爷爷的不满，他表示，“他才不管呢，不用出钱，他当然高兴”。可是，小强并没有体谅到年迈的爷爷奶奶要用那点微薄的退休金维持一家人的生活，还要为未来做打算的辛苦。而外公外婆家，如果不是远在美国的母亲定期汇钱来贴补家用，恐怕也无法给小强提供更多经济上的帮助。

小强习惯于简朴的生活，从不对物质生活提出过高的要求，也从不和同学攀比，更不会向家人无理索要东西。每天课间，小强不像其他同学那样从学校小店买或从家自带各种零食吃，只是偶尔买一袋五角钱的小鸡肉或一瓶纯净水。夏天时，他会在书包里装一个果奶瓶，课间去接学校保温桶里的水，倒也喝得有滋有味。由于平时在家的饭菜很一般，他对学校的午餐几乎没有什么挑剔，觉得很好吃，也从不像别的同学那样，吃几口就将饭倒掉。甚至有时很奇怪地问我，“他们为什么不爱吃，很好吃的啊。倒掉多可惜啊”。尤其是当午餐中有一只烧鹌鹑时，女生们都怀着害怕和厌恶的情绪将其倒掉，小强却吃得很香，并说“她们那么浪费，这么好吃的东西，还不如给我们男生吃”。后来，这些鹌鹑就成为他和另外几个男生的美餐了，有时甚至一人吃五六只，他们吃得很香，反过来让女生们大惑不解了。他最大的愿望就是拥有一台电脑，而母亲的要求是他学习进步了才给买，这种激励因素并没有激发小强痛下决心学习，因为他觉得光靠自己努力是不够的。

单调的生活激发了小强想要走遍全国的愿望，很希望自己能去外面的世界看看。他喜欢吃牛肉拉面，便希望自己能够去兰州生活，那样就可以经常吃了。他还渴望去西部各地旅游，了解当地的风土人情，因为那里有很多上海没有的风景和好玩的东西。他向我询问了许多相关情况，包括气候、饮食和住房等，表示自己在那里生活也会很愉快。可见，对于生活在上海大都市的小强来说，他本人并没有优越感，反而觉得很受制约。这一点，其他同学也深有同感。大家都不想困在家里，除了学校到家的这点范围外，上海市内的其他地方和全国各地，都是这些初中生们想要探索的目标。但是，他们的父母绝大多数情况下是不会同意的。

小强每天的生活步调是这样的：早上 6:15 他在小闹钟的叫声中起床，随后去小店吃早餐，然后骑自行车来学校，通常在 7:30 前到校，很少迟到。下午放学时间由班主任灵活安排，虽然学校规定放学时间是 15:45，但有时会因为补课或"训话"而延迟到 17:00 以后。如果早放学，小强有时会去网吧玩一个小时再回家，如果放学较晚就直接回家了。不过，大多数时候都是爷爷骑助动车在校门口等他一起回家，这样做一是为了小强的安全，更重要的是为了监督他早点回家。晚上睡觉时间最早是 21:00，有时他会看电视到晚上十一二点才去睡，为此还曾被爷爷用电线抽了一顿。周末住在外婆家，早上一般 9:00 起床，有时会去找同学或邻居家的小孩玩，当然还得做作业。寒暑假除了写作业外，主要是和小区里的孩子打游戏或上网。

小强身处两个家庭众多亲人的关心和爱护中，然而他却感到很孤独，因为父母不在他身边，无法给予他应有的关爱。爷爷奶奶和外公外婆对他再关心，也无法取代父母的陪伴。小强从小就和母亲更亲近，母亲不在身边使他感到很难过。回到家里，他很少与家人交流，几乎不会分享内心的想法和感受。尽管两家人都对小强的学习很关注，希望他学有所成，但却无法找到适当的方式来帮他。烦琐的说教只会引起小强的逆反和不满，他觉得自己的这两个家都"没有学习氛围"。

二、学习成绩与思维之间的反差

从初一开始，小强的学习成绩总是排在班级倒数第一。可抛开成绩来看，小强其实是个非常聪明、机敏的孩子。他的课外知识、想象力都很丰富，而且具有一定的创新意识。

(一) 倒数第一的成绩

小学时期的小强，班主任和其他老师都很关心他，经常鼓励他，父母也经常督促和提醒他，加上他自己聪明好动脑筋，学习处于中上水平。然而，自从父母离婚，母亲去了美国后，他在学习上逐渐滑坡，初中预备年级时还可以，自从升入初一年级以来，学习越来越差，考试总成绩总是全班倒数第一。家庭的变故给小强的身心带来了极大的伤害，一个原本温馨的家不在了，突然间父母都不在身边，而爷爷奶奶和外公外婆常常各自在小强面前指责和埋怨对方，这让他感到无比苦恼，无法承受。这些直接影响到了他的学习，表现为注意力不集中，情绪低落，学习积极性降低，学习成绩一落千丈。相比而言，小强的语文学得要好一点，他文思敏捷、想象力丰富，具有一定的课外知识。但许多需要记忆的语文基础知识都没有掌握，同样的，他觉得自己记不住英语单词和数学定理，总说自己记忆力很差。其实并非如此，而是因为他几乎没有花时间和精力去学习基础知识。他学得最差的是数学，听不懂的知识太多而且没有及时得到解决，导致问题不断积累，变得越来越难以应对。我坐在他旁边进行课堂观察后发现，小强在语文和英语课上有一定的主动参与学习的行为，而数学课上则如同一个旁观者，消极参与，有一搭没一搭地听几句。这种行为与任课教师对他的态度密切相关。语文课上，老师时常鼓励他回答问题，或参与课堂的其他活动，还会走到他面前鼓励或表扬他几句。语文老师还几次当众表扬了他的作文，很真诚地让同学们学习他的优点。小强显然对老师的关注感到高兴，每次全班背诵和朗读时，他都很认真。英语课的教学气氛一向很活跃，教学节奏快，学生的纪律整体上也表现得最好，小强也从未有过违纪行为。宋老师会经常提问他，并借此表扬他问题回答和对话练习做得好。而数学课，尤其是初一时，任课老师并没有以正面鼓励和表扬的方式关注过小强，除了批评外，几乎忽略了他的存在。于是小强经常扮演“捣乱分子”的角色，或是在课堂上说话或看别的书；当他学习遇到困难时，不仅没有得到及时的帮助和辅导，反而受到更多的指责批评。一次发了考试卷后，数学老师走到小强桌前，说：“不要脸，上次还考了五十几分，这次干脆不学了！”或许那位教师有种“恨铁不成钢”的心情，但是先得好好想一想，为什么小强这次考得更差,“干脆不学了”是什么原因?应该怎么补救?而且,考得差就“不要脸”了?!道德品质和学习成就之间是有一定关系,但并不意味着学习差就等同于道德坏。到了初二,在新班主任李老师的数学课上,小强的表现很规矩,老师偶尔也会提问并关注他,但是由于以前落下的知识太多,他听起来就非常吃力,所以他并不吵闹,更多的是低头玩弄自己手上的东西或睡觉。课后李老师曾留下小强辅导,还是有一定效果的。可惜这种辅导行为由于工作忙没有持续下去。在其他课程的学习中,新综合科学课和计算机课是小强最喜欢且学得好的课程,一次期末考试,新综合科学课的考试成绩居然得了全班第一,连他自己都难以置信,因为他并没有认真听讲和复习。

小强并没有主动放弃学习,也从没有想过要放弃学习。但他时刻感到很无助,很沮丧。父母不在身边,不能给予他关爱和督促,而爷爷奶奶和外公外婆是心有余而力不足。外公外婆没上过学,他们从不看报纸,但“电视总是能看懂的”。爷爷虽是大专文化程度,但不了解现今的课程和教学情况,无法提供适当的帮助。上小学时,爷爷曾督促小强预习并教过他一次,不过小强觉得“讲得很怪的”。奶奶也是上过学的人。但小强认为“他们不达理”,因为“爷爷很坏的,自以为自己对。有一次我写‘炼’字,他认为是‘练’,我查了字典给他看,但他认为字典也不对”。小强自己深感“家里没有学习氛围”,这些老人帮不了自己。

小强的倒数第一问题也与任课教师对他的态度有关。在学习差的事实下,自己本身就信心不足,如果这时教师能多关注他、鼓励他,及时提供帮助和解答疑惑,那么他就会表现出一定的参与课堂学习的积极性。数学课上的表现,正是因为他对教师所讲内容听不懂,一次没学会,下面的内容就更难理解了。而受到忽视,缺少及时帮助和指导,甚至受到批评,都进一步打击了他的学习自信心。对于学习很差的学生来说,最初并不是自己主动放弃努力学习,而是逐渐从被动、不自觉转变成这样的。小强跟不上学习进度,受到某些教师的轻视,自尊心受到伤害,对自己就逐渐丧失了信心,最终导致放弃学习。不仅在课堂上缺乏学习的积极主动性,放学回家后作业也只是应付性完成,更别提自主复习和补课了。到了初二年级,连续几次成为倒数第一后,小强的学习积极性受到了严重打击,他不再主动参与课堂,也不再大喊大叫捣乱。相反,他变得沉默寡言,只是静静地低头玩手中的笔,或是趴着睡觉,仿佛课堂教学与他无关。有些任课教师一上课就直接对小强说，“你趴着睡觉吧”，仿佛在示意小强只要他不捣乱，不干扰纪律就行了。

另外，小强的自控能力较差，管不住自己。上课时总想说话、做小动作，从不愿意记笔记，甚至不写作业，复习也打不起精神来，惰性很强。他明白自己需要下工夫努力才能赶上其他同学，却缺乏动力和紧迫感。这种情况就需要父母和教师的温和督促和提醒，以及同学和朋友的鼓励和帮助，使他逐渐学会自我约束，积极面对学习。

(二)“专座待遇”的利弊

班级授课制的教学组织形式固然有其诸多好处，但在因材施教、个性化培养方面也有缺憾。教师无法同时顾及全班每个学生的学习反馈，尤其在这个拥有 40 多名学生的班级中，教师难以细心察觉到小强的反应。在班主任了解到小强上课时的不安分情况时，首先想到的是给他换座位，将他从原先坐在中间排的位子换到了第一排的“专座”，这是一个人的座位，没有同桌。虽然班里每周都会按纵列轮换座位，但他都是在第一排。这样的目的是将他与其他同学隔离开，避免他影响其他同学上课，表明了对他的一种警告，同时也可以提醒每位教师多注意、多督促他。可是，这种良苦用心并没有阻止小强的活动，每当他听不懂或不想听课时，他还是会斜过身子伸个懒腰，或和后排的同学说句话，尽管有时对方并不理会他，他仍然在自说自话。同时，这个专座使所有任课教师都一目了然地知道，这个孩子一定是太调皮了才坐这里的，看来得当心点。当大家都感到小强坐在第一排仍然会影响周围同学听课时，小强就自愿提出换到最后一排。因为他觉得在第一排太不自在，总被各科教师盯着。最终，班主任无奈地同意了，其中一个原因是，那时我已经进入班级进行研究，我听课时一般是找最后一排的空位坐的，那么小强坐到最后一排的专座上，我正好可以坐他旁边，对他会有督促和监管作用，也许他会表现得老实一些。可事实上，小强自从坐在最后一排，就等于从任课教师的视线中消失了，处于一个被遗忘的角落。这对帮助小强学习进步没有任何好处。

可见，设置“专座”的实际作用主要在于约束问题行为学生的课堂言行，使其他同学不受他的干扰，但实质上并没有增加教师对他的关注和帮助，也没有直接促进他的学习进步。小强坐在专座后，不但学习没有进步，反而孤立于其他同学，和课堂的各种活动相隔绝，从而逐渐放弃了努力。

第二任班主任曾表示想给他重新安排座位，让他和学习好、纪律好的班干部坐在一起。但是小强是否还有学习进取心不明，更主要的原因是同学们都不愿意和小强坐同桌，而家长的反应也非常强烈，他们担心自己的孩子会受到不良影响，来自家长的意见往往会使学校教师非常为难，班主任只好作罢。另外，小强自己也不愿意再换到别处了。

于是，在进行课堂观察期间我一直坐在他旁边，这使得我和他逐渐熟悉，并且建立了友好而信任的研究关系，也让我了解到他的很多情况。他在了解了我的研究意图之后，能够积极合作，并主动协助我收集资料，提供他认为重要的信息。小强对我非常信任，愿意听取我的建议。班主任多次告诉我，小强一看到我就兴奋得不得了。这既说明我和他的研究关系良好，又说明小强在我到来后的孤独感得到了减轻，似乎也暗示了其他教师的一种担心，担心我会偏爱这个孩子而使他有恃无恐。所以，我一直很小心谨慎地处理着和小强的研究关系，并不断反思。而班上的其他学生也很羡慕小强——能和我多说话，还能受到我的关注和关心。小强的爷爷奶奶也希望我给小强补课，帮助他提高学习成绩，他们期望通过我向小强转达他们的某些想法，因为他们感到小强会听我的话，而他们说了没效果。对于一个学生来说，能够信任别人并受到别人的信任，对这个学生的进步和发展有着至关重要的意义。当“信任”在学生、教师和家长之间建立起桥梁时，学生会增强学习的信心。而对小强来说，没有他的家庭和学校教师的协作共育，仅仅通过我能够改变和帮助他多少呢？我常常感到很担心，尽管我一直很想尽自己所能去关心和帮助他。

（三）思维敏捷兴趣广

虽然小强在学业上成绩落后，但他思维活跃，兴趣广泛，善于获取各种信息，课外知识丰富。他擅长多角度联想，能够将所学联系到实际生活中。但这一切的前提仅限于他感兴趣、愿意主动了解的领域。

1. 超越课本之外的广泛兴趣

小强常说最感兴趣的就是他的最爱。“我的最爱就是 *Discovery*”。*Discovery*，中译名《探索·发现》，是中央电视台播出的一个系列节目，主要讲述科学发现和对世界奥秘的探索。下面这段小强说的话，就揭示了他感兴趣的东西。尽管对一些事情了解不全面，一知半解，但他能关注一些科技前沿问题，并对科学家的事迹有一定的认识，这表明了他具有科学探究意识。

> 我喜爱看 *Discovery* 节目，现代的科学知识基本上都是从那里获取的……但我感觉根本不可能“时光穿梭”。电视上说如果超过光速，就可能实现时光穿梭，但我认为不可能。我知道霍金，他曾经来过中国。他有什么伟大之处呢？尽管他只是提出了一些理论，但他的生命也是有意义的，相比之下，我觉得自己也很幸运，每个人都是如此，我也在尽力作出贡献，虽然不知道具体是什么。嘻嘻。你知道吗，霍金还演了一部电影《打牌》。虽然他瘫痪了，但他提出了“膜”有模理论，所以很多人都崇拜他。

除了看电视节目，小强获得知识的途径还有报纸、书籍和网络。《中国少年报》《科技报》等都是他喜欢阅读的报纸。所以，尽管在课堂上并不认真听讲，但通过课外途径，他已经了解了一些教师还没讲到的知识。“只要看电视就都知道了呀，何必在课堂上这么讲这么学”。身处于上海这样一个信息化程度很高的城市，小强知道该如何获取信息和利用信息。他最喜欢的是新综合科学课、计算机课和体育课。自己感兴趣，而且课堂氛围轻松愉快，可以边学边玩，所以他也会找机会参与课堂学习，展现自我。当他的积极展现得到相关教师的关注和肯定后，他受到鼓舞变得更加积极了。而由于数学课上没有让他展现的机会，于是他转而专注那些认可他的其他课程，并参与思考和讨论他感兴趣的内容。当然，他经常会忘乎所以，忘记了课堂上的纪律要求，也忘记了光感兴趣还不够，还需要认真学习和按照要求练习。他经常为自己辩解的一句话就是，“我上课不喜欢记笔记，不记难道就不及格了？”可事实往往正是由于他不重视记笔记而基础知识掌握不牢固。一次新综合科学课上，任课教师走过来让小强将书翻回来做作业(此刻，小强正把书翻到后面看他感兴趣的内容)，说：“什么都不做，考试怎么办？快做！”然后考他几个题，他都回答正确了，于是惊喜地说：“你还不错嘛，那为什么不做？做了你不就做优等生了！”小强告诉我，虽然会，但他不想做。“我最爱学网络游戏，不用教都是精英”。

清楚地领会我的研究意图，并知道我要观察和记录什么，这也是小强体现出的一种聪慧。而且，他经常会给我推荐他认为有价值和意义的一些电视节目，不过他并不沉迷于电视连续剧，武打片也是有选择地看，而对于一些动画片、纪录片和科技片，他总是津津乐道。有一次，他建议我看一部动画片《小明和王猫》，认为它“很有教育意义和哲学意义”。我问他什么是哲学意义，他回答道，“不知道，你自己看了就知道了”。很遗憾的是，我至今也没有看过这部动画片，所以无法了解其中的哲学意义和教育意义到底何在，也不清楚小强所认为的“有哲学意义和教育意义”究竟是指什么。但是我查阅了网上有关这部动画片的简介和评论，发现确实有人说反映了家长教育孩子的问题以及家庭教育的问题，而后来这部动画片也被停播了。但我从小强的观后感和给我推荐时的评说观点可以看出，他很有自己的见解，在课外知识的选择和获取上，并没有违背和脱离学校教育的要求。他从生活和娱乐中不断地体验学习的乐趣，这同样是非常有意义的。有一次，我和小强谈到我的论文研究目的时，他说我的论文可以出书，并问我一本已经出版的书是关于什么的，稿费拿多少，并表示自己也想写篇文章给报社，赚稿费。当我表示可以帮他时，他却红着脸说，“嘻嘻，我写不来”。其实，小强也是很想追求上进的，只不过缺少别人的欣赏和鼓励，这使他对自己缺乏信心。

2. 带有批判性的创新意识

我们教育界不断提倡创新，强调培养学生的创新意识和创新能力。小强耳濡目染，对创新有了他自己的认识，并对现状进行了批判。他认为，目前中学课程所学的这些内容已经过时，“是垃圾课”，应该及时更新教材内容。除了新综合科学外，其他课程的内容都相对陈旧。作为一名中学生，他能够对课程和教材内容的陈旧状况有所关注并提出批判性意见，这是值得肯定的。我们通常期望学生被动接受成人所设计编写的教材和课程，只要求他们掌握所教的内容，却不去思考它们是否适当、陈旧与否。学生不仅应该关注自己的学习成绩，也有权利对自己所学习的课本和课程提出意见和建议，以批判的眼光看待教育教学活动。在某种程度上，就是因为这些课程和教材内容的陈旧和脱离学生实际，才让小强对学习失去了兴趣。而且，小强表现出，如果自己已经了解的内容在课堂上被重复讲述，他会失去兴趣，转而自行寻找其他感兴趣的内容；而对于他感兴趣但现行课程和教材未涉及的内容，他感到无法满足自己的求知欲。这样，小强就觉得有些课听起来很没劲，无法激发他的学习热情。他甚至希望学校开设有关网络游戏的课程，开展相关的研究性学习。这种想法无疑给我们的课程改革提供了一种启示：什么知识最有价值？应该开设怎样的课程？充分了解和考虑学生的需要和兴趣，以学生的发展和需要为本，使学生更积极地参与到课程中来，这种观点具有一定的参考价值。

在小强积极参与和思考的课堂上，他常常能提出更高明的解决办法和思路，让师生对他刮目相看。他也经常提出一些独特的问题，例如，“阳光是什么味道？”“是不是光速的一百倍就时空倒流，人都变掉了？”他在以一种符合他自己特点的方式思考和学习，从而更深刻地认识生活、社会和周围的人。这样一种充满灵性的生活化的认知方式，不正是我们的教育所缺失的吗？

可以说，小强是一个聪明伶俐、思维敏捷的孩子，好奇心强，有探索精神。他厌倦和不满足于课堂上教师所讲授的知识，但在课余时间涉猎了许多有助于开发他智力的内容。如果仅以学习成绩来衡量他，那他是一个“失败者”，但是他有自己的智力强项。在科技知识、空间想象等方面，他很有优势。倒数第一的成绩排名并不能代表他的全部，我们应该清楚地认识到他的特点和长项，并对他进行个性化培养，给予他全面、公允的评价。

三、最大的快乐是玩

小强的校外生活看起来很单调，但却很有规律。在家看电视、玩游戏，或者和同学一起骑自行车，偶尔踢踢球，周末时也会去网吧玩网络游戏。寒暑假的生活也大致如此。对他来说，玩就是最大的快乐。为此他的爷爷奶奶和几位老师都很担心，觉得小强除了贪玩以外没有别的事情可做，似乎是个不爱学习的孩子。其实，所有的孩子都爱玩，这是一种天性。只不过每个孩子对于玩耍的尺度有所不同，有些孩子可能更加适度地掌握了学习与娱乐的平衡。

假期就要玩

下面是小强某个暑假的生活自述[①]：

我一般早上9点起床，偶尔会早一些，晚上则在11点多睡觉，不吃早饭，他们没做。起床后就打游戏。中午11点到11点半吃午饭，然后12点半左右，新村的人找我一起玩，每天都会去。我们要么一起在家打游戏，要么在外面打(游戏)到晚饭时间，通常是下午5点到6点。晚饭后7点左右继续打。小区的停车棚很亮，大人常在那里打牌"斗地主"，我们就坐旁边，三个人打，打到晚上9点左右回家。

打游戏，Play Station，简称PS，是一种在电视上用光碟玩的设备，有5元一张的。或者打Game Boy，简称GB，是需要电池和插卡玩的手持游戏机。价钱有贵有便宜，最贵的100多元，一般几十元。比如，宠物小精灵，玩的等级高了就玩PK，就是对战，用连机线将两台机器连起来。最高等级是100级。宠物小精灵中有250多种小宠物，"图鉴"里面有250个编号，如果碰到一个精灵的号，相应的照片就会出来。新村的其他人不怎么跟我玩，因为他们等级不高。我老早就有，他们刚买……有时去楼下踢球(很少)，中国队两场都输了，没意思，要自己踢才会好玩。还玩电脑(网络游戏)，在飞云网吧，是个"秘密地方"。这个网吧有100台电脑，试营业，在一个未建好的大楼五楼，一小时3元。里面不危险，有一两个大小孩，不坏，有高中生，也有大学生。我不和他们打交道。咱们班上也有同学一直在那里玩。尤其玩魔力宝贝，主要是打仗，练级，赚钱和买东西。

小学时读过课外书，预备班时就读过《水浒》的一个章节，借的，读完了，没感觉，只是好看而已。初一时读的"攻略"很多——主要讲玩网络游戏的策略，有别人借给我的，自己也买过一本。这个暑假我一本书也没看。玩回来洗澡看电视。在客厅自己选合适的电视节目看，他们在卧室有电视。我看到晚上11点，喜欢看《猫和老鼠》，还有其他很滑稽的节目，还有7月放映的《少年张三丰》。看什么节目家里人不干涉。有时晚

---

① 引自我的访谈记录，2002年9月2日，下午4:30。

上12点才睡觉，再晚，爷爷会打骂。以前拿电线（鞭子）抽好多下，很痛的，我哭了。这个假期没有被打过。爷爷奶奶不爱我。家里没有课外书，爷爷喜欢看报纸，家里只有《新民晚报》，我不看，觉得不好看。我喜欢看*Discovery*。喜欢一些好玩的、稀奇的。

暑假就是这么过的。每天起床后忙忙碌碌，玩得不亦乐乎，而学校布置的暑假作业却被抛到一边。正因为爱护和关心，爷爷奶奶才管教他。但是，苦口婆心的说教不起作用，有些粗暴的打骂方式也没效果。要么不管，要么严管。他们对小强束手无策，不知该如何管教。年龄、经历和认识的悬殊，也导致他们之间没有沟通的余地，管教多了反而让小强觉得他们不爱他。都市文明的发展给我们的生活带来了巨大的变化，但也让孩子们难以找到玩耍的空间和场所。在漫长的假期里，除了打游戏、看电视、飙自行车，还有什么可玩的？所以，小强从不厌倦上学，每天都准时到校，因为学校里毕竟有同伴、活动场地和玩耍的条件。可是，居住的小区里没有给孩子们提供足够的娱乐场所和设施，大人们沉迷于“斗地主”，怎么能不让孩子耳濡目染？

家里人希望小强努力学习，于是总想让他补课，或上补习班，或请家教，但是小强坚决反对，“宁死不补课”。因为他觉得寒暑假本该就是学生放松玩耍的时间，做完作业就已经足够了，怎能再以补课的形式剥夺学生的玩耍时间呢？这给我们提出了一个问题，小强虽然学习成绩不理想，但他自己也想进步，只是不愿意占用他的节假日。

1. 打游戏是爱好与理想的结合

小强认为最有趣的活动是打游戏，尤其是网络游戏，将其视为与*Discovery*节目一样的最爱，对此他深具自信。“因为好玩，这就是原因”。在相对单调的玩耍方式中，小强选择了打游戏。因为在那些游戏中，他能将自己的喜怒哀乐都融入其中，找到认同，培养了现实生活所需的技能和本领，也寄托了自己的美好愿望和理想。在成人的世界和现实的生活中，没有由孩子控制和主导的场所，没有孩子的用武之地，孩子时时处处得听从成人的安排。即使孩子完全能够完成某些任务，成人也往往不放心和表示怀疑。在这样的环境下，只有在网络和在各种游戏中，孩子们才能施展才华，实现自我价值，获得满足。更重要的是，他们不仅通过游戏获得乐趣，还在其中“实习”和练就了很多生活技能和生存手段。小强曾津津有味、如数家珍地给我介绍了几种网络游戏，如《金庸群侠传》《网络三国》《龙族》《魔力宝贝》《石器时代》《传奇》等，还有单机游戏如《克洛人 X5》《大航海时代》《宠物小精灵》等。在这些游戏中，孩子们自己就是主角，拥有主动权。他(她)可以去各种地方，进行买卖交易，低价买进，转手在另一个市场高价卖出，然后根据行情和需要再购买其他商品，为了生存还必须保护自己的领地，运用自己的智慧，发挥创造力和自主动手能力，购买和改良武器，与敌人作战等。在这个虚拟的游戏世界里，孩子们模拟和“实习”了现实世界的各种活动。用小强自己的话说，“如果失业了想经商的话，这样的游戏蛮好的，游戏和现实中都是这样的买卖，至少可以学会做买卖，为现实生活中的待业再就业提供帮助”。孩子们可以从游戏中学到很多实用的知识和技能。在这个虚拟世界中，孩子们就是主宰，就是成功者。难怪越来越多的青年人也沉迷于游戏之中。为了进一步了解小强对网络游戏的喜爱，有一次在陪同小强去网吧上网的一个小时里，我看到了他那投入、兴奋的神情，娴熟的动作以及灵敏的反应。他在游戏中展现出周密的考虑和规划能力，如鱼得水般的欢快，让我也仿佛置身于一个充满乐趣和挑战的游戏世界。在这个世界中，仿佛自己就是一个跨国企业的总裁，在弹指间运筹帷幄，管理人力、财务和资源，对对手的勘察和分析了如指掌，在游戏者的世界里我体会到了挑战、策略和智慧的乐趣。

小强尤其喜爱玩网络游戏，这与现实生活中的各种条件密切相关。在信息化社会，网络和计算机的普及越来越迅速，在上海拥有电脑的家庭数量迅猛增多，大约占 40%。此外，营业网吧的分布也非常密集。以 N 中学周围为例，就有大约 7 个合法经营的网吧，其中规模较大的里面有 200 台电脑，规模小一点的也有 100 台左右，可供很多人使用。尽管国家严令声明，未成年人没有监护人陪同不得进入网吧，但仍然有部分学生出入网吧，甚至有些学生对自己学校假期开放的电脑室也不屑一顾，因为他们觉得在网吧里更自由，没有人催促和监视，不受约束，可以放心地沉浸在自己的虚拟世界中。小强也是如此，由于家里不给他买电脑，网吧和亲戚家的电脑就成为他娱乐的主要平台。而且，从他的个性特点来看，小强是一个好动的男孩子，平时在教室里也会踢腿伸胳膊地展现自己的“武功”。和许多男生一样，他喜欢看一些武侠电视节目，喜欢那些惊心动魄的场面，觉得刺激好玩。而这些他所钟爱的网络游戏的内容，正好迎合了他这种口味，也符合了他的口头禅“好玩”的标准。

小强之所以如此热衷于玩网络游戏，也与他在学校和家庭中的处境有关。在学校，他对所学内容不太感兴趣，认为课本知识陈旧乏味，很多课堂上讲的内容，他早已了解，而有些内容他又听不懂。老师大多也不关注他，同学中也没有真正的朋友。在家里，父母不在身边，爷爷奶奶又不了解他心里真正的想法，导致双方之间交流不畅。这些因素都使他感到孤单和无助，找不到快乐和认同感。因此，当他为觉得好玩的事情高兴时，就会情不自禁地在课堂上大喊大笑，忘乎所以，而这就会被教师视为违反纪律、恶意干扰课堂秩序，而加以惩罚和训斥。只有沉浸在网络游戏中，他才能感受到作为强者控制自如的乐趣和自信心，才能尽情抒发他的愉悦心情，而不必担心受到别人的批评。在网吧里，大家都很兴奋、投入。在玩《魔力宝贝》这款游戏时，小强的技术很娴熟，在游戏同伴中是佼佼者，练级过程中他的等级最高，别人都不如他，为此他获得了尊严和心理上的满足。小强之所以打游戏的“功夫”很高，与他从小就开始接触电子游戏有很大关系。小强自幼就开始玩电子游戏，为此，当时父亲还给他买了一台价值一千多元的游戏机，所以他在打游戏方面表现出了高超的水平，对游戏的兴趣也越来越浓厚。随着网络游戏的产生和发展，小强也“与时俱进”地成为网络游戏的爱好者和高手。他居然和我说，“玩网络游戏要从娃娃抓起”。

学校教师和家长大多不赞成孩子们去网吧打游戏，认为有百害而无一益。N中学的教师们也按照学校规定，告诫学生不许在午饭时间溜出校门，或是放学后不按时回家去网吧里玩游戏。他们三令五申地强调，私下里也去网吧里查看，发现自己班学生就会揪回来严厉批评一番，并要求同学之间互相检举。他们认为，沉迷于网络游戏而不能自拔会严重影响学生的学习、身心健康和生命安全，尤其是那些因长时间沉迷在网吧玩游戏而导致失去生命的惨痛事例，让教师和家长们胆战心惊。即使如此，学生们还是隔三岔五地去打游戏。对于那些家里有电脑的学生，家长一般也不允许他们用电脑来玩游戏。

然而，小强并不是一味沉迷于网络游戏的孩子。他有一定的自控力，这从他的实际行为和自我认识中都能看出来。每个星期他最多去网吧两次，每次不超过两小时。首先，他的经济现状限制了他的消费能力。小强每次向外婆要三四元钱，告诉她去上网，他们都同意，但他隔两天才会向外婆要一次钱，一周顶多也就两次。这些钱主要用于他去网吧或买游戏光盘。他的压岁钱比班里其他同学少，每年大约两百元。所以这些钱由他自己支配。他很节约，每次只花一点。更重要的是，他自己认为在玩游戏时有一定的自我控制力。“我从来不会上瘾，最多玩两个小时就可以了。而且钱花完了就会回家，从不借别人的钱。”他告诉我，玩网络游戏并不影响学习，不学习的时间很多，又没有别的好玩的方式。“其实这与成绩无关。我们班学习好的那几个同学也去玩的呀，并不影响学习的呀。”他的言外之意就是，他认为即便不玩网络游戏，他也不会将所有时间都花在学习上，自己学习不好，并不是因为玩网络游戏。而且，他观察到班上学习好的那些同学也会玩游戏，这表明玩网络游戏不是坏事，网络游戏不是只有坏学生或者学习差的学生才玩的东西。同时，小强认为，游戏种类繁多，有益智类的、练习反应的，还有可爱型游戏，它们能带来愉悦。打游戏可以锻炼手眼协调性和灵活性，从而增强人的敏捷反应；同时，还可以从中获取许多知识，促进智力发展。每次在网吧见到那些学习好的同学也在玩时，他就很开心，觉得有了同伴，甚至由于他们的存在，自己打游戏的行为也显得光彩正当。所以，他希望班里能有更多同学去玩网络游戏，这样他就会感到被别人认同。他经常对我说，“我们班只有 4 个人玩，感觉很傻，而其他班都有很多人玩”。自从禁止未成年人进入网吧的规定正式出台后，小强就几乎没去过网吧了，偶尔在亲戚家玩玩。

小强对网络游戏的钟爱表现在，他渴望别人认可和欣赏他的爱好。他问我是否喜欢玩网络游戏，很耐心地给我讲很多相关知识，并希望我和他一起分享其中的快乐，甚至提出要送我网络游戏盘和他的账号，邀请我一起玩游戏。他希望从我这个大朋友这里获得认同和支持，这让我既感动又担心。因为小强并没有意识到，其他学习好的同学是在学习优秀的前提下才去玩的。而他学习不好，就很容易让人将这两件事联系在一起，形成因果关系，并且加深对他“不学无术”的看法。我作为研究者和小强的大朋友，不知道应该怎样提醒他才是最有效的。于是，我就将这些想法如实地告诉他，他听后很沉重地对我说，“我也知道他们学习好，我应该将学习搞好，可是……”

进入初二上学期，他和小东成了玩伴，两人同住一个小区，都喜欢玩网络游戏。于是，两人很快成为“志同道合”的“战友”。然而，这种“并肩作战”的美好时光并没有持续多久。因为小东去网吧的行为后来成为他妈妈允许的事了，他不仅获得了“合法”的认可，而且妈妈要求陪他去网吧，每个星期日去一次，两个小时，儿子玩游戏，妈妈学上网，条件是小东放学后按时回家，不能擅自去网吧。小东答应了妈妈的要求，因为他能理解妈妈的用心。在这个经济并不富裕的家庭，妈妈对他操心太多，而远在美国打工的父亲也常常通过电话督促他学习。小强对于小东被“招安”感到不满，也感到不解。而学习成绩排在前十名的小东，非常听妈妈的话。妈妈不让他和小强玩，担心会影响到他的学习。因此，他们俩就只在学校里一起讨论网络游戏的玩法，相互切磋技巧，分享彼此的感受。

拥有自己的电脑，是小强在初一、初二年级时最大的愿望。他曾向家人表达过自己的这个愿望，但他们不肯买，主要是担心有了电脑会更加影响小强的学习进步。“妈妈说等成绩上去，表现好了才会考虑买。这么说也有道理。但我更希望现在就能买，因为我很想玩。”随着信息化社会的飞速发展，电脑价格逐渐降低，个人电脑进入普通家庭的情况越来越普遍。在上海，除了高校教师、科研院所人员和公务员家庭早已拥有一至两台电脑外，许多家长为了孩子学习方便也纷纷买了电脑。小强的外公外婆和母亲非常支持他的学习，只要小强愿意努力学习，成绩提高，就是花再多的钱都可以，包括买电脑。但是这个要求小强目前实现不了。小强辩解说，买了电脑自己就有动力学习了，所以只要给他买电脑，他就能保证提高学习成绩。学习进步确实需要动力和激励因素。对于小强来说，有了电脑不一定会像家长担心的那样导致学习成绩下降，相反，这可能会激发他情趣盎然地投入学习。家长不必一味地满足和迎合孩子的要求，但是根据孩子的特长适当地给予支持和引导，可以调动他们的积极性。一味地担心和逃避并不能解决问题。就如许多家长一味按照自己的意愿，不惜重金给孩子买钢琴，强迫其练习而丝毫不考虑孩子的感受和真正的兴趣需要，揠苗助长的做法往往适得其反。

小强的理想是成为一名网络游戏制作人。他并没有仅仅将“好玩”作为目标，而是想研究和制作更好的游戏，并将此作为自己的事业。目前，中国流行的网络游戏多为韩国、日本开发，其中有一些内容和价值取向对青少年产生了负面影响。所以发展民族电子游戏产业势在必行。小强立志成为一名网络游戏制作人，正是他无意中体现了对民族文化的关注和对事业发展的渴望。而且，小强对网络游戏事业有着自己独到的认识，他认为中国的网络游戏产业之所以不发达，不能像日本、韩国那样大力发展，主要原因在于没钱、投入少，观念上缺乏创新，以及没有技术和设计上的突破。真是一语中的啊！可见小强绝不仅仅是贪玩于网络游戏，而是在其中倾注了自己的兴趣、理想和认识，时刻关注着游戏产业的发展。他在玩的过程中也在思考，怀着一种爱国激情渴望探索中国自己的网络游戏，这种精神可圈可点，值得许多人学习。而且，网络游戏制作人这个职业在中国刚刚起步，在当前信息社会具有很强的时代性和宏伟前景，尤其在上海这样一个以国际化、信息化、市场化和法治化为建设目标的城市中，网络游戏业正在艰难地走向本土化的道路。这正需要大量热爱游戏开发和研究的有识之士投身其中，开发出具有中国特色的游戏，以改变目前日本和韩国游戏产品独占中国市场的局面。小强展现出的见识和气魄，不亚于许多技术知识人才和网络游戏开发精英，这彰显了大都市青少年的见多识广。相比之下，在我的家乡，一个内陆小城市，信息化刚刚起步，中学教育中甚至还未普及多媒体教学和远程教育。学生在网吧玩的网络游戏都比较陈旧，最新版的游戏很慢才能传递到那里，因此学生们接触不到网络游戏发展的最新动态，也没有机会思考如何研发新的内容。

对网络游戏的过分沉迷确实对青少年健康产生不良影响，但是适度的玩耍也具有积极意义。有学者在研究了人类休闲史和娱乐史后发现，网络游戏将各种娱乐因素进行了很好的综合，对青少年而言，它确实是一种利大于弊的娱乐形式。这些学者认为，网络游戏可以被看作一种学习方式。而且，有国外研究表明，游戏可以提高学生的学习兴趣和团体协作能力①。看来，关键在于如何引导青少年适当地控制玩网络游戏的时间和频率，让他们学会选择和判断，充分利用其积极因素，而不是一味地因噎废食，全盘否定。

2. 胡言乱语背后的稚嫩思考

小强常常会思考和关注生活中的种种问题。他认为只有觉得有趣才是适合的。至于“有趣”的含义，他认为就是稀奇的、没看过的东西。没好看的电视节目时，他会转而关注新闻里那些好玩的，比如发现了什么遗址、奇怪的人吞钉子或吃玻璃等好玩的、没看过的东西。他不喜欢关注国际新闻，也不

---

① 电脑游戏业亟待正视[N]. 文汇报，2002－10－31(2).

看那些社会新闻，比如洪涝灾害之类。他认为，“砍伐树木，水土流失等问题是因为国家管理不善。每个人都应该为保护环境出一份力，即使是每个人捐出1元钱，也能起到作用。不过死刑不好，用注射的方式进行安乐死也好，要本人同意”。这段话说得很混乱、很幼稚，但它反映出小强对探索世界新奇事物的关注，尽管对现实的政治、生活等方面的事不太感兴趣，可是他又似乎对一些社会问题有一定的理解，虽然有时候表达得不够清晰。可见他并非完全不关注社会问题。处在这样一个信息化的社会，每天他通过电视、报纸、网络等渠道也会接触到各种信息。尽管他的言论有些荒唐，但其中体现了他的善良、正义感以及对一些问题的思考，这也让他的观点有一定的道理。

他看到一个短信故事，就很有兴致地写给我，觉得很好玩。“有一天，我看见你蹲在马路边的便便旁，用眼睛看了看觉得是便便，用鼻子闻了闻觉得是便便，用手戳了戳觉得是便便，用舌头舔了舔觉得是便便，然后你站了起来，幸福地一笑，说：‘还好，没踩到。’”然后告诉我，现在流行的手机短信中其实有很多内容是不好的，会对青少年产生不良影响。他认为应该发明拦截功能，像电子邮件那样拒收不良内容。能有这样的想法，是值得表扬的。不仅仅是小强，许多学生都追求童趣和好玩，就如大家修改唐诗以逗乐一样：“春眠不觉晓，处处闻啼鸟。洒上敌敌畏，不知死多少。”但是这种逗乐里也折射出对现实生活的一定思考。这正是许多初中生的共同点，是学生文化的一种体现。他们总是将严酷的现实加以打趣式的消解，换成一种轻松诙谐的表达方式，从中获得一种肤浅的乐趣，从而远离烦恼。

对于不喜欢的事情，他总是表现出强烈的愤慨，不违背自己的感受而逢迎别人，即使自己的观点也未必正确。一次语文课上讲了鲁迅的《社戏》，同学们争相参与《社戏》课本剧的表演。而小强并不觉得有趣，“真无聊。我听了都起鸡皮疙瘩了。这种文章我还是第一次看到，什么偷蚕豆。为什么？因为太无聊了。最讨厌看这种戏，什么国粹，把脸画成这样，说话又听不清楚，我觉得无聊。不管什么戏，我都不感兴趣，一点也不好，奇怪得很，根本听不懂。我更喜欢滑稽戏、相声、独角戏、魔术。现在的人应该不会有人喜欢看这种戏了，我宁愿看电影，武打的、科幻的、枪战的”。鲁迅先生的《社戏》在小强眼里很“傻”，是因为文章中所描述的情境，小强从不曾感受和经历过，许多小伙伴一起露天看戏、划船、摘豆子、煮豆子等，这种只有在以前的农村才有可能的活动，对于一直生活在大都市的小强来说，简直就是天方夜谭，无法想象，其中的乐趣更无从体验。相反，他觉得这些活动老土、无聊。学生所处的现实生活已经完全远离了教材所描绘的时代和场景，所以他无法找到认同感。班里的一些同学和小强一样，对这篇文章缺乏感性认同和领悟。所以，他们表演的课本剧并没有忠实地呈现文章内容，而是按照自己的理解和现代生活方式加以演绎，以达到搞笑的效果。但是，小强并没有因为同学们对文章的现代诠释而觉得好玩。对于中国的传统艺术戏剧，小强不喜欢也不懂得欣赏，他喜欢的是现代的文艺作品。不过，《社戏》里作者和小伙伴们不也同样不喜欢看那些咿咿呀呀的戏吗？看来小孩子们大多如此，他们有符合自己年龄经历和认知水平的喜好，这些喜好受到当代社会文化的熏陶。因此，优秀的传统文化的继承、发扬如何恰当地与现代生活联系起来，是一个重要的现实问题。同时，我们也需要更多地反映现代人生活，尤其是孩子生活的优秀作品。

四、看重情谊的善良品质

小强是个特别重感情的孩子，他渴望别人的关心和爱护，能够清晰地认识到谁真正对他好，并且能报之以李。在他的生活中，师爱和母爱都是他最渴望的。他对过去所获得的关爱，心存感激，从未忘记。

> 我心目中的老师是性格温和的，上课时风趣幽默，可以随意地把手放在桌子上，放学时间可以早一点，体锻课可以让我们出去玩，不要管我们太多。说到这些，小学一至四年级教我们的姚老师就做到了。可是这只是小学。我心目中的老师，也许只可以当小学老师，可是我还是喜欢这样的老师。

小强写的这篇《我心目中的老师》真是感人至深。质朴的语言表达了他对小学老师的怀念，对现在老师的期望。小强常会去以前的小学看望老师，不仅在教师节去，平时有时间也会去看望。其中有一位姚老师就是他心目中的好老师，当时对他关怀备至，给予帮助和爱护，因此他对这位姚老师一直充满感情，也以她设定了自己心目中的好老师标准。姚老师对学生的慈爱和真情确实是伟大的。即使教学水平再高，如果没有热爱和关心学生的情怀，就不是合格的教师。小强对教师这个职业的认识就是如此简单而深刻！在小强的家庭遭遇变故后，那位老师对他更加爱护和关心，这使他幼小的心灵得到了抚慰。在妈妈不在身边的时候，他从姚老师那里获得了母爱和师爱。小强学习不好的直接原因是家庭因素，但遇到好老师的关心就会及时防止他学习滑坡，如果老师不加以关注，他就会退步。所以，在小强心中，老师如同妈妈。小强自小与妈妈的感情很好，相比之下，与爸爸的感情不那么深厚。尽管他常常和爷爷一起去探视爸爸，但是他更想念妈妈。小强床头有个小闹钟，对他来说很珍贵，因为是妈妈买的——他曾在一篇作文中写出了这种睹物思人的感人情感。N 中学组织看过一场电影《真情三人行》，讲述了一个学生与国外父母的故事，父母出国后，班主任带着这个小男孩，成了这个小男孩的支柱。一位老师告诉我说小强当时哭了，尽管他自己不好意思地否认了，但是内心思念妈妈的强烈感情和渴望老师关爱的心情一目了然。

小强所写的作文和周记，每次都字迹潦草，错别字连篇，但是有一点非常可贵，那就是文章中充满了真情实感，自然朴实。语文老师最赞赏他的也正是这一点，认为现在许多学生写作中都缺乏真情，显得矫揉造作。而小强是用心去体会生活，他最看重情谊。

对于现在教他的这些老师，小强并不以“凶不凶”，而是以“对学生是否真的好”来判断和区别。虽然有的老师经常批评他，但他能理解这些老师，也不怪她们，认为老师是出于关心，所以心悦诚服地接受批评。但是对于一些不真诚的老师，他就无法接受，因为他感觉到了这种不真诚。他认为班主任虽然不凶，但“就是有些烦，总让抄[①]，还说是练字”。而至于班级放学晚的问题，小强的评价是“帝国主义，封建社会，没人道”，显示了他对这种不公平待遇的强烈不满。

小强明确以“师德”来衡量一个老师的好坏，这显示了他的价值观和对人的道德品质的要求。有一次，班里学生很吵，前来通知事情的校医师很恼火，于是，正在辅导学生的数学老师提醒她找班主任兴师问罪。小强便给我说：“她很开心，幸灾乐祸，师德不好。”并且认为数学老师占用“副课”的行为很不

① 指布置大量抄写英语单词和课文的作业。

好，看不惯。另外，当有位教师承认自己某个知识一直都讲错了时，小强也感到很不满，“可见，她教了几届错的了，师德差”。可见，小强对老师的评价并不仅仅从他们对待自己的态度上看，而更注重他们对班里学生总体的态度，以及老师个人的行为表现等。在他眼里，一个好的老师当然要具备高尚的师德。

对于我这个研究者，小强却寄予了“好老师”的期望，希望身边的老师都能像我一样平等对待学生，“如果让我选最好的老师，我首先选你”。我有几天因事没有去学校，小强就打来电话说：“我的作文本已经拿来了，你这两天怎么没来啊?”我去班级一见到他，他就会迫不及待地与我分享最近几天发生的有趣的事。他说：“即使以后毕业了，同学们可能会忘记你，但我是不会忘记的。”反思我和小强的交往，我很惭愧没有给他学习上太大的帮助。但是我明白，只因我对他的真诚和信任，将他当作一个平等的朋友对待，就已经赢得了小强同样真挚的友谊。小强的为人特点其实在许多与他同龄的中学生中也很常见，在整个班级里也可以加以验证。这些淳朴、善良的孩子所呈现出的一种人生态度值得成年人学习。

五、对规范的忽视、逆反与维护

小强对待制度规范的态度是矛盾的，一方面感到厌恶，有所逆反、抵触，另一方面又在维护这些规范。

（一）在忽视规范中消遣郁闷

眼保健操是为预防近视而设计的，但小强并未意识到眼保健操的好处，从不认真做。他认为自己的视力本来就很好，没必要做，有些同学天天做眼保健操却仍然出现了高度近视，所以对眼保健操持负面态度，还抱怨说“眼保健操去死，去死!!! 无聊的眼保健操，在脸上按来按去，不知谁发明的”。其实，他并不是真的讨厌眼保健操，而是做操就会占用他课间玩耍的宝贵时间，不认真做操只是表示一种抗议和宣泄。

上课时，许多教师都比较忽视小强，所以他自己寻找乐趣。他会偷着吃喝，吃饱喝足了就唱歌或喊叫。有一次，他以上厕所为名，将水瓶藏在衣服带出去，回来后就从腰中掏出水瓶得意地喝。不过，作为十三四岁的孩子，他精力充沛，消耗能量大，从7:00吃过早饭一直要坚持到11:45，早就饿得饥肠辘辘了，加之任课教师经常拖堂导致课间休息时间太短，刚吃口东西就又要上课了。所以和小强一样，一些学生也会在课堂上偷吃，但这被认为是违纪行为。而且，当教师的教学方式和讲授内容不能引起学生的兴趣时，课间没有充分释放的体能和精力就带到了课堂上。例如美术课上，小强恶作剧式地离开座位去破坏别人的石膏板，然后得意地大笑，引起其他人回头看他。他对几个同学的作品进行评价，认为一个男生的设计（图案中嵌着钱币）“绝对经典，最佳创意奖”，另外两个分别是“水晶肥皂流氓兔”和“最佳新奇奖”。对于有的男生将石膏粉撒在女生头上呈现的样子，小强称之为“白发魔女”。边说着边为前排女生拔了衣服上的一根线头。在他看来，上课时候戳别人东西，乱喊乱跳是一种好玩的行为。他还趁机与其他同学谈论打网络游戏的事。

一节综合课上，当小强碰了一下前排的男生时，对方回了一句“你神经病啊”，引得其他同学回头看。于是，小强自己又大叫几声，用手在桌上猛砍，大概是自觉无趣吧。接着，又喊另一名同学：“风的形成是多种多样的，可以这样，也可以那样。”然后自言自语，前排的女生回头看了他，并且和同伴议论，于是他指着前面两人对我说：“哇塞，前面两人好那个，她们在痴笑。”并用笔点了一下前排女生，说“你知不知道，你好那个。”一会又喊一个男生，喊了好几声，因为那个同学回答老师的问题，认为“音速最高”，而小强认为是“光速”。然后他问“是不是光速的一百倍就时空倒流，人都变掉了？”当然，老师并没有理会他。当老师讲起捐骨髓的事，小强就喊道：“骨髓见骨髓，两眼泪汪汪。就流出来了。”老师说了一句“这个问题的关键”时，小强喊“关键时刻，怎能感冒？”[1]小强对课堂规范比较忽视，甚至有些逆反，主要是因为他无法投入认真听课的状态。虽然置身其中，却很难感受到学习的乐趣。而且，即使他这么大喊，老师一般也不理会他，所以他感到很无趣。但是，他这样的表现的确会影响到老师的课堂教学，也会影响到周围同学听讲和思考。

（二）自我控制的分寸

小强有他自己的行为规范，以此来评判别人。尽管自己纪律不好，有时小强却喜欢充当“国际警察”角色。比如，一个男生在课上拍篮球时，小强会

① 这是一句药品广告词。

大喊“别拍了”。有人隔着座位和别人讲话，他也会喊“不要打长途电话”。而当发现前排女生在桌下看书时，他还会喊：“喂，拿出台板下的书。”小强不但自己上课偷吃，还很敏锐地观察到了其他同学的行径。一次他告诉我：“下一节是历史课，肯定会有人吃糖。因为第一节课时小卖部没开，这下就开门了，而且因为是历史课，就更要吃了。我也吃过。”还称那些爱吃糖的女生是“糖罐”，称小锋为“饭桶”，而把自己称为“均衡型”。

有一次学校组织去长风影院看电影，回来路上同学们的说话声音很大，还发生了“泡泡糖事件”。小强回忆了当时的情景，“回来路上，在一个中学门口有人在发东西，限量每人一包劲浪超爽口香糖。我领到一包，打开后发现里面有两颗糖。其他同学一哄而上‘抢’了好几包。回到学校门口，又有人在发糖，于是我又拿了一包，但吃了几口就吐出来了。尽管规定只给每人发一包，但有的同学又抢了五六包。老师一开始没看见，后来才上前制止”。不仅如此，平时在班级里，小强也表现出诚实守信的品质。有一次向我借了五角钱买水喝，之后我好几天没有来，也忘记了这件事。当我再次回到班级时，小强一见我就立即把钱还给我，还觉得拖了好几天而感到抱歉。

小强有很强的自尊心。有一次数学考试，考的是上学期的内容。小强很担心地对我说：“肯定考不上来了。”拿到试卷后，他说：“哦，这个学期的，那还好点。”于是他先做了判断题。大家都低头做题，偶尔有人举手询问不清楚的地方。做了几道题后，小强不会做了，脸上露出了痛苦的表情，脸红扑扑的。我想帮他，但他摇摇头坚决不要，宁可自己玩笔来消磨时间。最后交卷时，他会做的题都做了，其余的空着。

小强有自己做人和学习的尺度，只不过老师和家长不一定都了解。他学习差，但品德不比那些学习好的学生差。全面地看待和评价一个学生非常重要。小强的一位老师表示，对待差生，老师通常会权衡得失，更重视学习表现好且有进步可能的学生。

六、需要学校、家长和个人的协同努力

首先，小强并不是一个问题学生，他的生活方式恰恰生动活泼地反映了许多初中生的面貌，展现了学生文化的特色。小强的老师们普遍认为，他主要是缺乏家庭关爱和良好的家庭教育，这是他面临的主要问题。父母不能

在身边教育和关心他，也未能给他树立起良好的榜样，尽管爷爷奶奶和外公外婆对他很关心，但他们的方式并不恰当，对他的情绪、思想和学习只是表面了解，双方的沟通是低效的，甚至是缺乏的。这种现象在学生中很普遍。

小强具有诚实、正直、善良的道德品质，好打抱不平，有爱心，乐于帮助和关心他人。很多事情并不是他恶意为之，只是为了好玩，为了填补心中的孤独和空虚。虽然有些想法荒唐、幼稚甚至可笑，还存在错误，但这也表明了他的思路活跃，善于联系生活实际，正在逐渐形成自己独立的价值判断和观点。小强很有见识，兴趣广泛，喜欢探究和创新，善于接受新事物，敢于打破常规思维。这正是大都市青少年所具备的特点。他渴望与人交流，希望得到真诚的回应。

小强其实是个好孩子。就像很多同学对他的评价，“他其实不坏，谁对他好，他都明白，也会回报的”。班主任宋老师也曾告诉我，这个孩子很懂事，知道谁对他好，他会感激对方。同学们普遍认为他智商很高，聪明，只是喜欢恶作剧。一女同学郑重地告诉他：“你应该多读书，保证超过白老师；你应该把精力分成两部分，主要部分放在学校，其他用于玩。要投入。”有很多同学曾试图帮助小强，可是不知道该怎么帮。小强学习差，但也有个别学习差的同学瞧不起他，认为“我可和他不一样”，因此不愿意和他交往。

事实上，很明显小强目前处于一种弱势地位。这很容易使他产生强烈的受挫情绪和沉重的心理负担，出现被剥夺感和较强烈的苦闷、焦虑、彷徨和悲观等情绪。这种状态也容易使他形成错误的价值取向和人生观，甚至产生对社会的不满和对抗心理。所以，对小强的帮助应该是及时、持续、多方面的。我们需要准确、全面地认识小强，挖掘和开发他的潜能，欣赏和理解他的特点，接纳和鼓励他的优势。只有这样才会帮助小强提高学习能力，增强自信。不管有多艰难，教师和家长都不能放弃他，他自己也不能放弃自己，说不定未来网络游戏制作业中的一名佼佼者就是小强。只有用心去关爱小强，让他感受到各方面的帮助和鼓励，树立起信心，才能从根本上有所进步。只有当小强感受到来自家庭和班级的归属感时，他才能从借助网络游戏获得归属感和认同感的倾向中逐渐走出来。

之所以有些教师将小强看作问题学生，是因为他们都有一个关于什么是“好孩子、好学生”的模式，即能够听话，呼应教师和家长的角色期待，学习好，严格遵守其角色规范的学生。而小强不符合这种模式。那么,我们究竟要培养孩子成为怎样的人呢?我认为,孩子首先应该成为人格独立、身心健康、品质优秀的人,而不是那种听话型的仅仅在学习成绩上表现出色的人。可是,现实中,这个简单的道理往往被忽视或不被认可。

在我进入班级研究期间,先后两个班主任都对小强有过重视,起码是可以理解他的处境的,认为他并不是一个坏孩子。像他这样缺乏督促和关心的孩子,很多都逐渐走向了不良路径,但是小强却能保持他的优秀品质,实在很难得,说明他的本质很好。两个班主任都曾有意识地关注小强,在恰当的时机当全班学生的面表扬他,给他肯定和鼓励,使他增强了信心。曾经有一段时间,班主任和小强的大姨商量,让美术老师周末带小强补习功课,督促他完成作业和复习。这些做法对小强的学习进步起到了一些作用,但是没有持续下来。学生班干部们也曾一起商量如何帮助小强提高学习,督促他遵守纪律,但是小强自身的控制力较差,他能认识到自己的问题,但又不断重蹈覆辙。为此,小强自己也感到不安,曾对我说,“我就是控制不住自己”。

仅仅这些还远远不够。对于小强这个孩子,如果有一个温暖的家,父母多加关心和教育,学校里教师和同学都理解和帮助他,那么他可能会充满信心。如果缺少关心和引导,那他的未来就很难预料。家庭造成的影响却要由学校和教师来解决时,往往会显得力不从心。小强的妈妈计划在拿到美国“绿卡”后将小强接到美国,这样小强能够得到母爱。但是,以目前的学习水平要适应美国的学习和生活,他就要付出比别人更多的努力,这一点小强自己也意识到了。可以说,小强的家庭现状既是个残缺家庭,又是个隔代家庭。在家庭教育中,父母承担着极其重要的任务,而祖辈家长对孩子的教育也具有重要的补充、协调和配合作用。然而,小强的父母都不在身边,无法提供正确的培养和教育环境,也无法做出良好的榜样。与此同时,小强的祖辈家长的教育观念和行为也存在一些不恰当之处,无法给他提供良好的家庭学习环境,管教方式简单粗暴,没有充分考虑小强的心理承受能力和情感需求。最终对小强今后的成长起决定性作用的还是他父母给予的家庭教育,所以期望小强的父母能有所改善,为他提供更好的成长环境和教育支持。

每个教师都应看到小强的长处，针对其特点加以引导和培养，实现因材施教。班主任宋老师发现小强对班级和同学的事很热心，就让他负责每天开锁教室的门，负责英语课的投影仪和挂图。这样的安排激发了小强的积极性，他对老师给予任务感到很荣幸，因此干得非常认真负责，大家都很满意。这个例子说明小强是有许多优点的，如果能持续以这种方式激励他，效果会更好，也会在一定程度上迁移到他的学习上。其实，每个学生都有自己的长处，教师应该有充分的了解。就如在班主任的安排下，擅长绘画的几个同学专门负责教室黑板报的设计与绘制，另外一些热心、仔细的学生负责卫生和纪律监督工作，对于擅长操作电脑的学生，则负责班级评选等事项的表格制作和打印。而那些擅长乐器和舞蹈的学生则担当班级文艺活动的主要负责人和成员。班干部的选拔是完全由学生自己投票选举产生，最终结果只需向班主任汇报即可。这种安排有利于调动每个学生的积极性，让他们参与到自己学习和共同发展的行动中来。

后来，N 中学开展了一项教师与学生结对子的活动，使教师通过互助的形式关心一些问题学生或单亲家庭学生，关注他们的生活，帮助其提高学习成绩，并在逆境中成长。第三任班主任林老师就将班级里的一名单亲家庭的男孩认做了干儿子，经常给予他关心、劝导和提醒，帮助他在学习和生活上保持品学兼优的表现。一些教师认为，仅仅学习好的学生并不一定就是好学生，他们有时表现得很自私。这些教师都很鼓励学生好好学做人，在学习之余参与一些公益活动，但前提是不耽误学习。如果当初小强也能在这种师生结对子的活动中获得帮助，也许他的处境会有所改善。

初二学期末，小强转入一所职高 G 中学，在那里他将读一年初三，然后读三年职高。这种教育分流措施，是在学生本人和家长自愿的前提下进行的。上海市每个区都有这样的学校，向中学提供一定数量的名额。教师普遍认为，这些“问题学生”到了类似 G 中学的职高可以学一些技术知识，对他们的未来发展有好处。在 G 中学，小强可以学习自己感兴趣的电脑和网络相关内容，而他一直想拥有一台电脑的愿望也终于实现了。当我后来与小强通过电子邮件联络时，他会分享自己在那里的学习生活，并表现出很强的自信心。不过他非常怀念在 N 中学的日子，常问我有没有经常去 N 中学，他们班的同学怎么样了。

尽管小强现在在职业高中学习很努力，但他同样需要学校教师和同学的关心帮助，也需要家庭的教育和培养。我期待小强能成为一个学业成功者，并顺利实现他的职业理想。

第六章

学校教育对学生文化的价值引领

从文化的价值取向来看，我们可以将文化分为主流文化和亚文化。学生文化就是一种亚文化，它一方面表现为与成人相异的一些价值观念和行为方式，反映出学生追求自主、独立的需求；另一方面，由于他们受到学校教育和家庭教育的作用，受到教师、家长和社会环境的深刻影响，在很大程度上也接受和认同成人的价值观念。学生文化有许多积极的内容和作用没有完全被学校教师和家长充分认识、认同和接受。相反，它存在的消极作用和负面影响往往被人为地过度夸大。

学校教育始终是加强学生文化价值引领的主渠道。本书以上海市某初中班级的学生日常教育生活为着眼点，描述并解释了学生文化在多个层面上的面貌，反映了这些学生的一些共同特征以及在学校教育引领下的发展。这些十三四岁的初中学生呈现出朝气蓬勃的精神状态，他们热爱学习，拥有的信息量大，具备创新意识，善于探究和开拓，敢于接受新事物和挑战权威。他们继承了工人阶层的淳朴、善良品质，同时又体现了都市少年见多识广、与时代同步的素养。他们关注社会生活和管理，具有主人翁意识，在改变城市面貌的过程中也在改变着自己。这是一种具有时代精神和地域特色的学生文化特征，体现了上海的城市精神，符合我国社会主流文化的内容要求，值得发扬。所以，学校和教师应进一步理解和接纳学生文化，并给予一定的发展空间，引导和改变其中的消极和负面内容，使学生文化成为主流文化的有益的、必要的补充，使主流文化的生命力不断发展壮大，内容不断丰富多彩，也使学生文化沿着健康、先进文化的轨道前进。

一、在学校教育中生成了一种积极向上的学生文化

就我所研究的这些上海初中生而言，其中学生文化的性质，并不是与主

流文化相背离的，更不是反社会的，只不过是在有些方面与主流文化存在差异，这就需要学校教育加以适当引导。

（一）体现主流文化取向的学生文化特点

我所研究的这个班级的学生，反映了 N 中学学生的总体面貌，也展现了上海市工人家庭出身的初中学生的普通生活方式。他们身上还体现出一种具有时代特征和城市风貌的素质。与此同时，不同学生个体或群体也呈现出了各自不同的个性化特征。

学生喜欢搞笑和轻松本不是坏事，他们希望寓学于乐是正常的要求，他们渴望教师像朋友一般，这个要求并不苛刻；他们喜欢和同伴在一起聊天、玩耍，体现了青少年对交流、社交的正常需要，期望和父母平等交流更是人之常情。他们敏锐地把握社会发展的脉搏，紧跟时代前进步伐，将自己的前途命运和整个城市、国家的繁荣昌盛联系起来，这是一种积极向上的生活态度，值得肯定。社会生活对学生的成长起到了极其重要的作用，甚至在某些方面比学校教育更为有效。

首先，培养了强烈的社会责任感。

在学习、玩耍和社交中，学生并没有忘记自己是一个社会人。他们能够及时根据社会发展的要求和个人兴趣对自己的未来加以定位，并密切关注社会生活的变化。他们了解哪些职业的待遇高、发展前景好，他们向往高质量的生活，希望从事对社会有益的职业。

学生对公民道德习惯的认识反映了他们自身所具备的道德认识和行为水平，体现了强烈的主人翁责任感；对于诸如“英雄”“正义”“法治”“名誉”等概念的理解，展现了学生日益成熟的价值观和行为规范，也反映出他们对时代和社会现实的深刻思考。这些学生认为，良好的道德习惯需要从小培养，从细微处着手，并接受系统的道德教育。他们对鲁智深式的抱打不平精神表示钦佩，认为在当时社会官场腐败、法度低效的情况下，这种行为的确能惩恶扬善，但是以暴制暴并非长久之计，如果人人如此，社会就不再太平，人民将失去安居乐业的生活。尤其在今天法治比较健全的社会里，更要强调以法惩凶，而不是表现个人英雄主义。而对于生命和死亡，学生们普遍认为生命远比一个英雄荣誉称号更宝贵，他们主张避免无谓的牺牲，认为英雄并非必然要以死亡为结局。我们歌颂和宣扬英雄、榜样的光辉事迹时，应该更多地强调生命的意义，以激励更多人为社会的发展和进步作出积极贡献。

其次，呈现出寓学于乐的心态。

作为学生，大家都在努力适应社会发展，向着主流文化所要求的目标前进，接受着教育的塑造。每个人都以不同的程度重视学习活动。无论是哪个学生，内心都很在意学习成绩，“以成绩论英雄”这一现象既受到来自社会、家长、教师、同伴的影响，也受到自己内心愿望的影响。学习好的学生在乎学习成绩，是因为想继续进步，他们渴望成为一名成功的学生。而那些学习成绩不理想却不断努力的学生也重视学习成绩，因为他们渴望得到认可，希望重塑自信。相反，学习成绩差又不努力的那些学生，内心同样也在乎学习成绩，但失败的经历导致他们得不到认可和鼓励，于是可能表现出对学习好的同学的“不屑”和敌意，以此掩饰自己的挫败感。班级里学习成绩最差的小强，每次考试后都会很伤心，尽管在许多教师眼里“这个孩子不学习”。不过，学习成绩只是评估学生学习成效的一个重要方面，并不能完全代表这个学生的能力水平。可是，在现实中，家长、教师甚至整个社会，往往首先以学习成绩来衡量一个学生，这样就给学生带来了很大的压力。班级里学习好的学生常被称为“优等生”，似乎拥有更高的班级地位和权利。

学生热爱学习，并不意味着要减少或剥夺他们的玩乐时间。没有不喜欢玩耍的学生，玩耍是其生活中重要的一部分。通过玩耍和各种娱乐方式，他们获得乐趣，得到精神满足，也从中学到了许多课本和课堂学习中所无法提供的知识。可以说，玩耍本身就是一种学习，没有享受过玩耍的快乐，就不会有真正的成长。当学习的压力越来越大时，学生们就在有限的时间和空间里追求和营造轻松、搞笑的氛围，并通过玩耍来消解紧张情绪，享受快乐，张扬个性，“做回我自己”。这种态度不仅是一种有效的生活方式，也体现了学生文化的时代特点。现代都市人的生活和工作节奏不断加快，精神压力也随之增大，寻找童趣、轻松搞笑、简单、拥有卡通情结成为许多都市年轻人普遍的生活态度，这些初中学生也不例外。但他们并没有将这些表演和游戏形式视为正式学习的对立面，也没有沉迷于搞笑和童趣之中。相反，他们真切感受到社会的发展变化和对他们提出的要求，在这种要求下不断成长，实现自身的社会化。这个过程也是学生文化不断发展演变的历程，在保持学生个体或群体所特有的风貌的同时，不断吸收和学习社会主流文化的精华。

学生文化的形成离不开社会大环境，离不开家庭和社区，离不开学校教育和教师的影响。文化的意义是由涉入其中的社会行动者所提供的①，同样，学生文化的意义也是由这些学生所提供的，它应该符合学生身心和认知特点。所以，家长和教师应该正视孩子们应有的童年和乐趣。一个被剥夺了童趣和玩乐的孩子，即使他(她)长大后才华横溢，成为国之栋梁，但因没有感受过真正的快乐，其心理也可能不健康。为什么许多小时候表现良好的学生、乖孩子，在成年后虽然拥有成功的事业却依然觉得心里缺点什么，其实缺少的恰恰就是孩提时代的乐趣，顽皮、活泼和快乐的感受。所以，在我们的学校教育和家庭教育中，顺应孩子的天性和年龄特点尤为重要。2004 年 5 月 28 日，在雷锋的故乡湖南长沙举办的国内首次“雷锋卡通形象”绘画大赛在少年宫落幕，引起了人们的深思。绘画展中青少年们所描绘的自己心目中的榜样雷锋叔叔并不是长期以来成人给孩子们灌输的那种形象，他们将雷锋描绘成了类似地球超人、神勇战士的形象。这种对雷锋英雄形象的重新塑造反映了孩子们心中对榜样的理解和期待，和他们所熟悉的人物形象很接近。这一情况在某种意义上告诉我们，榜样教育不应太神圣化，不要遥不可及，应该尽量以孩子们所认可和熟悉的方式进行教育，使他们更容易接受和理解。

最后，进一步培养恰当的交流与交往行为。

学生的成长离不开与其周围人群的交往活动。在研究中我发现，这些学生特别愿意与人交往，他们乐意敞开心扉与人交流，渴望友谊。与同辈群体的交往是学生人际交往中的核心部分。不过，他们在一起很少谈及学习，而是放松心情、交流内心情感，学生间的正式交往较少，他们并没有将同伴间的协作和竞争作为学习的动力。这是需要教师及时引导和教育的。课堂上应多一些师生互动，提供更多学生之间互动和交流的机会，采用讨论和合作学习的形式。班干部应该发挥模范带头作用，和其他同学形成互相督促和帮助的局面，而不是“各自为政”，各顾自己学习，形成小圈子。改变这种状况，就会有助于学生间产生更为广泛而积极的交往。

① [美]约翰·R. 霍尔，玛丽·乔·尼兹. 文化：社会学的视野[M]. 周晓虹，徐彬，译. 北京：商务印书馆，2002：37.

而从师生关系来看,正式交往有待改善,非正式交往应该增加,以建立起师生之间更为融洽的关系,并互相体谅。举例来说,语文老师曾在教学中尝试将学生的学习和娱乐相结合[①],通过让学生现场排演课本剧,以加深他们对课文词句和思想的领会理解,进而调动学习的积极性,从而实现师生间的情感交流。当上海新闻娱乐频道推出《才富大考场》节目[②]后,这些学生也饶有兴致,第二任班主任应大家要求在班级组织了一次"才富小考场"活动,学生们兴奋不已,一些平时不言语和不认真学习的学生也都主动参与其中,激发了学习积极性,并对班主任的评价和态度大有改观,进一步增进了彼此之间的了解。教师这样的做法,也促进了自己和学生之间友好的正式交往关系的建立。

这些学生也同样希望与家长在相处中有精神上的交流,希望家长将自己视为平等的朋友,而不是一个无知的小孩,处处管教和约束。家长对子女期望很高,但自身却难以给予恰当的帮助,缩小代际阻隔需要家长和子女双方共同努力。

零点公司在1999年7—10月对北京、上海、广州、佛山、苏州、保定等六个沿海地区的学生进行了调查,完成了一份名为"现代中学生在想什么、想做什么"的调查报告。该报告基于对这六个地区的中学生的座谈会和对1 589名初一到高三学生的访谈,揭示了现代中学生的文化特征,其中包括:现代中学生最关注的是"两岸关系",最主要的成功标志是"不怕失败不怕吃苦",心目中最成功的人是"比尔·盖茨",自己的最佳定位是"知识渊博,见识广泛"。此外,他们最喜欢的口头禅是"OK",其他口头禅包括"随便、神经病、去死啦、我是天才、Sony、干吗、有没有搞错、不知道、Cool"。从某种程度上说,这反映了中学生具有的自信、放松、自我调侃和独立的特点。报告这样描绘沿海学生的基本形象:爱好科技和运动的男生、喜爱温情和艺术的女生,他们是对信息非常敏感的时尚探索者、自信面对未来的乐观者、注重柔情沟通的平等主

① 老师请学生排演《扁鹊见蔡桓公》的课本剧,让他们尽可能发挥自己的特长,并将课外知识融入其中,在表演中,学生不仅展现了才华,还将英语和最流行的语句融入古代对话中,还用上海方言说台词,惹得大家捧腹大笑。老师在一旁认真地观看表演,不时露出笑容。每当此时,就是学生在课堂上最快乐的时候,也是最张扬和释放的时候,和老师的情感也更加贴近。

② 是一个智力竞赛式的游戏节目,主持人读出题目后,参赛者限时回答。题目涉及科学、地理、历史、文学、生活等各个领域,深受观众喜爱。

义者。调查也表明，中学生关心的时尚话题具有一些明显特性：具有敏感的民族意识；关注科技发展；环保意识突出；重视时尚信息，尤其是潮流趋向；关注与自己切身相关的教育体制改革信息。

该调查显示，中学生虽然面对多重压力，但快乐、乐观和放松仍然是目前他们情绪最集中的表现。尤其是男生对于技术发展表现出强烈的兴趣，乐于接受新技术的挑战，并成为信息技术在普通市民家庭普及的强有力推动者。有三分之一的中学生将电脑上网视为和好朋友共同的重要活动。网络对于中学生来说，更多的是娱乐和交友方式，而非信息收集渠道，与普通市民相比，中学生的关注点明显有所不同。这项调查的结果与我们对 N 中学的初中学生文化的研究结果有一定的相似之处。

（二）学生文化体现了时代特征与地域特点

我所研究的这些学生，其生活方式自然地体现了上海的城市风貌和 21 世纪的时代特征。从上海的城市生活面貌可以看出，在这座富有生命活力的大都市里，早就有一种营造生活情趣、享受美好生活的传统风格。上海人的精神享受水准较高，他们喜爱国内外各种高雅艺术、国内民间的传统文化艺术以及各种时尚文化。出国旅游度假和各种休闲方式，都是他们追求高质量生活水平的具体表现，从而也印证了申办世博会所提出的口号——“城市，让生活更美好”。这种地域特色对学生文化的形成和发展产生了潜移默化的影响，使得上海的初中学生文化不同于其他城市和农村学生，也不同于我初中时代的学生文化。而这些差异，就证实了学生文化本身的情境性。

即便在上海，不同区域、不同家庭出身和学校条件下的学生，所形成的学生文化也存在一定差异。例如，普陀区在上海的发展历史上以工业发展为主导，工人居民居多，生活水平相比黄浦等区要低。工人子女在接受教育过程中形成的学生文化反映了工人阶层的风格，我所研究的 N 中学的学生就是在这样的家庭背景下成长起来的。我曾在南京西路附近的一所有着悠久历史的完全中学进行过类似的研究，很明显，那里初一的学生比 N 中学的初一学生要成熟得多，少了一份淳朴和天真，他们说话、做事都像“小大人”一样。课堂上不吵不闹，沉闷得让老师感到“很没劲”，中午休息时有些学生就溜出校门到吴江路休闲街去逛。这些学生的学习成绩都很好，其他素质也不错，有些参加了奥数班，有些获得过文艺大奖，他们见识丰富，举止大方得体。这些学生家长学历较高，多数是知识分子和公司经理等，家庭经济条件处于上海市中上水平。这些情况与N中学的学生有所不同，其呈现的生活方式也各有特点。

二、主流文化通过学校教育融进学生文化

(一) 学生文化与主流文化呈现出互相融合和补充的关系

可以说，学生文化是一种不断生成和发展的生活方式，它不断受到学生自身、同辈群体、学校教育、家庭和社会等方面的影响。在这个过程中，学生文化不断吸收和接纳来自成人世界的内容，逐渐接受了主流文化的许多要求，因此与主流文化所倡导的方向相一致。学生文化体现了学生的一种濡化(enculturation)过程。濡化是指个人接受社会规范、行为准则、价值观念等文化传统的过程，也是文化从一代人传到另一代人的潜移默化的过程。这个词是1948年由赫斯科威兹正式提出的，他认为，把人类和其他生物加以区别的学习经验，能使人类在生命的开始和延续中，借此种经验以获得在其文化中的能力，这就是濡化。这是心理学派人类学的研究基础[①]。在人类学中，濡化与社会心理学的“社会化”概念同义。

学生的成长过程也体现了一种涵化(anculturation)现象。涵化是由不同文化的个人组成的群体，因持久地相互集中地接触，两者相互适应、借用，结果造成一方或双方原有的文化模式发生了大规模的文化变迁。它强调的是在文化接触中两种文化单方或双方都发生较大的变化[②]。学生文化在自身发展过程中，也对主流文化注入了新的活力和元素，使主流文化呈现出更多元、更富生命力的特点，朝着更先进文化的方向继续前进。

学生的生活方式虽然明显符合其年龄和个性特点，但这种生活方式并非孤立存在，而是受到整体文化环境的影响和塑造。它的存在与发展就是个人适应大文化环境的过程。它不仅仅体现了学生的价值观和行为规范，还在发展过程中不断吸收来自主流文化的元素。经由学生文化，学生既有机会学习

① 王铭铭. 想象的异邦：社会与文化人类学散论[M]. 上海：上海教育出版社，1998：35.
② 郑金洲. 教育文化学[M]. 北京：人民教育出版社，2000：124.

成人的价值观和态度，为进入成人社会打下基础，同时也满足了他们自身的需求。学校教育在传递价值规范和思维方式的过程中，隐含着其特有的文化特性，更多的是通过隐性课程的方式，自觉或不自觉地影响着学生的发展和成长。通过对这个班级学生的研究，我感受到了学生文化的时代脉搏。可以看出，学生的年龄特征、个性特点和喜好是一个重要因素，同时家庭教育风格、家长的文化素养和职业地位也在塑造学生文化方面发挥着重要作用。此外，社会面貌和城市风格也对学生文化的生成产生了影响。在这个过程中，学校教育则是学生儒化历程中的关键因素。

学生文化的发展过程就是学生社会化的过程，是学生成长的过程。在这个过程中，学生既要保持其自身特征，又不断接受社会规范、行为准则、价值观念等文化传统。换言之，学生文化在发展中需要不断感知、吸收社会主流文化所提出的要求。学生文化具有时代和地域的色彩，带有社会大方向的印记，最终，它需要在社会先进文化的指引下发展壮大。而主流文化之所以能够以强盛的生命力不断向前发展，也与亚文化的补充和推动有密切关系。学生文化在自身发展过程中也会对主流文化产生一定的丰富和补充作用，从而对主流文化产生一种涵化作用。

濡化和涵化都是教育要完成的使命，涵化使学生能够接受不同于本群体的生活方式，通过开拓视野和激发创造力，逐渐实现学生文化的变迁；濡化则是使学生适应本群体的生活方式，适应主流文化的要求，逐渐达到社会化。濡化是一种部分有意识、部分无意识的学习过程，靠老一代人指示、引导并强迫年轻一代人接受传统的思想和行为方式。在学校教育中，学生来自不同的文化背景，所以同一个教育过程中会发生濡化和涵化两种情形。不过，这些学生对社会和生活的关注，从社会大环境中获得的知识和认识，甚至要多于学校教育所给予的。这暗示了我们的学校教育可能存在脱离实际、缺乏实效性的问题。所以，在上海加快城市化进程的社会发展步伐中，学生面临着许多新问题，产生了新要求，学生文化的发展也面临着各种机遇与挑战。学生文化要与时俱进地发展，才有生命活力。而代表着社会新生力量的青少年学生本身就产生和引发了许多新的话题，丰富多彩的学生文化也相应呈现出许多新形式，同样给社会的发展带来了思考和启发，同时也需要社会、学校和家长等各方面重新认识和解决。

(二) 学生文化的异化与流行风

虽然总体上学生文化和主流文化一致，但我们也必须关注学生文化的异化现象。学生文化的异化主要表现在语言、符号、价值观和行为等方面。一些青少年常常会创造出个性化的表达方式，反映了某个年龄阶段的群体的语言风格。例如，中学生常在网络交谈中使用“恐龙”“青蛙”等词汇来形容相貌丑陋的女孩和男孩，或者在日常交谈中频繁使用“脑子进水了”之类的语言，表现出一种后现代主义的玩世不恭、无所谓的态度。虽然是以搞笑为目的，但可能会影响健康的语言环境。此外，一些学生会在书包上挂上各种“模样怪异”的卡通饰品，将其视为时尚与个性的象征。在以“拿来主义”批判接受外来事物时，一些中学生很容易就囫囵吞枣地用一些具有“现代化”表象的东西来批判自己固有的文化，并自称为“新新人类”。这种现象与社会转型时期的多元文化交融背景有一定的关系，说明文化重建问题的重要性。因此，真正意义上的开发和更新以学生为主体的青少年文化更加紧迫。学校文化建设是促使学生文化得到学校教育价值引领的重要路径。

三、在价值引领中进一步理解和接纳学生文化

(一) 明确学校教育对待学生文化的态度

教育是使人社会化的重要途径之一。不论是何种形式和规模的教育活动，其目的都是使学生获得人类社会发展所积累下来的知识经验和技能，促进其认知能力的发展，满足社会的需求，实现健康成长。可以说，教育的对象是人类，教育最初的目的就是促进人的发展。这一目标虽然朴素，却极其伟大。学校教育作为正规的教育形式，是实现这一朴素而伟大目标的关键力量，使走进其中的受教育者按照一定的制度化的规范加以培养和教育。人只有在快乐和自然的状态下才会更好地发展，所以，使“人”快乐，了解和满足“人”的各种基本需要和感受，使其获得教育要给予的一切，就是教育原本要赋予受教育者的最基本的任务。

但是，这个的目的并不容易实现，更准确地说就是并没有实现，而是发生了异化。学校教育从一产生就逐渐趋于制度化，最终成为制度化的代表。同时，家庭教育原本应该是在充满温情和关爱的氛围中促进儿童茁壮成长的最

初途径，父母是儿童的第一任教师和朋友。可是，当家庭教育必须和学校教育紧密衔接时，它们似乎都变得令学生不自在了。

我们的“应试教育”偏离了教育最初的目的，将手段变成了目的，导致学生成为应试的机器，而无快乐可言。学生在学校，尤其是在课堂中，需要接受和遵守太多的规范和纪律，以至于那些不吵不闹、认真听讲的学生，才被认为是好孩子，学生的天性和个性都被压抑和限制了。教育要实现其最初的目的，就必须尊重学生作为儿童的天性、身心特点和生活经历，切合实际地将其感受、需要和权利放在重要的位置，将学生视作活生生的生命个体，而不是被动接受管束和规训的对象。我们的教育，应该是关怀人的生命、关注人的尊严的社会化途径，是儿童在体验快乐中获取知识能力的手段，而非充斥着说教、规训、控制和惩罚的工具。

学生文化是学生生活的真实写照，也是促进学生成长的动力之一。所以，进一步理解和接纳学生文化是学校教育和教师应持有的正确态度，是社会、学校、教师和家长采取有效的教育措施，培养和造就学生成才的重要前提。

（二）理解和接纳学生文化的具体路径

1. 学校教育内容和方式的变革

学生在具体的社会生活中不断成长，所以，学校教育首先应该了解和关注学生的日常生活经验。如果学校教育能够真正了解和关注学生的生活感受，并在教育教学过程中将书本知识与生活知识相结合，寓教于乐，那么学生就能够寓学于乐，提高学习质量了。学生对某些事物的兴趣往往源自他们生活和玩耍中所经历和接触到的事物。书本和课堂上所教授的内容，凡是体现了学生生活世界的内容，就会受学生欢迎并愿意学习和钻研。举例而言，学生喜欢新综合科学课，就是因为这门课将科学和生活结合起来，课本上所讲述的知识可以在平时的日常生活中找到运用；而且授课的老师善于联系学生的实际，并能有效调动学生的学习积极性。在这种情景下的教育教学，就能深入学生内心，使他们内化并接受所学内容，而不会感到枯燥无味或产生消极情绪。

社会生活在发展变化，学生的生活方式也在不断更新和变化，学校教育必须清晰地了解学生生活的基本状况。对于许多令教师和家长担心的社会问题，仅仅依靠逃避和隔离并不能使其远离学生。从根本上说，我们要教会学生辨析、判断和选择，从而避免受到伤害。以上网问题为例，虽然网络游戏、聊天和浏览可能导致学生沉迷其中而荒废学业、道德滑坡、身体健康下降，甚至会损害生命，但如果我们因噎废食，干脆禁止他们上网，那么一切因社会变迁、文明发展和城市化水平提高所带来的进步，就都有可能对人产生不良影响，那么人类的发展演进还有什么意义?！所以，我们必须正视一切新问题和新情况，积极主动地思考并解决，将挑战转化为机遇，增强我们自身的适应能力和抵抗力，正确看待和选择有利于我们发展的方向。在担心和提防某些事物可能给青少年学生带来不良影响的同时，更重要的是教会他们应对的方法，恰当地与我们的教育目标相结合，共同促进学生的健康成长。社会本身就是一个大学校、大熔炉，学生毕业后将走入社会，因此，温室和真空地带并不能给他们十足的安全，学校教育应该培养学生为自己的现在和未来生活做好准备，以应对各种挑战。

同时，教师必须转变观念。一个与儿童文化相对立的，或试图取消儿童文化的教师，不可能是一个儿童可接受的非常有效的领导者……教师在开始引导儿童转变其价值之前，至少先要暂时忍受儿童文化的价值，并赢得他们的尊重①。教师要给予学生一定的自主空间和权利。学生有自己独特的思维方式和做法，教师只要耐心地倾听他们，给予他们更多的机会表达和展现自我，就是给他们信心和鼓励。给予他们更多的空间和自主权利，而非包办代替，是解决问题的关键。同时，放任不管也于事无补，教师需要在适当的时候给予指导和支持。五班学生的课堂纪律问题既有教师组织课堂和教学水平方面的原因，也与学生缺乏自控能力、班干部模范带头作用不足，以及学生之间互相督促和提醒的意识不够等因素有关。自主学习、自主活动和自主管理如果能真正落到实处，教师就会感到轻松，学生也会更加自觉。此外，课间休息的时间应该是学生的自由时间，不应该被挤占和缩短。体育锻炼课和兴趣活动时间，就应该让学生畅快活动。太多的限制和管理无形中束缚了学生的想象力和创造力，摧残了学生的生命活力。

学校和教师应引导学生充分发挥自己的主观能动性，与学生共同建设积

① 转引自郑金洲.教育文化学[J].北京：人民教育出版社，2000：345.

极向上的班级文化。班级文化是班级全体成员共同生活方式的体现，其核心部分就是学生文化，班主任和任课老师的风格也对班级文化的建设起着重要作用。班级文化建设是学生超越既有文化，创造新文化的过程，也是班主任被班级文化所接纳的过程。

教师应在教育教学中创造更多机会让学生实践，增强他们的学以致用、贴近生活实际的能力。五班是英语特色班，所以这些学生平时有一定的英语锻炼机会，包括用英语演讲、讲故事、讲课（小老师活动）、主题班会展示、迎接视察工作的领导和外宾等。不过，教师观察到，这些平时很活跃的学生，在关键场合表现得拘谨胆小，似乎“该拿出手的时候却拿不出手”。除了平时锻炼机会较少以外，家庭环境也是一个因素。大多数学生的父母是普通工人，在日常生活中参与和出席大型活动的机会有限，因此无法提供相关方面的教导。另外，更关键的是学生自身，他们的“活蹦乱跳”是以搞笑、逗乐为主要目的，所以课堂上很自在，不让发言时却抢着说，但是并没有意识到自己的特长和才能可以运用到生活和社交等方面，平时在自己班级和教师面前显得无拘无束，因为是“自己人”，但到了公众场合，尤其是有很多校领导和客人时，就慌乱无措了。这种情况需要学生自己有一定的认识，同时也需要教师和家长有意识地进行训练和培养。

同时，我们不要总以为教育可以“包治百病”，可以为儿童提供一切，不要总是用成人的眼光和立场来看待儿童。儿童的成长需要通过自身和社会生活的经历来实现。学生的成长过程中也需要快乐和玩耍。儿童需要在快乐的体验中获取知识，增长经验。在 N 中学五班的学生中，很多人都明显表现出了在“玩中学”和“学中玩”的行为和意愿。他们喜欢搞笑，因为他们想要寻找乐趣，释放压抑的自我。学生文化的这种特征越来越明显，试图让儿童的天性得以自由展现。他们希望在书本知识之外，在自己的生活经验中，在理想和憧憬中获得满足。

如果我们以欣赏和理解的态度重新审视学生文化，尊重并欣赏每个学生，全面多角度地评价他们的表现，那么就会获得一种焕然一新的感受。通过这种方式，我们才能因材施教地采取各种教育措施，从而实现预期的效果。理解和接纳学生文化意味着注重对学生的个性化教育，开发和培养学生的多元智能，让每个学生都能得到最适宜的发展。

所以，对于这些初中生，我们应以理解和包容的态度去对待他们的文化。例如，课堂上学生的纪律问题，实际上反映了学生的行为习惯、观念等生活方式的具体情况。教师可能认为学生在课堂上插嘴、说话、小动作、喊、笑等行为严重违反了课堂纪律。但是，没有这些行为表现的学生，就一定听课认真、学习好吗？就一定是道德高尚的乖孩子吗？恐怕事实远没有这么简单。课堂是需要纪律的，因为我们都认同没有纪律的遵守，就没有自由的获得。但是，这个道理片面用在学生身上，就应有所变化。在我们的学校教育中，越是遵守纪律和规范，个性和灵性越容易被淡化，学生可能成为唯唯诺诺的“应声虫”，失去自由。也就是说，纪律和规范原本旨在保障和维护课堂教学的顺利进行，以便学生获取知识、培养能力，但是，如果过分强调纪律和规范，将其视作终极目标，就可能失去真正的教育意义。学生首先应学会做人，做一个社会的合格公民，这意味着遵守社会规范、制度和法律是至关重要的，从而获取真正的自由。但是，现实情况是，课堂上的纪律和规范已经变得过于苛刻，甚至到了学生不可以去上厕所，不可以拍停在脸上的蚊子。在这样的环境中，她(他)连一个公民应享有的权利都没有了，还谈什么成才？所以，学校教育首先应该体现人文关怀，尊重学生的人格尊严和生命价值，这样才能和社会发展的价值取向相一致。

不过，我们充分理解学生及其文化，并不等于完全放纵学生，接纳学生文化并不意味着全盘接受，适度的规范和修正仍然是必要的。当学生的某些言行违反了作为社会公民的规范时，教师和家长就应该及时修正和引导。假如完全按照学生的意愿进行教育，绝对张扬学生个性，结果反而不可能实现个体成长和发展的目的，也无法达到社会的要求和教育的目标。所以，理解学生文化意味着不仅仅出于成人的立场来否定和压制学生所表现出的一切行为、观念和言语，而是要认可和接受其符合儿童天性的合理部分。在此基础上的规劝与教育才是符合学生身心特点的。

学校的许多教师一致认为，关键是指挥棒的问题——教育评价体制，以分数为衡量标准，迫使教师也不得不注重这一点。目前初三阶段更趋向于灌输式教学，校长更加重视分数和升学率，现在尽管学校的办学硬件有了很大的改进，但观念变化并不明显。学校虽然引入了教学比赛、教学星等，有了奖金激励，但依然以分数作为奖惩教师的依据。除此之外，还应设法调动学生的学习积极性。所以应从教师的课堂教学手段上改进，做到既要具有亲和力，又要能调动起学生的学习积极性，提高他们的自信心，同时也要有约束，比如规范学生的举手发言。

2. 学校加强与家庭、社会的协同共育

进一步发挥学校的社会性职能，协调和带动家庭教育和社会教育，以更好地为青少年学生的健康成长服务。具体来说，学校和教师应率先承担起家庭教育指导的重要责任，并作为社会教育的重要资源，在各自所在的社区中发挥带头作用。一方面，受应试教育的影响，学校的社会职能逐渐减弱，仅仅集中在以课堂内外的教育教学形式培养学生的学习能力和进行道德教育，而对引领整个社会教育和培养青少年、对成人进行教育指导方面缺乏应有的责任；另一方面，社会和家庭对学校期望过高、过于单一，将培养学生成才和升学的责任几乎都推到了学校教育一方，而忽视了自身所应承担的社会责任，一旦学校教育出现问题，便大加批评指责，使得学校陷于两难境地。所以，社区和家庭应协同学校一起形成教育合力，促进学生的全面发展。

从学校层面来讲，学校首先应当及时与家长保持畅通的沟通，将对家庭教育的指导纳入学校工作的重要方面，帮助家庭转变陈旧的教育观念和方法，促进家长发挥教育的主动性和积极性，为青少年创造良好的成长环境，以更好地配合学校教育工作。具体而言，学校应及时向家长介绍每个阶段的教育工作重点，使家长明确和理解学校工作的重要内容和目标，相应地作出配合。同时，学校和教师应及时与家长沟通学生的表现情况，共同研究学生发展过程中遇到的各种问题，商定同步教育的方法和措施；不仅要关注学生的学习和成绩状况，更要仔细了解学生的思想道德、心理、生理和个性等方面的状况，以增强学生对家长和教师的信任程度。教师还应适当引导家长在家庭生活中严于律己，为孩子树立良好的榜样，并与学校的教育理念保持一致。学校和教师在进行家庭教育指导时，一定要面向全体家长。除了家访、开家长会、举办家长学校等传统形式外，还可以利用学校和社区的各种教育资源，开展亲子活动。亲子活动并不仅仅是针对学前儿童的，中小学生也可以通过参与亲子活动增进与家长之间的交流。另外，召开家长辨析会也是一种可行的办法，由开展家庭教育指导的学校或社区单位组织家长针对家庭教育中的一些共同问题或感兴趣的话题进行讨论和辨析，促使家长之间互相学习和启发，从而提高他们的教育水平。

3. 构建多维互动的家校社一体化格局

构建多维互动的家校社一体化格局，家长和社区应主动与学校合作，共同为学生营造民主、宽松和充满亲情的成长氛围。

从家长层面来讲，家庭对学校教育工作的参与和支持是其义不容辞的责任和义务。家庭教育为一个孩子的成长和社会化奠定了重要基础。因此，家长要为孩子的成长创设良好的环境条件，包括家长的自身修养、良好的亲子关系、民主宽松的家庭氛围、健康的生活方式和正确的教育态度等精神层面的环境条件。在日常生活中，家长应全面了解和关心孩子，及时发现孩子的长处和不足，理解和接纳学生文化，不断反思和调整教育方式，成为孩子的朋友。同时，家长应热心参与学校工作，组成家长委员会等机构，利用自身的专长积极为学校教育提供支持和建议，增强家长和教师之间的凝聚力，建立良好的家校关系，共同促进孩子的成长。

进一步发挥社区的教育功能。社区功能的多元化要求相应的社区管理。自 1887 年德国社会学家腾尼斯提出“社区”这个概念以来，现代社区已逐渐成为社会发展与管理的重要单位，发挥着极其丰富和多元化的社会功能，尤其在社会服务、人的社会化、社会参与和社会民主、社会控制与社会稳定等方面扮演着重要角色。社区管理实质上是管理社会事务及相关的政治事务，与社区居民息息相关。社区管理涉及社区教育、社区社会服务、社区社会保障、社区文化、社区组织事务、社区社会民主与政治民主、社区公共设施等多个方面。社区管理的对象包括个人、家庭、社群、宗教团体、社会服务机构以及各种组织，而社区管理的主体由政府、居民自治组织和介入社区事务的专业机构等构成。为此，社区的管理、建设与发展问题越来越成为社会发展和公共管理的焦点，是社会发展的现实要求。

学习型社区是学习化社会的基础，而学习型社区的形成则依赖于成熟的社区教育。社区建设和发展的新要求，促进了教育的自身改革。教育的社会化趋势和社会的教育化趋势正在逐渐显现，学校和社区必须以“大教育”的观念来思考自身的一切工作。如果不重视学校与社会的联系，不重视各种教育之间的关系，孤立地开展教育工作将会影响最终的教育效果。

教育改革的成功离不开社区的参与。学校不应是游离于社区的文化孤岛，而应主动与社区建立联系，架设各种桥梁，为解决社区问题作出贡献。许多国外政府都很注重通过法规形式规定学校和社区在发展社区教育中必须履行的法定义务。

2004 年 12 月 12 日，中国“媒体与未成年人发展论坛”在上海开幕。论坛是由共青团中央、全国妇联、教育部、国家广电总局、国家新闻出版总署、中国社会科学院、全国少工委等单位联合主办。来自国际机构、中国香港青少年工作机构、中国青少年工作和研究机构、中国新闻社等全国各类媒体代表以及未成年人代表等 300 余人参加了会议。大众传媒在中国未成年人健康成长中起着重要作用，影响着未成年人价值观念、行为方式和生活方式的形成。由于未成年人的生理心理特征和成长需求决定了大众传媒的社会责任，大众传媒应成为未成年人学习知识、陶冶情操和愉悦身心的良师益友。论坛还下设六个分论坛，涉及广播电视、报纸刊物、图书出版、电影音像、网络媒体以及青少年教育。会议呼吁大众传媒坚持正确的舆论导向，排除经济利益的诱惑和干扰，积极制作刊播有利于未成年人身心健康的文化产品，做到知识性、娱乐性、趣味性与教育性相结合，为未成年人提供更好的精神食粮。

四、重返学校见证的学生文化新气象

当我即将完成这项研究报告重返 N 中学时，那些学生已经进入初二年级第二学期了。他们中的大多数人已经意识到了学习的紧迫性，自觉利用节假日和周末的时间来学习。除了接受父母安排的家教和补习班之外，他们还针对学习薄弱环节加强练习和复习，为初三年级的学习和毕业中考积极做准备。但是，尽管如此，学生追求轻松、搞笑的心态没有因此而改变，班级仍然是许多人展示个性的场所，导致课堂纪律依旧很混乱。全班学生的两极分化逐渐明显，一贯刻苦学习的学生更加努力，自主学习意识增强，而那些看起来不太努力的学生则显得更加漫不经心，不知所措。此外，还有几个男生开始频繁交结社会上的青少年，试图走“黑道”。除了本书提到过的文文以外，新增了三个男生，他们平时走路横冲直撞，东倒西歪，满口“江湖黑话”。在班级里，他们欺负同学、冲撞教师的行为时有发生，教师和同学们都明显感觉到他们发生了变化。据此可以说，这些初中学生处于学习和品德发展的关键时期。此时如果教师和家长能够多加关注和引导，就有可能帮助他们继续朝着积极的方向发展。反之，则可能滑向消极一边，甚至失足。

(一) 学校的总体变化：从教育理念到育人行为的努力

从学校层面看，N中学的领导逐渐认识到了解学生、接纳学生文化的重要性，并根据学生兴趣特长筹划和采取了一系列措施，以提高学生学习积极性，丰富他们的课余生活，引导学生文化健康发展。除了继续着手主课题的研究和建设特色班以外，学校还开展了一次"大理科周活动"。这项活动旨在全面贯彻上海二期课改精神，适应当今社会信息化、科技化和学科间的高度交叉融合的要求，使学生"开阔科学视野，激发科学兴趣，增强科学意识，提高科学素养"，培养学生的创造性思维和动手能力，以形成科学思想和方法。通过这一系列措施，N中学的理科教学得以全面提升。活动的具体内容包括各类展示(陶艺、新综合科学实验报告、灯箱、航模、车模、机器人和学生信息技术作品展示)，现场演示(茶艺表演、网页制作、解剖猪眼、标本制作、校园植物识别)以及各种竞赛活动(英文打字竞赛、地理知识竞赛、电路连接竞赛、化学方程式竞赛和物理竞赛)。初二五班学生提前做好了准备，在这些活动中充分发挥了他们的聪明才智，在同年级各班中表现突出，令老师非常满意。此外，学校还计划举办一个"我爱阳光"漫画展以顺应学生喜爱和擅长画漫画的情况。这些举措有助于在一定程度上接纳学生文化，促进学生的全面发展。同时，N中学总结经验教训、积极开拓进取的意识和行动使全校师生充满了信心和希望。

N中学着力培养学生自主学习和管理能力，并鼓励他们参与各种社会实践活动。学校以《学生操行评定学分册》为载体，发挥了学生自主管理委员会的作用。通过设置学生自主管理委员会办公室，定员、定职、定责进行现场办公，解决发生在身边的问题。学校还设立了文明岗，督促学生遵守礼仪规范，对各年级高学分者予以奖励，对各年级低学分者则开展"小红帽行动"加以弥补。通过每周一次的测评员例会，学校及时反馈与总结学生的表现。N中学将这一举措称为"操行评定日常化"，这有助于学生正确认识自我，提高判断力，并促进学生在德育自我评价中形成的能力得到进一步的迁移，从而推动学生的全面发展。

校长和部分教师已经阅读了我过去两年在N中学研究后的报告，并进行了一些反思和讨论。他们认识到了教育教学中的确不能忽视学生文化的重要性。同时,他们希望以小班化教育的方式作为理解和接纳学生文化的突破口。

(二) 小班化教育实践:理解学生文化的契机

当教师被繁重的教学任务和较大的班额压得喘不过气时,他们往往觉得自己没有时间和精力去了解和欣赏学生。因此,当一个班级只有二十几个学生时,教师对学生的个性化关注就会多一些,对学生文化的态度也会多一些理解。N 中学实施小班化教育实践,成为理解学生文化的一种途径,也标志着该校获得了进一步发展和提升。

"小班化教育"是通过缩减班级学生规模,结合班级教育教学和管理形式等方面的改革,来促进青少年学生全面发展和个性化发展的教育模式。学校在实施小班化教育的过程中,变革教育观念至关重要。教学方法、策略、过程以及教学组织形式等方面也要相应地有所调整,在教育过程中将学生视为具有独立人格,不同文化背景、知识积累和兴趣爱好等的个体,因而教育中也具有各自的差异。实施小班化教育,就是要关注每个学生,促进他们全面而富有个性的发展,提高每个学生受教育的充分程度,提升全体学生的素质,深化素质教育。小班化教育的核心内涵是关注每个学生、促进每个学生全面而富有个性地发展。小班化教育关注每个学生的个性化发展需求,进一步体现了上海二期课改精神。

在上海市就学儿童生源减少的背景下,为了最大限度地满足人们日益增长的优质教育需求,"小班化"成为众望所归的教育形式。1996 年上海市在众多小学中推行小班化教育,2003 年又以 12 所初级中学作为试点,开展初中"小班化教育"的实践与研究。N 中学成为上海市首批初中小班化教育实验学校之一,开始在预备年级探索小班化教育,并逐步带动其他年级实施小班化教育理念。N 中学将小班化教育的实践探索,作为理解学生文化的突破口和学校发展的新增长点,并结合了该校"责任自信、和谐发展"的办学理念,确立了"自主和谐的初中小班化教育实践与探索"的研究课题。该校采用行动研究的方法,以学生和谐发展为目标,努力提高初中小班化教育的实效。

1. 学校教育观念和行为上的变化

N 中学的教师进一步学习了上海二期课改精神,并吸取了小学前期小班化教育的先进经验。在上海市教委组织下，他们参加了市级小班化教育培训，并积极参与了市初中小班化教育定期沙龙，采用“请进来，走出去”的形式，开展小班化教育专题学习与培训，加强了教师的学习。学校邀请了相关的教育专家作专题报告，并通过外出观摩、研讨等形式，组织教师学习理论，积极开展校本培训。通过这些学习机会，N 中学参与小班化研究的教师深刻感受到了小班化教育的意义，领会了小班化教育的核心内涵，确立了小班化教育旨在促进每个学生的完善和发展，在教育中充分体现均衡性、主体性、充分性、发展性原则等教育理念。

N 中学将学校教育、教学和管理等各方面工作课题化，设计了以学校教育教学改革为核心，同时涉及学校各方面工作内容的课题研究。具体包括：①“自主选择、自主教育、自我发展”小班化德育实践与研究；②初中小班化教育背景下学科教学模式的实践与探索；③初中小班化教育背景下学生的学习指导与学习方式变革；④现代信息技术在初中小班化教育中的应用；⑤初中小班化教育与教学环境；⑥初中小班化教育与民主和谐的师生关系的营造；⑦初中小班化教育的教学质量评价机制等子课题。这些研究形成了以校自主和谐的初中小班化教育主课题研究为统领，以小班化教育管理、德育、教学模式研究为横向纬度，以各子课题研究为纵向纬度，推进小班化教育实施的课题研究网络。

学校领导要求参与课题的教师本着“边研究、边探索、边实践、边反思”的方针，将科研课题带进教室。在小班化教育实践中，教师应当发现问题、分析问题，并提出解决问题的对策，从探索小班化教育中教与学的规律。通过反思教学行为，教师可以不断提升自己的研究能力。

为了保证课题的顺利进行，学校制订了自主和谐的小班化教育实施纲要、研究方案及课题实施细则。同时，建立了每双周一次的小班化专题例会制度，每月组织一次小班化教育沙龙。学校要求每学期每位小班教师至少开设一堂课题研究课，撰写一篇课题研究小结或小班化教育教学案例；定期召开学生、家长座谈会，介绍小班化教育情况，开展问卷调查和访谈，从不同侧面了解小班化教育教学情况，及时发现并解决实践中出现的问题。

学校管理行为发生了调整与变革。N 中学成立了以校长为组长的小班化教育试点工作领导小组，并形成了校长室，科研室、德育室，年级组、教研组三级管理体制。此外,学校组织了一批教育教学骨干教师积极实践小班化教育。从组织、机制、制度、人员、后勤等方面强化管理,全方位、全过程地保障小班化教育的实施,初步形成了有效的小班化教育的管理机制。

在小班的教学环境下,由于班额数的减少,教师能够关注到每个学生,为关注学生之间的差异创造了更为便利的条件。因此教师要在备课中进一步做到:备教材、备学生个案、备课堂教学组织形式,既要了解学生的共性,又要了解其个性特点。小班教学的教师要以因材施教、因性别施教为原则,根据不同学科特点采取各种教学形式,关注到班级中所有学生的差异,并及时调整教学结构。要求教师运用授课内容分层教学,及时进行个别辅导、作业面批,使用课堂激励语,做到练习分层、作业分层、测验分层,进行心理辅导,有针对性地进行辅优补差等,面向全体,关注每一个学生的发展,将班级整体教学与个性化教学有机地结合起来。一个学习困难学生在座谈中表示:"以前大班上课,我一堂课只能轮到一次发言,甚至一次也轮不到,现在我一节课有很多次发言机会,而且受老师表扬的机会也多了,我的信心也足了。"

N 中学投入了专项资金,用于支持教师参加各级各类培训,开展小班化教育课题研究及教学实践活动,并奖励在小班化教育教学实践中取得成效的教师。另外,该校加快了多媒体教室建设步伐,目前,学校有三个计算机机房和两个多媒体教室,为强化信息技术在小班化教育实施中的应用,提高课堂教学效果,以及增强学生计算机的实际操作能力创造了一定条件。在教育局的大力支持下,N 中学实施了教学配置改革,撤销了笨重的讲台,取而代之的是由学生自主设计的个性化讲台,讲台的位置不再固定,教师可以根据教学要求灵活排列课桌,并采取不同站位,创设最佳的空间形式。这种做法缩小了师生之间的空间距离,形成了有利于小班化教育的教学环境。各班充分发挥学生的才智,分别设计了图书角和生物角。他们把班级内的每堵墙都布置得漂亮而有个性,使得学习的环境变得十分温馨,这样的设计不仅为每个学生提供了展示自己才能的舞台,也让每个学生都感到在学习中得到了关注和尊重。

更重要的是,教师的教育教学方式得到了改善与创新。分组教学、合作学习是 N 中学小班化课堂教学的基本组织形式。教师根据教学需要进行分组教学,对学生进行异质分组和角色分配,让每个小组的学生轮流担任记录员、检查员、主持人、报告员等。在小班化课堂教学中，由于学生人数的减少，师生、生生间交流的频率加大，机会增多，更增进了师生、生生间的了解。在每月一次的小班化教育沙龙中，老师普遍感受到与学生交流的密度加大，学生变得更可爱了，与老师也更加亲近。小班化教育使师生间的情感更加融洽。在一次学生座谈中，学生也多次提到N中学的老师非常和蔼可亲。这种和谐的氛围拉近了师生、生生间的距离，使课堂教学成为一种教师与学生、学生与学生的多向交往活动。

教师着重探索了小班化教育背景下的学科教学方式。例如在数学学科中，部分教学内容采用了自学辅导的教学方式。具体来说，采用了以下步骤：启发引导，教师从旧知识中引入新问题，激发学生求知欲望——阅读课本——自做练习——知道练习结果后自主评价——教师进一步引导学生。这种教学方式让学生先自学、思考、质疑和反思，给予了学生更多的自主选择权，充分调动了学生的学习积极性。又如，在语文备课组，教师们尝试了让学生通过自主探究、自悟自得、主动发展的语文教学模式——自主阅读。他们全程记录学生的学习过程，让学生体验学习的乐趣，感受成功的喜悦。学生在语文自主阅读的实践中，通过独立自主学习和合作研讨的形式，去发现问题、提出问题、分析问题和解决问题；他们走进文本，从能读、会读到善读，体验成功的喜悦，获得学习的体验，拓宽阅读视野，感悟生活。任课教师感到，小班化教学环境为语文自主阅读的开展提供了充分的教学时空，小班学生比大班的学生有更多合作、交流的机会，同时教师也有了更多的时间进行个别化教学。经过一个阶段的尝试，取得了初步的成效。

学生的学习方式也发生了转变。N中学的教师以改变学习方式为突破口，在小班教学过程中，注重讲授式学习和探究性学习的结合，鼓励学生自主探究。他们积极倡导在课堂上探索小组合作学习的方式，鼓励学生发表质疑、进行实践，为培养学生的创新精神和实践能力创造条件。教师通过设问、组织小组活动等方式，创设了多种学习情境，组织开发各种学生活动，培养学生的问题意识，使他们变被动学习为主动探究。同时，学校还开展了多种形式的课内外学生活动。如学生在政治学科的多样化实践作业中，每人准备一本“小小说新闻”记录本，并写上自己的简短看法；参加小型的辩论赛和小品表演；收集资料，制作电子小报。这些活动不仅丰富了学生的学习生活，还激发了学生的学习积极性和主动性。这些实践活动挖掘了每一个学生的发展潜能，促进了其优势智力的优秀品质向其他智力领域的迁移。这在以前的 N 中学课堂上是很少发生的事情。例如，学生们开展了“对自己居住环境中的河流进行水质分析”“大气污染的原因及预防的措施”等探究性学习。在实践研究过程中，学生们合作学习，记录了自己的感受和体会。最后，他们以调查报告、小报、多媒体演示文稿、统计表、感悟和体会等形式交流学习体会，并分享了成果。在此过程中，学生获得了一种学习的体验，他们的学习合作性、自主性和能动性得到了充分展现。N 中学开设了“走近名家、探究名著”校本课程，学生们组成学习小组，分工协作，制订学习目标，选定学习课题，通过多渠道搜集和查找资料，静心研读，用自己的眼光去审视作品，并融入自己的思考。在这自主发展的学习空间中，同学们学会了主动探索知识，获取了课内学不到的知识。他们在吸收人类文化优秀成果的同时，还通过阅读文学作品陶冶情操、了解社会、体味人生百态、明白事理，形成正确的价值观、人生观和世界观，并培养了责任感和使命感。

N 中学建立了多元评价机制，充分发挥评价的激励、调节和促进作用。学校以“不求人人成功，但求人人进步”为原则，在评价中不仅关注学生的学习成果，更关注学生学习的过程，建立了多维度的评价机制。例如，学校实施了每月一次的学生学业发展评价与反馈制度。每月，每位教师都对学生的学习态度、上课表现、作业完成情况等进行客观评价，并对学生提出指导建议以及期望等，同时及时反馈给学生和家长。学生和家长也会及时将学习中的自我评价、遇到的困难以及希望得到的帮助和对教师教学的建议等反馈给学校。这种教师、学生、家长三位一体的定期学业评价方式有助于学生及时发现问题并解决问题，也为教师、学生和家长之间的和谐交流和沟通创设了良好的条件，取得了较好的效果。有些教师逐渐采用了分层评价的形式，注重学生个体间发展的差异性，运用分层测试的方法，创设了每个学生都能成功的条件，帮助学生认识自我，建立自信，促使他们在原有水平上有所进步。数学备课组也开展了数学学科的自主评价模式的探索，强调评价应贯穿于小班化课堂教学的始终，注重评价主体的多元化、评价内容的全面性和评价方式的多样化。小班化教学为自主评价的开展创设了条件，自评、互评、师评时间得到充分保障，评价质量也得到提高。这种评价方式不仅关注了学生知识和技能的掌握，还关注了学生情感和态度的形成和发展；重视了学生在数学学习过程中的变化与发展以及数学质疑和思维能力的培养。

2. 教师的自我反思

在近一年的小班化教学研究与实践中，N中学的教师面貌有了一定改观。一些教师逐渐学会了研究与反思，致力于解决自己教学中的各种问题，同时更加注重对学生的了解。正如一位教师在反思过程中所言，“我们应切实改变教学方法，引导学生改变学习方式，培养思维能力，学会自主学习。我们应鼓励学生去发现问题，通过自主学习和合作研讨的方式去分析问题和解决问题。我们也要在课例研究中自主实践、合作研讨，发现问题、解决问题，不断提高专业素养”。不过，教师们也认识到，在小班化教育中以小组讨论、合作学习为主要组织形式，设计丰富多彩的课堂活动，虽然使课堂气氛更加活跃，但却占用了大量时间，更重要的是，一些活动虽然时间不长，可要使学生的心情完全平静下来却需要很长时间。活动过多导致文化知识教学的时间无法得到保证，而许多知识，如果缺乏冷静的思考和刻苦的训练是学不好的。因此，如何提高合作学习的有效性成为我们需要进一步探究的问题。

N中学的教师通过比较小班学生和大班学生的状况后发现，在小班学习的学生更习惯于合作学习、共同探究；而大班学生受时空影响，合作意愿、态度和行为远不如小班学生。同样是情景教学，小班学生由于平时学习机会更多，进入情景快，表演生动，学习能力、表达能力也比大班学生强。小班学生的问题意识高于大班学生，他们大胆质疑，敢于提出问题，表达自己的想法，甚至会指出教师的某些错误。此外，小班学生的表现欲强于大班学生，更愿意展示自己各方面能力，自信心也较强。由于小班的特点，学生担任班级管理工作的机会增多，根据学生的特长，几乎每个学生都在班中承担一定的职责。经过近一年的实践，学生的责任意识增强了，管理能力也得到了充分提高，他们更加喜欢学校和班级的学习生活。

但是，这种尝试也存在着许多问题尚待解决。N中学的校长在一次课题小结会上发言：“我们意识到，我们的学生即将面临升学考试，中考的指挥棒和来自家长、社会的压力迫使我们在某些时刻，不得不采用传统的教学方式来提高学生的学业成绩。如何避免‘穿新鞋，走老路’是我们将要探索的问题，我们也盼望着整个教育评价体系的进一步调整，以更好地与教育教学改革更为和谐一致。”N中学计划继续推进小班化教育的研究，并以此引领教师进一步转变观念，从了解和理解学生的角度开展教育教学活动。他们认识到对学生的评价还有待进一步完善，希望探索如何更好地对学生进行综合评价，促进学生全面而有个性地发展。例如，他们设想为小班每个学生建立电子档案，设立个性化的电子档案袋，记载学生的德育发展，学业表现，在学校、家庭和社区中的活动，学生参与社会实践个案等内容，客观记录学生的成长历程。为了充分发挥评价的发展性功能，他们计划开展学生的学业二次评价，创设使学生获得成功的条件，帮助学生尝试成功，增强自信。此外，在小班化教育中，虽然学生人数减少了，但教师的工作量并未减轻，反而感到更大的压力。如何进一步将教师的日常教学工作与课题研究更紧密地结合起来，还需要继续思考与探索。

五、作为学生文化研究者的回顾与反思

（一）我为什么要研究学生文化

我对学生文化问题的研究产生兴趣，一方面缘于长期以来我对“学生”这个角色的关注。“学生”是每个现代人成长过程中必经的身份，它是人从幼年走向成年的过渡角色。不同时代、地域、年龄阶段的学生个体或群体既有共性又有个性，具有相对独特的生活方式（包括行为规范、言语风格和价值观念等），与成人（尤其是教师、家长）有所不同，这构成了学生文化。认识学生的前提，就是要了解学生文化。作为一种亚文化形式，学生文化实际上在学生的各个成长阶段中发挥着重大的作用，它具有过渡性，是进入成人文化的前奏。

更主要的是，从教育现实中存在的问题来看，我觉得学生文化问题值得研究。在现实生活中，我们往往把儿童当作小大人看待，于是相应的教育便是在成人既定的一种目的和轨道上，而没有真正了解儿童的感受和需求，也不关注和理解儿童的生活世界。在这种情况下，把成人世界的知识和技能灌输到儿童的头脑中，认为他们应该处于被教育的地位，并使他们过一种小大人的生活，便有些“赶鸭子上架”的意味了。尽管成人可能出于爱意或善意，但往往也会好心办坏事，从而揠苗助长。此外，教育中有时会采用“禁”和

“防”的方法，通过规则、限制和惩罚手段，禁止和防范学生的某些表现和行为。

学生文化真实地反映了他们的生活世界和年龄特点，其中大部分并非全是反知识或反主流文化的，相反，它们对学生的成长和发展起到了积极作用。学校的首要任务在于传授知识、培养能力，以使学生能够接受主流文化，实现社会化。然而，在这个过程中，部分教育内容和方式并不被学生所接受，这导致了彼此之间的不协调和冲突，其中一个原因就是学生文化的存在。此外，学校德育缺乏针对性和实效性，也与其内容中对学生文化的忽略和否定有关。为此，学校教育在传播既定的价值体系，培养学生的价值判断能力和创造能力时，不能忽视学生文化这一更为直接的中介，而是要将其作为一个普遍背景去研究；对学生身心特征的把握也必须充分考虑其文化特征，接纳和尊重学生的观点，从而更好地利用和开发其个体和群体的潜在教育价值。

同时，社会发展步伐飞速，知识、信息不断产生和积累。面对未知的未来世界，成人已很难给孩子一个全面准确的答案。因为孩子不懂的事情，成人也有可能不懂；成人懂的事情，孩子有可能已经察觉了，甚至孩子用三五年时间学到的东西，可能与成年人花费多年时间掌握的知识相当。对于孩子来说，成人已经不再是绝对的权威。为此，成人应在某些方面向儿童学习，但前提是要先尊重儿童，了解他们的文化。可是，成人往往忽视或不认同学生文化，认为它不利于儿童发展。他们认为儿童必须按照成人的意愿去做事才能成功，而忽视了儿童自身的创造性以及体现其年龄特点的方式。

在对学生文化的思考中，我受到玛格丽特·米德在《代沟》中的思想启发。在前象征文化出现后，一些老人会说，“我曾经年轻过，可你却从来没有老过”，而年轻人则可能回敬，“你从来没有在我的年轻时代里度过你的年轻岁月，你也不可能了”。年轻人正在我们的眼皮底下变成陌生人，聚集在街角的青少年就像入侵军队的先锋那样可怕[①]。……现代的儿童是在他们的长者未曾经历过的世界里生活，几乎没有哪个成年人曾想到事情会变成这样[②]。那么，作为两代人，学生、教师和家长所代表的成人之间也明显存在着代沟，形成了一种代际关系。教师和家长不可能重新经历自己的学生时代，他们的

① [美]玛格丽特·米德. 代沟[M]. 曾胡，译. 北京：光明日报出版社，1988：65.
② [美]玛格丽特·米德. 代沟[M]. 曾胡，译. 北京：光明日报出版社，1988：65.

思想观念和行为规范等方面也还留在过去。同样的，当学生成长为成人，成为教师或家长后，他们也会对自己的学生或孩子产生一定的不理解，因为他们所经历的学生生活与现在的情形有所不同，角色和立场也会发生相应变化。因此，一代一代的学生仍然表现出他们的独特文化，学生文化虽然在不断发展，但仍有可能不受重视，得不到理解。

现实表明，教育总是在培养孩子善解人意，确切地说就是"善解师意""善解父母意"，这在某种程度上导致他们表现出双重性格。学生知道教师和家长想听什么、想看什么，因此会迎合这些期望。这样就助长了学生的不诚实品质，抑制了他们真实想法和兴趣的表达，怎么还能有创新意识和创造能力呢？教师如何做到"善解生意"呢？更重要的是，了解儿童内心的真实想法，理解他们根据年龄和经历思考问题、看待事物以及处理事务的方式才是教师教育活动中应该关注的方向。也就是说，我们没有较多地了解和理解学生文化，反而限制、否定甚至扼杀了它。学生文化作为一种亚文化形式，实际上对主流文化的发展有着积极的补充和推动作用，而这一点我们却往往忽视了。所以，对于教师和家长来说，只要尝试去了解和理解学生，就会发现其更多可贵之处。而要真正了解学生，就必须以学生文化为主要切入点。

所以，我认为研究学生文化意义重大。我最初的研究想法是，描述和呈现学生的日常生活面貌，揭示其行为规范、价值观念和言语中的独特性，以深入理解和解释学生文化，促进学生健康成长，并为教育活动提供新的思考和启示。但随着研究的深入，我发现其意义远不止于此。

（二）我所认定的"学生文化"内涵

学生文化作为学校文化的一个组成部分，代表了学生群体从儿童世界过渡到成人世界的阶段性产物。其各种习惯、传统、规范等在一定程度上反映了成人文化，同时也与教师文化、学校传统之间有着密切的交互作用。但是它从根本上是代表学生的价值与规范，具有相对的独特性，对整个学校的风貌产生着影响。学生文化形成了一种"隐性"的环境，使学生从中学到了学校和教师无法提供的许多知识和行为，从而影响着学生在班级的学习活动和结果。可见，学生文化一方面协助学生适应学校和班级的生活环境，另一方面又影响着学校的正式组织，促使学校环境的改善。

研究学生文化，首先需要明确“学生文化”的含义。这得从对“文化”这一概念的理解谈起。实际上“文化”是一个十分宽泛的词语，被认为是世界上最难以定义的词语之一。然而，许多人类学家和社会学家都对“文化”进行了详细的研究，并提出了多种解释。其中，最能让人接受和理解的是泰勒在1871年提出的定义。他认为，文化是一个包括知识、信仰、艺术、法律、道德、风俗以及作为一个社会成员所获得的能力与习惯的复杂整体①。在泰勒的定义之后，人们对文化的理解主要涵盖三个层面。其一，文化被视为区分人类与动物，并在几万年的历史演进中塑造人类特征的过程。其二，文化是一个人群所积累的思想、传统、风俗、技艺和工艺成果的总称，与民族精神有内在联系。其三，文化是一种生活方式，涵盖信仰、价值观念、规范以及体现这些的社会行为的总和。尽管文化的含义多种多样，但人们对“文化”的研究达成了一些共识。首先，文化是一群人所共有的集体表象和准则，用于调节个体之间的关系并限定人的行为，使同一社群中的人们能互相预知对方行为的一些规范。如果没有社会组织和社会结构对个体行为的制约就不会存在“文化”这种规范人的行为的集体表象。但一个社会有多种文化，它们之间存在差异。其次，文化是后天习得的，通过各种方式的教与学，人们才能获得那些价值观和道德观。通过濡化，个体学会如何在社会规范的制约下满足自身的生活需求以及社会活动需要。文化是以象征符号为基础的，如语言起文化地图的作用，而且文化没有高低之别②。

在上述研究结论的启示下，本书将“文化”界定为人们的一种生活方式，包括人的行为方式、言语和思想观念等行为规范和价值体系的总和，涵盖精神、制度和物质等多个层面。基于此定义，学生文化被理解为某个或某些学生群体在课堂、班级以及校外其他场所和情境中所具有的独特的行为规范、言语表达和价值观念所构成的生活方式。它反映了同一年龄和时代的共同性，更体现了不同学生间的差异性。学生文化是生成性的，除了学生自身的年龄特征和个性因素外，社会背景、家庭风貌、学校教育和同辈群体都对其不断成长和发展产生了影响。

---

① [英]泰勒. 原始文化[M]. 蔡江侬，编译. 杭州：浙江人民出版社，1988.

② 王铭铭. 想象的异邦[M]. 上海：上海人民出版社，1998：188 - 195.

本书的研究就是按照我所界定的学生文化的内涵来展开的。

(三) 国内外相关研究的启示

对于学生文化问题，国外和我国台湾等地已经有很多研究(有时也被称为学生次级文化)。其中，最早研究学生文化的是美国的华勒(Waller)，他认为学校文化的形成受到两个方面因素的影响，即年轻一代的文化和成人有意安排的文化，两者之间存在着冲突。柯尔曼(Coleman)对学生文化的研究最为著名，他在《青少年社会》中，依据社会系统理论进行了实证研究。他认为，中学生形成了由价值、规范、习俗等组成的学生文化，这一文化体系根据个体的特质或成熟程度决定成员的地位体系，还有改变次级文化内容的社会结构以及交互作用的形式，它们构成了半独立的社会系统。该文化具有强烈的奖惩作用，也体现抑制教育的反知识性质和倾向①。

同一时期，祖鲁思·亨利(Jules Henry)在《文化与人的对抗》中，指出了东西方的青少年所处的不同文化和社会境况，指出影响青少年最深的是他们的朋辈。亨利的观点，为柯尔曼的“青少年群体向内凝聚”的观察提供了更丰富的理据②。高登(Gordon)也持有类似的观点，强调了学生同辈群体对学生的重要作用。他的研究表明，学业成绩、课外活动和同伴关系相互交织，共同决定了学生在同辈群体中的地位。

研究者们对美国20世纪60年代的青少年亚文化进行了分析。最早由美国学者西奥多·罗斯扎克(Theodore Roszak)在《反主流文化的形成》中提出了“反主流文化”一词。对于反主流文化运动的内容，学术界众说纷纭，有人认为它包括新左派运动、嬉皮士运动、群居村、吸毒和摇滚乐，也有人认为它在很大程度上是一场大众文化运动。总体上，人们普遍认为这是那个时期青年学生以自己的方式对主流文化中某些观点的背叛。这种反主流的青年文化的形成有着社会各方面的原因，包括美国在二战后经历了“婴儿潮”，这些婴儿长大后恰恰构成了20世纪60年代青年的主体。他们接受的教育是放纵式的，尤其是大学教育给予了他们一种自由，他们也体验了消费的乐趣，同时

---

① 林清江.教育社会学新论：我国社会与教育关系之研究[M].台北：五南图书出版社，1998；陈奎熹.教育社会学研究[M].台北：师大书苑，1991；[英]班克斯.教育社会学[M].林清江，译.台北：伟文图书出版社，1984.

② 卢乃桂.青少年的发展：兼论校外教育的培育角色与功能[J].青年研究，2002(7)：29-30.

他们与父辈的代际冲突也日益严重。再加上战争给他们带来的压力和畏惧，使他们面对了社会的矛盾性，导致了一种反叛思想和行为的产生[①]。一些学者认为，当时的青年文化具有反主流文化的特征。

另有一些研究的结论与之不同。例如特纳(Turner)强调指出，青年文化虽然存在，但不一定具有反知识主义的倾向，青年人不一定反对学业成就，其价值观也不一定与成人的相违背。学生力求符合于学校的成就价值，同时享有同辈之间的自尊与地位[②]。随着人类学方法在教育中的运用，一些学者进行了学校人种志研究，着重了解学生如何建构社会事实以及他们对所处教育环境的内在感受如何。他们关注学生对其学校情境(如师生关系)和学习内容(如课程教材)的诠释和理解。威里斯(Willis)、艾弗哈特(Everhart)、韦斯(Weis)、弗里(Valli)等人的研究强调"文化"的意识形态和传递情形，并由此描述和解释了学生文化自主性的形式和内涵。艾普尔(Apple)从研究中得出结论，文化不是给予的，而是在特定的场所中产生的，其结构和主体性是人在各种制度、工作和学习、生活时不断产生的，具有相对的自主性[③]。他们都是采用民俗志方法，利用长期观察、无结构访谈和文件分析的方式走进学校，深入"生活"在教室和操场，以捕捉活生生文化的实体和动态性。

20 世纪 80 年代以来，我国台湾学者开始从社会学角度研究学生文化。他们主要以调查形式对中学、职高、师专以及公私立大学等各级各类学校的学生文化进行实证研究。还有一些学者进行了理论探讨和质性研究，以揭示学生文化的现状和特征，并对形成差异性的原因进行分析。陈奎熹、林生传、林清江等从理论上对学生文化与师生互动等加以探讨。欧用生在《国民小学教师自主性之研究：一所国民小学日常生活世界的探讨》中，以质性研究的方法着重探讨了教学中体现出的教师文化，并涉及了学生文化问题。此外，许多研究生的学位论文也以此为研究主题。这些研究者不论是采用何种方法，不论研究层面是宏观还是微观，他们都在努力推动学生文化研究的本土化进程。

---

① 李雯. 美国青年反主流文化运动滥觞的原因[J]. 青年研究，2002(8)：41－48.
② 陈奎熹. 教育社会学研究[M]. 台北：师大书苑，1991.
③ 陈奎熹. 教育社会学研究[M]. 台北：师大书苑，1991；[英]班克斯. 教育社会学[M]. 林清江，译. 台北：伟文图书出版社，1984.

对学生文化的具体类型划分，各研究者都有自己的结论。克拉克(Clark)将美国中学生文化分为玩乐型、学术型和违规型三种。而英国学者苏加曼(Sugarman)则将英国中学生文化分为源于中产阶级成人文化和源于劳动阶级文化两个类型。此外，哈格里夫斯(Hargreaves)和帕特里奇(Partridge)对现代中学内部的研究发现，学生文化因学生在学校的教育结构中所处地位而不同，在能力高的班的学生多半形成亲学校文化，而在能力低的班的学生则多形成反学校文化；墨多克(Murdock)则发现，学生文化的类型因学校的社会阶层等级而异[①]。

简言之，这些研究探讨了学生文化的性质和作用，揭示了其自主性特征。研究结论可归纳成三类，一是“冲突论”，认为存在着学生文化，但它与成人文化是对立的；二是认为学生文化具有反知识倾向，学业成就并非学生获得社会地位的因素；三是认为学生文化并不一定是反知识的，反而可能具有积极作用。对学生文化类型的研究表明，学生文化的形成和发展受到家庭背景、社会地位以及学校内部教育结构等因素的影响。不同国情下的学生文化的特点也各有不同，因此不能简单地一概而论，而是要从学生所处的社会背景、承担的不同角色和态度等多方面进行分析和分类。学生文化在不同的学生群体中呈现出各不相同的特征和类型。学生文化问题实际上也是一个复杂的社会问题。

随着教育学本身的发展和演进，学生文化的研究方法和体系也由单一逐渐趋于多样。从最初的理论探讨到实证调查发展再到采用教育人类学的田野研究方法解释学生的生活世界，研究层面逐渐从宏观拓展到中观、微观和综合层面。研究对象主要集中在中学和大学的学生群体上。这些研究都给人们提供了大量认识学生文化的佐证。但是，学生文化问题具有情境性和时代性，它反映了各国情况以及学生个人特点。由于社会的政治、经济、文化传统和教育水平的差异，学生文化也各有特色。因此，对我国的学生文化问题，必须结合国情进行深入研究。目前国内在这方面的研究成果在《教育社会学》《教育文化学》和《教育原理》等著作中有所反映，这些成果主要是理论性的概括和探讨，同时也包括对学生类型的划分。例如，吴康宁教授将学生非

---

① 吴康宁. 教育社会学[M]. 北京：人民教育出版社，1998：233－235.

正式群体表现出的特征分为五个类型，即受欢迎型、受争议型、受孤立型、受忽视型和受遗忘型①。此外，还有学者在对学校日常生活的研究中，揭示了制度化教育环境中的学生面貌，反映了教师和家长眼里的“偏差学生”的心声，将学生自己思索的“我是谁”“我想成……”等问题加以分析，从而认识学生角色②。这些研究从总体上描绘了学生文化的概貌，为我们深入了解学生提供了有力的依据。还有一些研究者就学生的偶像崇拜，对流行音乐、影视和卡通片的着迷等状况进行了研究③，呈现出了20世纪七八十年代出生的青少年学生的生活方式，从某些层面揭示了时代变迁和社会发展所带来的学生文化新面貌。但是，对学生文化的探讨仅停留在这些层面是不够的。

随着社会进步和时代变迁，国家政治、经济和文化等方面的发展，人们生活水平的提高，学校教育教学的改革，现实中涌现出了许多新事物和新问题。新一代的学生面貌也随之发生变化，有待于我们重新思考和认识。学生文化是一个内容丰富、涉及面广泛的问题，其情境性、个性化的特点，要求研究者们不能一概而论地看待它。学生文化在不同时代、地区、年龄阶段，甚至不同学校和班级中都体现出不同的特点。不同个体和群体的学生对自身发展特色和自我认定的把握也有差别。因此，我们所要采取的应对方式也应相应发生变化，不能再简单地套用过去的全国统一模式和思路来认识学生文化问题，仅仅将学生划分为几个类型也不足以完全说明问题。借用顾明远教授谈到文化研究时的话来说，“以往的文化研究存在三个问题：一是文化研究是以西方文化为参照系；二是对文化的理解过于狭窄；三是对文化与教育的互动关系研究不够”。④ 所以，对学生文化的研究和思考应该朝着具体化和本土化的方向发展。研究者应深入学生的生活，真实而具体地描述和呈现出不同情境下的学生文化面貌，理解和解释学生文化，重新审视学校教育的应对策略，从而将文化与教育之间的互动关系揭示出来。然而，目前的研究成果中几乎

① 吴康宁.教育社会学[M].北京：人民教育出版社，1998：287.

② 刘云杉.学校生活社会学[M].南京：南京师范大学出版社，1999.

③ 宋兴川，金盛华.多元选择：青少年偶像崇拜研究[J].青年研究，2002(11)：1－7；龚长宇.酷文化·青年价值观·社会转型[J].青年研究，2002(2)：30－35；俞加生，沈汝发.是谁构建了新世纪的童话：从“流星花园”的流行谈起[J].青年研究，2002(6)：20－23；成都市树德中学高2004级8班调查组.关于日韩文化对成都中学生影响的调查[J].青年研究，2002(10)：33－39；等等。

④ 顾明远.文化研究与比较教育[J].比较教育研究，2000(4)：1－4.

还没有这样的研究。

因此,本书研究立足于实际情况,以上海市的一个学生群体为个案样本,在社会生活发展和大都市现代化推进的背景下,以学生的日常生活为着眼点,采用质性研究方法深入研究学生文化。这是对学生文化研究的一种尝试,旨在为进一步认识学生文化、反思教育活动提供新的视野和方法。

(四) 我的研究思路回顾

学生文化是一个复杂的问题,涉及学生日常生活的各个方面。一个研究活动不可能面面俱到,只能选择一个或几个窗口,从中了解学生文化的局部面貌。为此,我的研究是从体现学生行为规范和价值观念的几个方面入手,即学生与身边其他人群的交往(主要涉及教师、同伴和家长),学生的学习、玩耍的行为和态度,以及对自己未来的设想和对社会生活的认识等方面进行研究,通过收集相关资料进行分析,从而深入理解和解释学生文化。

学生是一个庞大的群体,作为受教育对象,他们经历着从幼儿园到大学的漫长阶段,学生文化既有共性也各有特色。但是,我觉得初中学生所处的年龄段,正是儿童逐渐形成一定的独立自主意识的关键时期。他们渴望像成人一样具有独立的思考和判断能力,但又没有完全形成正确的判断力和自主能力。因此,他们的很多想法和做法往往偏激、片面、武断,缺乏充分的思考和认识。这个时期的学生文化,在受到成人的一定影响的同时,更多地体现了儿童的特点,从根本上代表了儿童的价值观和行为。在学生的四年初中学习生活中,初一年级扮演着承上启下的角色。当学生刚进入初中的预备年级时,他们可能还是以小学生的心态面对新生活。直到初一年级,他们才正式进入了初中生的角色,到了初二,他们开始明显意识到学习压力,开始考虑自己的升学问题。所以,初一年级是儿童作为学生不断成长的关键期。在保持天真、单纯的同时,他们有了强烈的自主意识。然而,他们的思想认识和言行可能波动较大,易受外界影响和左右,对问题的看法也可能偏激和片面。随着社会各方面对他们的要求逐渐增多,他们在自身的愿望和感受中也更加强烈地体现了自我。如果这个时期,学生能够得到正确的引导和恰当的关心,教师和家长都信任和理解他们,关心他们的生活,会对他们今后的学习成功和健康成长产生至关重要的影响。

学生文化体现一定的历史性和地域性。对我国初中学生进行全面考察的难度较大，因为条件限制，很容易流于概览的形式，不能具体深入地了解学生文化。所以，我尝试着找到一个特定的“窗口”，以便深入观察、倾听和感受真实的学生文化。所以，我从空间区域上加以定位，以上海这座东部发达地区的大都市的学生群体为研究样本。从我自身来说，了解上海和了解上海的学生是同步进行、互为前提的。对于喜爱上海，在此长期工作和生活的我来说，了解这座城市是至关重要的。因为没有对社会实际的了解，就难以开展深入、科学的教育研究活动，也难以获得实效。更重要的一点在于，上海这座城市化水平居全国高点的现代化大都市，正在向我国的国际经济、金融、贸易和航运中心的方向发展，并引领全国各地进行现代化建设，在全面推进中华民族伟大复兴的进程中，越来越显示出重大的战略地位，其自身也日益展现出一座信息化、国际化、法治化和市场化的国际大都市的特征。上海的教育发展水平在全国领先，科教兴市成为其继往开来的最佳路径。置身于这样一个社会背景下生活和学习的学生也面临着前所未有的挑战和机遇。他们所表现出的具体生活方式也与其他地区有所不同。因此，了解这些学生的真实情况和想法，思考学校教育的应对策略，是一个重要的现实问题。这对于学校教育的改革和发展更是有着深远意义。

为此，本书呈现的是上海一所初中的个案研究，以一个班级的学生为研究对象进行教育人类学的田野研究，从而展现出学生文化的内容和特点。经过考虑后，我选择了普陀区的一所普通初中。这个区的居民主要是工人，他们的生活及其子女的受教育状况反映了普通百姓的真实状况。通过选择普通的初中学校和普通百姓家的学生作为研究对象，我希望自己的研究能描述和反映一种朴素的生活状态，揭示大多数学生的生活方式。虽然不同学生个体或群体的文化有各自的特点，但基本的生活方式是相似的，因为他们都是来自城市中千千万万普通家庭的孩子。N 中学是普陀区的一所年轻的初级中学，就教育资源配置而言，曾是一所薄弱的初中。其前身是一所小学，主要招收的是来自曹杨和长风各居民区的孩子，家长绝大多数为工人。这些家庭的经济收入处于上海市的中下水平。在我进入 N 中学开展研究之前，已经了解到该校的校领导非常重视科研工作，为人和气，容易沟通，这便于我开展长期、深入的研究。经过双方沟通后，N 中学的领导同意大力支持和配合我在该校开展研究，共同探讨学生文化问题，并希望我的研究能有助于提升该校教师的科研水平。

我致力于通过对学生个体和群体的日常行为规范、言语表达和观念认识进行研究，揭示学生文化的共同性和差异性，探索影响学生文化形成的各个因素，思考学校教育的针对性和有效性。在研究中，我注重被研究现象的整体性和相关性，对所发生的事情进行整体的、关联式的考察，并将自己融入班级生活中发生的各种事情，注意了解各方面的情况，寻找中学生使用的本土概念，理解他们的生活方式，孕育和发展自己的研究问题，并扩大自己对研究问题的理解；以自己亲身的体验，对初中学生的生活故事和意义建构作出解释，并加以反思，对有关人和事进行描述和解释，创造性地将学生的学习生活经历和意义解释组合成一个完整的故事。

（五）我所运用的质性研究之教育人类学的田野研究

本书以一个班的初中生为研究对象，在具体情境中了解和分析他们的文化面貌和生活方式。本书采用的质性研究方法显示出定量研究所不具备的优越性。定量研究重在抽象概括，得出普适性结论，强调精确性和客观性。以样本具有代表性为准，但不一定能深入解释和理解研究对象的本质，无法揭示数据背后的“社会隐蔽”。相比之下，质性研究方法强调在自然情境下，以研究者本人为主要的研究工具，凭借自身的洞察力在与被研究者的互动中理解其行为和意义建构，并加以解释。该方法采用多种数据收集方式，如访谈、观察和实物分析等，运用归纳法自下而上地从资料中提炼出分析类别和理论假设，研究过程极富弹性。

质性研究源于多个不同的理论传统和学科领域，一般来说，人类学、现象学、符号互动论和诠释学是质性研究的理论基础。质性研究的主要表现形式包括行动研究、叙事研究和个案研究。为此，研究者要沉浸在社会生活和教育情境中，联结理论与实践，以人文关怀和平民意识开展研究，使研究过程和内容体现出人性化和个性化特征。研究者需要与研究对象建立共情，使对方从被动接受研究变为主动参与研究。所以，质性研究强调建立融洽的人际关系，研究者力图站在被研究者的角度，进入被研究者所处的情境中，通过自己亲身体验其情绪、情感和态度，“意义”是其主要焦点。这种研究重点在于理解特定社会情境下的社会事件，而不是对与该事件类似的情形进行推论。在对人的研究中，人本主义主张研究者必须以人道的途径，扮演一个有血有肉的人的角色，与研究对象建立关系。生命哲学家认为，应该用精神科学的方法去研究充满活力的生命现象，要通过目的与价值等概念去理解、探索社会现象的内在价值和人类精神活动的实质。对于生命只能通过体验和理解加以把握，融入对象、进行体验、寻找启示的诠释学方法才能揭示人类精神世界的奥秘。可见，通过质性研究来了解教育事实，把握活生生的学生文化的复杂性、情境性和相对自主性是行之有效且有价值的。

我采用访谈、观察、实物分析以及文献分析等方法，在整体把握这个学校的文化风貌后，了解这些学生在学校和日常生活中交往、学习、玩耍、理想和社会感等方面的具体情况，从而更好地理解学生的言行和观念，并从中逐渐归纳和梳理出表征学生文化的特征。

(六) 我是怎么研究学生文化的

我主要运用了观察法、访谈法和实物分析法进行搜集资料。最初的研究活动从以下几个方面展开：

(1) 了解该校的基本情况，并与该班级的班主任、各任课教师建立联系，对他们进行访谈和观察。

(2) 整体了解和熟悉这个班级的学生后，对他们分类观察和访谈，将对全班学生的了解和对个别学生的研究结合起来，并考虑其性别、家庭文化背景、性格、学习行为、纪律、爱好等因素的影响，从中选择一个学生个案进行详细分析。

(3) 对部分作业、作文、周记等文字以及记录、描绘学生生活世界的实物进行分析。

(4) 听课和参加班级活动等。

(5) 了解学生在校外的生活情况，并寻找机会参与其中，亲身感受和观察他们的活动和言行。

(6) 参加家长会，进行家访，并与部分学生家长交谈。

我的田野研究具体分为三个阶段。我于2002年3月18日(N中学开学的第三周)起正式进入初一五班进行参与式观察。在此之前，我已经对N中学有了整体了解。起初，我的研究行为是每天一早（早操之后）默默地坐在教室后排座位上，观察我能看到的一切活动，包括每周一次的升旗仪式和室外体育课。我试图先以“局外人”的身份了解“局内”的人和事，然后逐渐参与到学生生活中，使整个过程成为一种参与式行为。在这个过程中，也发生了许多意外的小插曲，无形中帮助我更好地了解学生的情况。在我进入班级的第一天，当时的校党委书记在第一节英语课前向学生介绍我。她说：“这位老师是华东师范大学的博士，来这里研究大家的表现。”听到这话，学生们惊讶不已并纷纷议论，“啊？博士？哎哟，研究我们？”于是，在一片惊奇的目光中，我坐到了第二组最后一排的空位上，和一名男生成为“同桌”。由于这种进入研究现场的方式，使学生在最初一个星期内将我当作校方派来的“间谍”①，于是学生和一些任课老师在各方面都很注意克制自己的言行，生怕我会向校领导告密或向外界宣扬。这让我一度感到很尴尬和委屈，似乎这种情形不利于我开展研究。但随后我逐渐意识到，他们不把我当作研究者，而是当作“打小报告给学校”的“间谍”，这种真实现象本身不正揭示了学生的一种认识吗？这种事实不正好符合质性研究在自然情境下收集资料的要求吗？学生对校方和教师有一定的戒备心理，他们担心自己的某些言行会成为挨批评、惩罚甚至告知家长，受到责难的原因，这就表明学生与教师、家长之间的沟通还不够，彼此之间可能存在着一定的误解。我似乎已经感受到了学生文化的存在。然而，不到一个星期，学生就适应了我的存在，开始将我视为他们中的一员，恢复了原先的状态，不再刻意表现和掩饰自己。每天当我进入教室的瞬间，许多人会亲切而友好的称呼我“白老师”，向我问好。课间休息时，他们会主动围上来和我聊天，分享他们觉得有趣的事情。我在这样一个充满温情和欢快的氛围下推进着我的研究。同时，我也不断反思一个问题，是让学生将我当成中立的研究者，还是当作他们当中的一员，哪个途径更有助于我收集到真实的资料呢？我能否真的做到“中立的移情”呢？可是，和学生们在一起时，我往往是怀着由衷的欣赏和喜爱之情看待他们的表现，甚至校方感到恼火和头疼的事情，在我看来也有其情有可原之处。不过，这种情况随着我的研究深入就逐渐改观了，我尽可能站在校方、教师和学生等各方的角度全面

① 参见学生写的命题作文《白老师在我们班》，是语文教师布置的。

理解我所观察到的事情，并且不断提醒自己，质性研究方法强调的是获得最真实的资料，作为研究者，我的责任是将发生的事情真实地反映出来。

在进行了两周的整体观察后，我逐渐将注意力聚焦在某些学生及他们的某些活动上，明确了观察目的和内容。这些内容包括不同学生小群体之间的交往、学生在各个课堂上的行为表现，以及几个很有特点的学生个案的言行观念。直到我和班上每个学生都熟悉了，于是就通过个别和团体访谈的形式，与许多学生进行了交流，获得了关于他们自己和家庭的情况，以及对某些事情的看法。然而，让我既惊喜又有所顾虑的是，每次我事先准备好的访谈提纲都无法完全落实，更多的时候是他们会主动就某个话题，将自己认为重要的、有意义的内容告诉我。我知道，其中一个原因是他们已经领会了我的研究目的，并对我产生了信任感。于是，每次访谈的过程中，我就在原先预设的某些问题基础上灵活调整访谈问题，并对学生所提到的事情进一步追问。这样我获得了很多意外的收获，也意识到他们觉得有意义的事情并不一定和成人的认识一致。在研究过程中，我越来越喜欢这些学生，我的研究也变成了一种乐趣。我意识到，研究者与被研究者之间已经建立起了良好、融洽的合作关系。一开始访谈时，我带着一个小小的采访机，在征得学生同意后进行录音。但后来我注意到他们对着采访机会有些不自在，于是我决定不再录音，完全凭自己边听边记。访谈结束后立即加以补充整理，将当时的情景和话语回忆出来，并进行及时的记录。所以，本书中所引用的学生原话都是未经我修改而原汁原味呈现出来的，尽管有些话语可能有语病，或者使用了方言表述的词汇，但那是学生最真实的表达。唯有对学生表演的课本剧，我在征得他们同意后录了音，并应他们的要求播放出来给他们听，这让大家都非常兴奋和自豪。一个女生在周记中写道："录音回放一遍，大家笑了，她也笑了。那时，我发现班上同学的心在那一刹那与白老师的心离得很近很近。"我对此深有同感。

起初，我开展学生访谈的地点设在校长室旁边的一间空办公室里，那里有一台复印机，是全校教师复印资料的地方。鉴于这个地方的特殊性，学生一开始有所顾虑，总是担心校长和教师听到我们的谈话。因此，他们往往会压低声音说话，但不一会儿就情不自禁提高了嗓门，畅所欲言。后来，有些同学提出要去我的住处玩，我觉得这是个不错的访谈场所。但是，他们的安全问题是我必须考虑周全的，也是我有所顾虑的，在征得班主任和家长同意后，我便邀请学生利用下午放学后的时间到我住处，访谈和交流一举两得。不过，每次都要及时在他们的备忘录上记录他们到达和离开我房间的准确时间。然而，有一次，由于我的疏忽，忘记给一名女生写备忘录了，尽管她告知了父亲，可父亲却忘记了这件事，对她晚归的情况感到不解，于是打电话给班主任询问。我吸取了这次教训，同时也意识到家长对孩子的最大关注点就是人身安全。而孩子们却希望家长能在精神层面多关心和理解他们。

在观察和访谈进行的同时，我收集了有关学校和学生的一些实物资料，如文件、发展规划、作文、周记以及其他作业。此外，我还从学生的课本、文具盒等物品里获取了一些信息。由于我和这个班级的各位任课教师都相处融洽，他们常常会主动与我分享一些事情。尤其是语文课教师，还会让我阅读每次的作文和周记。这些资料对我的研究提供了很多帮助。我感到，大家并没有刻意视我为一个旁观的研究者，而是将我当成了他们学习和工作中的一员。我就是在这样一种自然而友好的氛围中开展我的研究的。

这种集中的资料收集过程从 2002 年 3 月一直持续到 2002 年 7 月（N 中学放暑假）。四个月里，我每天都去班级里和学生一起听课、活动，还参与了他们放学后的一些活动，并进行了家访。我及时记录和整理了资料。在这期间，我聚焦研究了一个名叫小强的学生，将他作为我论文中的个案人物。为此我和他的接触最多，他逐渐对我产生了信任感。一次，小强提出要在周末到我住处玩，我在告知班主任之后答应了，并提醒他也告诉家人。那天，小强用我的电脑画画、打游戏，玩得很开心，也使我对他有了进一步的了解和认识。之后，我请他吃了他最爱的牛肉面和鸡腿。可是，几天后，他忿忿地告诉我，他的爷爷奶奶担心我是骗子，让他当心。他们认为，有人平白无故地对一个小孩好，那一定是觉得孩子可爱，想把他骗去卖了。小强为此更加确信爷爷奶奶不明理。我在哭笑不得之余，立即对自己的研究行为进行了反思。我意识到，家长担心孩子被骗是情有可原的，我本该早些时间与他们解释清楚。时间久了，小强的家长了解了我的研究意图，于是疑虑消除了并邀请我去他们家，帮助他们想办法改变小强的学习状况。直至现在，每当我打电话给他们问候小强时，他的爷爷奶奶都会很热情地邀请我去做客，并非常感谢我对小强的关心。这件事让我认识到，我在考虑问题和行事时太过想当然，对现实情况的预估不足，不够周全。不过，让我开心的是，随着研究的进展，我得到的各方面理解越来越多，学生对我产生了较深的感情，教师和家长也更理解我了。有时，我好几天没去学校，就会有学生晚上打来电话，询问我在忙什么，为什么不来他们班，还有的学生会告诉我最近发生的事。每次放下电话，我都会很感动，觉得这些孩子的真情可贵。至此，孩子们已经将我看作他们中的一员，一个不同于老师的"大朋友"了。然而，有一次，一个和我关系很好的女生告诉我，她爸爸告诫她，不要和我走得太近，因为我毕竟是大人。我认为这位家长的想法也没错，毕竟我不是她的同龄朋友，我还带着自己的研究目的。

在整个研究过程中，我经历了一个由陌生、不理解到熟悉、理解的人际交往过程，也使我的认识和理解不断深化和明确。N中学的领导和该班级的各科教师对我的研究很支持，给予了我力所能及的帮助。他们不但将我看作其中的一员，还将我视为"教育顾问"，邀请我参加许多研讨活动，共同讨论课题和学校发展问题。在这个过程中，我确实为他们提供了许多建议和策略。然而，在我一开始进入班级研究时，N中学中的一部分教师对此并不理解，甚至有人说我"一个博士跑到中学里来，真是吃饱了撑的，没事干"，或者认为我所持有的观点和立场不够体谅他们的辛劳。他们觉得自己作为教师很辛苦，每天起早贪黑地为学生讲课，批阅大量作业，还经常主动抽出时间给学生补课，哪有时间和精力去了解和欣赏学生？我逐渐觉得这种想法很正常，完全可以理解。这也提醒我在看待一个问题时要尽可能全面客观，从不同人的角度去思考，这样才有助于深入地揭示所研究的问题。同时，这也表明了理论工作者与实践工作者之间缺乏沟通。过了一段时间后，他们终于对我的研究活动有了一定了解和理解，并开始主动将自己遇到的问题告诉我，与我一起分析探讨。当我逐渐适应了这种研究环境，并得到了学校各方面的理解和信任时，我又被自己所观察到和听到的大量教育事实所吸引，同时也产生了困惑，感到自己所拥有的教育理论无法给予解释，只好不断进行挖掘，再不断分析。所以，这个研究过程是我专业成长的过程，是我独立研究、熟练和各种人打交道、独立思考和分析问题的过程。

暑假里我开始系统整理和分析资料，拟订写作提纲并着手撰写论文。第二个研究阶段从2002年9月开学一直持续到11月，也就是学生进入初二年级上学期，我继续田野研究，观察学生的发展变化，为我的论文写作提供纵向线索。此后，我在资料的整理、分析和写作中间随时进入研究现场，有目的地补充研究资料。这个研究过程充分体现了开放性和灵活性。这也使我自己的认识发生了一定变化，质性研究方法要求尽可能保证研究者的一种“价值中立”，即用被研究者的一切来揭示和解释研究结果。所以我一开始总在尽力做到“中立的移情”。然而，在对资料的分析和整理过程中，我意识到它的困难性，“价值中立”是不可能完全做到的。从研究问题提出到整个研究开展和得出结论的过程中，研究者本人的价值判断虽然没有明显表现在研究报告中，但它总是潜在于研究始终的，读者是可以感知到研究者的观念和判断的。随着研究行为的不断修正和发展，我的认识也随之不断发展，被研究者群体也在自然状态下持续成长和发展，这一切本身就表明了质性研究是一个富有弹性的开放过程。

在资料分析和整理的过程中，我着手论文的初步写作和修改。2003 年 2 月底，我再次进入班级，补充和查证资料，了解这些学生的发展变化和 N 中学的新面貌。2003 年 9 月起，我在参与 N 中学的其他课题研究中，又进一步对我所做的学生文化研究加以反思。

为了严格遵守研究规范和伦理道德要求，本书研究中所涉及的被研究学校的名称、教师和学生的姓名、班级序列，均采用了假名和代号，以保护被研究方的利益。

整个研究过程也是我不断自我反思的过程。首先，我总在思考每次在 N 中学开展的一切研究行为是否妥当，对他们的正常教学活动有没有干扰。其次，当学校领导和教师要求我参与他们的课题研究、组织科研和交流活动，甚至参与电视镜头评述该校特色时，我感到自己在他们眼里并不只是个纯粹的研究者，还要担任一定的指导和宣传角色，成为解决实际问题的参与者。但是，我坚持从研究者的角度客观评述该校的真实情况，而不带有任何夸大成分。还有，当有学生主动提出要到我的住处玩时，我最初是有些犹豫的，主要是考虑到小强家长的担忧以及他们的安全问题，因为这是家长和教师最为关注的问题。后来，在得到班主任的理解和支持后，我还是很高兴地答应了学生的要求，于是常有几个学生放学后或周末来找我玩。但我每次都要提醒他们一到我房间就打电话给家里报个平安，并保证遵守自己的回家时间。他们离开前，我会在他们的备忘录上记录离开时间，并签上我的名字。安全问题已经成为家长最担心的问题了，相关话题我将在后续的分析中详细说明。后来，我也意识到，作为一名质性研究者，恰当地处理好“局内人”和“局外人”的角色尺度是一项不容易的任务。不过，事实也表明，研究者深入研究现场，对对方的活动和工作能起到积极的帮助作用，这本身也是有现实意义的。我就在这样的过程中不断修正、检讨自己的研究行为，并获得了新的启发。

在整个收集资料和写作过程中，我也常常会陷入茫然和一筹莫展的痛苦中，有时甚至会失去信心。然而，偶尔我又会因为自己的一点点收获和灵感而感到兴奋，立即向导师展示我的想法。每当我情绪处于这种波动中时，我的导师会给予我耐心的帮助和及时的鼓励。他努力理解我的研究情境，从我零乱的表述和模糊的思考中帮我梳理和分析，找出线索。每次与导师的交流和对话，都使我有一种在迷途中找到方向的感觉，从而振奋精神继续努力。可以说，我的研究过程也是我深入聆听导师教诲、感知导师教育理念的历程。在这个历程中，我的研究设想和立场也在不断发生变化。在开题报告之后到我正式进入班级研究之前，我在思想认识中，带着一种对学生理解和支持的强烈感情倾向，想通过这项研究呼吁教师和家长考虑学生的感受，真正关心学生。但是，随着研究的深入，我意识到自己最初认识的片面性，开始了解和体会到学校、教师和家长各自的处境和立场。从不同角度来看待一件事情，这样，对于学生文化的解释和呈现就能够更加客观、全面。

第七章

结语：成就少年应有的样子

学生文化是一个复杂的问题，本书仅仅是对其面貌的一种呈现和解释。无论是从学生的理想和社会感、课内外的学习与玩耍情况，还是从师生关系、同辈群体交往以及与父母相处的亲子关系等，每个层面都可以做进一步的探究和呈现。学校教师和家长认识的发展，今后对待学生文化的态度和策略，以及文化和教育之间的关系，都有待于继续进行深入的分析和详细研究。作为一项质性研究活动，用一年多的时间来深入情境理解和解释研究对象，实际上仍不够充分。我很想知道后来五班学生的发展变化，那些让学校困惑和苦恼的问题是否有更多改观，还有哪些新问题出现。另外，学生文化的许多方面都体现在学生在校外的生活中。然而，我目前的研究在追踪和观察学生的校外生活上做得不够充分，尤其是在各种同辈群体的校外活动和学生在家庭的生活方式和状况方面，我只能通过访谈和文字记录的分析获得一定的了解。我曾对一些家长进行直接访谈和电话访谈，通过对其家庭环境的一定观察，对这些学生的家庭生活有了一定的感性认识。但因这些家长都很忙，我不能占用太多时间来和他们交谈，所以我获取的信息不够充分。

学生文化是一个庞大的研究主题，涵盖了学生生活方式的许多方面。在我的这项研究中不可能涉及方方面面，我仅仅就学生在课堂学习、社交、师生关系、与父母的相处、玩耍、理想和社会感等层面进行了研究，而且每个层面也无法进行详尽、深入的分析。我选取了一个班级的学生作为研究对象，并不意味着要找到普遍适用于所有学生的规律，而仅仅是在某一个特定时间和地点对一些特定的学生人群进行深入细致的调查研究。我想要反映的是，在城市化进程迅速的上海市，在持续城市化和现代化的过程中，初中学生所呈现出的特定文化面貌是什么，以及面对社会发展和时代变革，学生如何认识自我并发展。同时，我还关注学校教育在面对学生文化时遇到的困惑，思索应该持有的正确态度，并采取相应措施，使这些初中学生顺利地开展学习，健康成长，逐步实现社会化。质性研究方法有助于我的论文真实呈现给读者这样一幅生动而丰富的学生生活画面，提供一种认识学生文化的思路。在他人研究和分析同类问题或不同情境下的学生文化时，可以从中得到启发。

与此相关的就是质性研究方法的效度和推论问题。质性研究方法强调以研究者本人作为研究工具，深入情境中理解和解释被研究对象，不追求普遍性和代表性，在推论上重在认同推广。所以，我以上海市N中学五班初一学生为研究对象，旨在清晰地描述这些学生所呈现出的文化面貌，从而揭示大都市中普通工人子女的生活方式。同时，这种学生文化又是与整个城市的社会生活风格相一致的，所以，我的研究是在部分和整体之间的相互关联中进行的。学生文化是一个复杂的问题，它的形成受到社会、家庭、学校和个人等方面的影响，所以不能简单地从一个方面去认识，而是应尽可能多角度地全面分析它。绝对的价值判断无法揭示事物的本质。

一个城市在加快现代化建设的进程中，社会生活发生了许多变化，出现了许多新问题和新情况，学校教育也将面临新的挑战，学生的生活方式也会相应发生变化，并对学校教育提出新要求。相比过去，现在的新的生活方式丰富多彩，发展变化迅速，有时甚至让社会和成人措手不及，难以应对。上海市的某些中小学中出现了学生在班级“经商”的行为，还有一些语文学习差的小孩却成了作家和“E文学家”，这样的新情况使得学校、家庭和社会不得不加以关注，进行思考和研究。新情况和新问题是反映时代变迁和社会发展的具体表现，也是我们了解社会、解决社会问题的窗口之一，在促进社会发展和城市繁荣的历程中，我们必须时刻关注这些新情况和新问题，并及时作出应对。

一个学生的发展需要经历从小学到高中再到大学的漫长阶段。相应的，学生文化也会随着教育现代化、社会现代化的进程而不断生成和发展，呈现出各自特点和新面貌。所以，对学生文化的研究从学生的年龄特征、城乡差别、校际比较以及国内外对照等层面都具有非常重要的意义。学生文化和主流文化一样，也在经历着不断扬弃与自我更新的过程，从而更加充满生命活力，在我国形成了一个多元文化互相补充的局面。对学生文化的本土化研究还需要我们付出更多的努力，对教育的本土化研究更是任重而道远。所以对学生文化的研究应是一个连续、持久且多角度的开放过程。

在全市公民讨论和塑造上海城市精神,人人都努力成为"可爱的上海人"的社会环境下,上海市教委向全市百万中小学生发出号召:"养成道德好习惯,做可爱的小上海人。"对城市精神的讨论和探索,有助于学生文化的发展。我深信,每一个可爱的"小上海人"都会展现出自己的精彩生活。学校教育、家庭教育和社会教育应协同一致,建设有利于学生健康成长的生态环境,成就少年应有的样子。

附　录

新旧《中小学生守则》

中学生守则(旧版)

一、热爱祖国,热爱人民,拥护中国共产党。努力学习,准备为社会主义现代化贡献力量。

二、按时到校,不迟到,不早退,不旷课。

三、专心听讲,勤于思考,认真完成作业。

四、坚持锻炼身体,积极参加有益的文娱活动。

五、积极参加劳动,爱惜劳动成果。

六、生活俭朴,讲究卫生,不吸烟,不喝酒,不随地吐痰。

七、遵守学校纪律,遵守公共秩序,遵守国家法令。

八、尊敬师长,团结同学,对人有礼貌,不骂人,不打架。

九、热爱集体,爱护公物,不做对人民有害的事。

十、诚实谦虚,有错就改。

中小学生守则(新版)

1. 热爱祖国,热爱人民,热爱中国共产党。

2. 遵守法律法规,增强法律意识。遵守校规校纪,遵守社会公德。

3. 热爱科学,努力学习,勤思好问,乐于探究,积极参加社会实践和有益的活动。

4. 珍爱生命,注意安全,锻炼身体,讲究卫生。

5. 自尊自爱,自信自强,生活习惯文明健康。

6. 积极参加劳动,勤俭朴素,自己能做的事自己做。

7. 孝敬父母,尊敬师长,礼貌待人。

8. 热爱集体，团结同学，互相帮助，关心他人。

9. 诚实守信，言行一致，知错就改，有责任心。

10. 热爱大自然，爱护生活环境。

References

参 考 文 献

[1] [美]约翰逊. 社会学理论[M]. 南开大学社会学系,译. 北京:国际文化出版公司,1988.

[2] [英]鲍曼. 通过社会学去思考[M]. 高华,吕东,徐虎,译. 北京:社会科学文献出版社,2002.

[3] [美]乔纳森·特纳. 社会学理论的结构[M]. 6 版. 周艳娟,译. 北京:华夏出版社,2001.

[4] [英]丹尼斯·史密斯. 齐格蒙特·鲍曼:后现代性的预言家[M]. 佘江涛,译. 南京:江苏人民出版社,2013.

[5] [美]埃尔德. 大萧条的孩子们[M]. 田禾,马春华,译. 南京:译林出版社,2002.

[6] [美]约翰·霍尔,玛丽·乔·尼兹. 文化:社会学的视野[M]. 周晓虹,徐彬,译. 北京:商务印书馆,2002.

[7] [美]赖特·米尔斯. 社会学的想像力[M]. 陈强,张永强,译. 北京:生活·读书·新知三联书店,2005.

[8] [法]菲利普·柯尔库夫. 新社会学[M]. 钱翰,译. 北京:社会科学文献出版社,2000.

[9] [美]杰弗里·亚历山大. 社会学二十讲:二战以来的理论发展[M]. 贾春增,等译. 北京:华夏出版社,2000.

[10] [美]玛格丽特·米德. 代沟[M]. 曾胡,译. 北京:光明日报出版社,1988.

[11] [美]欧文·戈夫曼. 日常生活中的自我呈现[M]. 黄爱华,冯钢,译. 杭州:浙江人民出版社,1989.

[12] [英]马林诺夫斯基. 文化论[M]. 费孝通,等译. 北京:中国民间文艺出版社,1987.

[13] 傅铿. 文化:人类的镜子——西方文化理论导引[M]. 上海:上海人民出版社,1990.

[14] [法]艾德加·莫兰. 社会学思考[M]. 阎素伟,译. 上海:上海人民出版社,2001.

[15] [英]帕特里克·贝尔特. 二十世纪的社会理论[M]. 瞿铁鹏,译. 上海:上海译文出版社,2002.

[16] [美]博克. 多元文化与社会进步[M]. 余兴安,等译. 沈阳:辽宁人民出版社,1988.

[17] 侯钧生. 西方社会学思想进程[M]. 沈阳:辽宁人民出版社,1988.

[18] [美]弗郎兹·博厄斯. 人类学与现代生活[M]. 刘沙,等译. 北京:华夏出版社,1999.

[19] [英]马林诺夫斯基. 科学的文化理论[M]. 黄建波,等译. 北京:中央民族大学出版社,1999.

[20] [美]约翰·杜威. 学校与社会[M]. 赵祥麟,等译. 北京:人民教育出版社,1994.

[21] [美]约翰·杜威. 民主主义与教育[M]. 王承绪,译. 北京:人民教育出版社,1990.

[22] [美]玛格丽特·米德. 文化与承诺:一项有关代沟问题的研究[M]. 周晓虹,周怡,译.

石家庄:河北人民出版社,1987.
[23] [美]鲁思·本尼迪克特.文化模式[M].王炜,等译.北京:生活·读书·新知三联书店,1988.
[24] [美]鲁思·本尼迪克特.菊与刀[M].吕万和,等译.北京:商务印书馆,1990.
[25] [美]斯皮罗.文化与人性[M].徐俊,等译.北京:社会科学文献出版社,1999.
[26] [美]基辛.文化·社会·个人[M].甘华鸣,等译.沈阳:辽宁人民出版社,1988.
[27] [美]罗伯特·墨菲.文化与社会人类学引论[M].王卓君,等译.北京:商务印书馆,1991.
[28] [美]马歇尔·萨林斯.文化与实践理性[M].赵丙祥,译.上海:上海人民出版社,2002.
[29] 王德胜.文化的嬉戏与承诺[M].郑州:河南人民出版社,1998.
[30] [英]多米尼克·斯特里纳蒂.通俗文化理论导论[M].阎嘉,译.北京:商务印书馆,2001.
[31] [美]约翰·费斯克.理解大众文化[M].王晓珏,宋伟杰,译.北京:中央编译出版社,2001.
[32] 孟繁华.众神狂欢:当代中国的文化冲突问题[M].北京:今日中国出版社,1997.
[33] 滕守尧.文化的边缘[M].北京:作家出版社,1997.
[34] 俞国良.学校文化新论[M].长沙:湖南教育出版社,1999.
[35] 刘北成.福柯思想肖像[M].北京:北京师范大学出版社,1995.
[36] 华勒斯坦,等.开放社会科学[M].刘锋,译.北京:生活·读书·新知三联书店,1997.
[37] 赵汀阳.一个或所有问题[M].南昌:江西教育出版社,1998.
[38] [英]约翰·怀特.再论教育目的[M].李永宏,等译.北京:教育科学出版社,1997.
[39] [英]鲍曼.生活在碎片之中:论后现代道德[M].郁建兴,等译.上海:学林出版社,2002.
[40] [英]鲍曼.流动的现代性[M].欧阳景根,译.上海:上海三联书店,2002.
[41] [美]罗兰·罗伯森.全球化:社会理论和全球文化[M].梁光严,译.上海:上海人民出版社,2000.
[42] [法]爱弥尔·涂尔干.道德教育[M].陈光金,等译.上海:上海人民出版社,2001.
[43] [德]马克斯·韦伯.新教伦理与资本主义精神[M].于晓,等译.北京:生活·读书·新知三联书店,1998.
[44] 金一鸣.教育社会学(新世纪版)[M].南京:江苏教育出版社,2000.
[45] 瞿保奎,陈桂生,丁证霖,等.教育学文集:教育与社会发展[M].北京:人民教育出版社,1990.
[46] 吴康宁.教育社会学[M].北京:人民教育出版社,1998.
[47] 鲁洁.德育社会学[M].福州:福建教育出版社,1998.
[48] 鲁洁,王逢贤.德育新论[M].南京:江苏教育出版社,1994.
[49] 谢维和.教育活动的社会学分析[M].北京:教育科学出版社,2000.
[50] 吴康宁.课堂教学社会学[M].南京:南京师范大学出版社,1999.
[51] 张人杰.国外教育社会学基本文选[M].上海:华东师范大学出版社,1989.
[52] 吴永军.课程社会学[M].南京:南京师范大学出版社,1990.
[53] 林耀华.金翼:中国家族制度的社会学研究[M].北京:生活·读书·新知三联书店,1989.

[54] 费孝通.乡土中国:生育制度[M].北京:北京大学出版社,1998.
[55] 陈向明.旅居者和外国人:留美中国学生跨文化人际交往研究[M].长沙:湖南教育出版社,1997.
[56] 黄树民.林村的故事:一九四九年后的中国农村变革[M].素兰,纳日碧力戈,译.北京:生活·读书·新知三联书店,2002.
[57] 王铭铭.想象的异邦:社会与文化人类学散论[M].上海:上海人民出版社,1998.
[58] 刘云杉.学校生活社会学[M].南京:南京师范大学出版社,2001.
[59] 李书磊.村落中的"国家":文化变迁中的乡村学校[M].杭州:浙江人民出版社,1999.
[60] 庄孔韶.银翅:中国的地方社会与文化变迁[M].北京:生活·读书·新知三联书店,2000.
[61] 金一鸣.教育原理[M].2版.北京:高等教育出版社,2002.
[62] 袁振国.当代教育学[M].修订版.北京:教育科学出版社,1999.
[63] [英]拉德克利夫·布朗.社会人类学方法[M].夏建中,译.北京:华夏出版社,2002.
[64] 冯增俊.教育人类学(新世纪版)[M].南京:江苏教育出版社,2001.
[65] 刁培萼.教育文化学[M].南京:江苏教育出版社,1992.
[66] 郑金洲.教育文化学[M].北京:人民教育出版社,2000.
[67] [美]欧文斯.教育组织行为学[M].窦卫霖,等译.上海:华东师范大学出版社,2001.
[68] 郑也夫.代价论:一个社会学的新视角[M].北京:生活·读书·新知三联书店,1995.
[69] 马和民,高旭平.教育社会学研究[M].上海:上海教育出版社,1998.
[70] [加]史密斯.全球化与后现代教育学[M].郭洋生,译.北京:教育科学出版社,2000.
[71] [美]小威廉姆·多尔.后现代课程观[M].王红宇,译.北京:教育科学出版社,2000.
[72] 瞿葆奎,叶澜,等.教育学文集:教育研究方法[M].北京:人民教育出版社,1989.
[73] 陈向明.质的研究方法与社会科学研究[M].北京:教育科学出版社,2000.
[74] [德]马克斯·韦伯.社会科学方法论[M].杨富斌,译.北京:华夏出版社,1999.
[75] 李秉德.教育科学研究方法[M].北京:人民教育出版社,1986.
[76] [美]维尔斯曼.教育研究方法导论[M].袁振国,主译.北京:教育科学出版社,1997.
[77] 裴娣娜.教育研究方法导论[M].合肥:安徽教育出版社,1995.
[78] 袁振国.教育研究方法[M].北京:高等教育出版社,2000.
[79] 王嘉毅.教学研究方法论[M].兰州:甘肃文化出版社,1997.
[80] 叶澜.教育研究方法论初探[M].上海:上海教育出版社,1999.
[81] 白芸.质的研究指导[M].北京:教育科学出版社,2002.
[82] 章海山.当代道德的转型和建构[M].广州:中山大学出版社,1999.
[83] 陈会昌.德育忧思:转型期学生个性心理研究[M].北京:华文出版社,1999.
[84] 钟启泉.班级管理论[M].上海:上海教育出版社,2001.
[85] 魏国良.学校班级教育概论[M].上海:华东师范大学出版社,1999.
[86] 龚浩然,黄秀兰.班集体建设与学生个性发展[M].广州:广东教育出版社,1999.
[87] [美]鲍尔斯,金蒂斯.美国:经济生活与教育改革[M].王佩雄,等译.上海:上海教育出版社,1990.
[88] [美]林格伦.课堂教学心理学[M].章志兴,等译.昆明:云南人民出版社,1983.
[89] 郑金洲.校本研究指导[M].北京:教育科学出版社,2002.

[90] [法]保罗·利科尔.解释学与人文科学[M].石家庄:河北人民出版社,1987.
[91] 王岳川.现象学与解释学文论[M].济南:山东教育出版社,1999.
[92] 张汝伦.意义的探究:当代西方释义学[M].沈阳:辽宁人民出版社,1986.
[93] 陈会昌.德育忧思:转型期学生个性心理研究[M].北京:华文出版社,1999.
[94] [美]霍华德·加得纳.多元智能[M].沈致隆,译.北京:新华出版社,1999.
[95] [美]迈克尔·阿普尔.意识形态与课程[M].黄忠敬,译.上海:华东师范大学出版社,2001.
[96] 王丽.中国语文教育忧思录[M].北京:教育科学出版社,1998.
[97] 刘晓东.儿童教育面临的抉择[N].中国教育报,2002-04-20(4).
[98] 电脑游戏业亟待正视[N].文汇报,2002-10-31(2).
[99] 卢乃桂.青少年的发展:兼论校外教育的培育角色与功能[J].青年研究,2002(7):29-38.
[100] 李雯.美国青年反主流文化运动滥觞的原因[J].青年研究,2002(8):41-48.
[101] 宋兴川,金盛华.多元选择:青少年偶像崇拜研究[J].青年研究,2002(11):1-7.
[102] 龚长宇.酷文化·青年价值观·社会转型[J].青年研究,2002(2):30-35.
[103] 俞加生,沈汝发.是谁构建了新世纪的童话:从"流星花园"的流行谈起[J].青年研究,2002(6):20-23.
[104] 成都市树德中学高 2004 级 8 班调查组.关于日韩文化对成都中学生影响的调查[J].青年研究,2002(10):33-39.
[105] 顾明远.文化研究与比较教育[J].比较教育研究,2000(4):1-4.
[106] 徐安琪.问题儿童? 缺陷儿童? 异常儿童?:千余名教师视角中的父母离异学生[J].青年研究,2002(3):1-8.
[107] 周怡.代沟现象的社会学研究[J].社会学研究,1994(4):67-79.
[108] 沈汝发.我国"代际关系"研究述评[J].青年研究,2002(1):42-49.
[109] 赵海林,沈雁飞."F4 现象"的社会学思考[J].青年研究,2002(6):24-27.
[110] 张彩芬.教育研究方法发展研究[J].山西大学学报:哲社版,1995(4):95-98.
[111] 张民选.对"行动研究"的研究[J].华东师范大学学报:教科版,1992(1):63-70.
[112] 刘铁芳.试论教育研究的人文关怀[J].教师教育研究,1997(4):10-17.
[113] 江宏.中学生非正式群体探讨[J].中国教育学刊,2001(4):15-18.
[114] 白芸.解读学生文化[J].上海教育,2002(9B):56-57.
[115] 白芸."多元智能"视野中的班级文化建设[J].中小学管理,2002(11):19-20.
[116] 白芸.解读行动研究[J].河南大学学报:教科版,2002(4):14-16.
[117] Donna E. Muncey & Patrick J. Mcquillan. Reform and Resistance in Schools and Classrooms: An Ethnographic View of the Coalition of Essential Schools [M]. New Haven and London: Yale University Press, 1996.
[118] David G. Lazear. The Rubrics Way : Using Multiple Intelligences to Assess Understanding [M]. Tucson, AZ: Zephyr Press, 1998 .
[119] Elwyn Thomas. Culture and Schooling: Building Bridges Between Research, Praxis and Professionalism[M]. New York: Wiley, 2000.
[120] Martyn Hammersley &Peter Woods. Life in School: The Sociology of Pupil Culture [M]. London: Open University Press, 1984.

Afterword

后 记

本书是我主持的一项上海市哲学社会科学规划课题"新时期的学生文化及其学校教育策略"（课题编号：2008FJY001）的研究成果，并结合了我的博士论文形成的，呈现了我运用质性研究中的人种志方法在上海的一所初中开展的近两年的田野研究。以一所学校、一个班级为田野，围绕学生文化问题进行长期深入的研究，顺应了中国教育研究大力倡导实证取向的时代要求。期待本书能为更多具备了质性研究条件和志趣的学习者和教育工作者提供一份真实的个案，从而脚踏实地扎根本土教育场域，沉浸在日常教育生活中做研究，为青少年的健康成长和教育事业的有序推进贡献出更多智慧。

时隔多年，这项研究成果加以完善和出版之际，正值我国基础教育改革深化阶段，"双减"政策的落实，办学质量的提升，教师专业化队伍的建设，家校社协同育人的推进，青少年综合素质的提高等多个方面都取得了显著成效。但我们也必须看到教育生态系统的重建任重而道远，出现的一些现象和问题需要深入研究，许多初中生面对中考升学的压力非常大，抢跑、内卷、掐尖和"只育分不育人"等偏颇做法导致身心疲惫，兴趣丧失，班级氛围沉闷，同学关系紧张。通过学生文化的研究，我更期待初中学生活出少年应有的样子，阳光、开朗、活泼、纯真，身心健康，同学之间友爱互助，团队协作，没有校园欺凌，在一个健康快乐的成长环境中可持续发展。

这本书的出版离不开多方面的支持和帮助。在此特别感谢上海市哲学社会科学规划办对本书出版的支持，感谢 N 中学提供的研究机会。我要深深感谢并怀念敬爱的导师金一鸣教授，感谢在教育人类学研究上一直给予我指导和鞭策的袁振国教授、冯增俊教授。感谢我所在的华东师范大学教育学部教育管理学系的支持。

恳请读者批评指正。

白　芸

2024 年 6 月